絢《けん》爛《らん》たる醜聞　岸信介伝

工藤美代子

幻冬舎文庫

絢爛《けんらん》たる醜聞　岸信介伝

目次

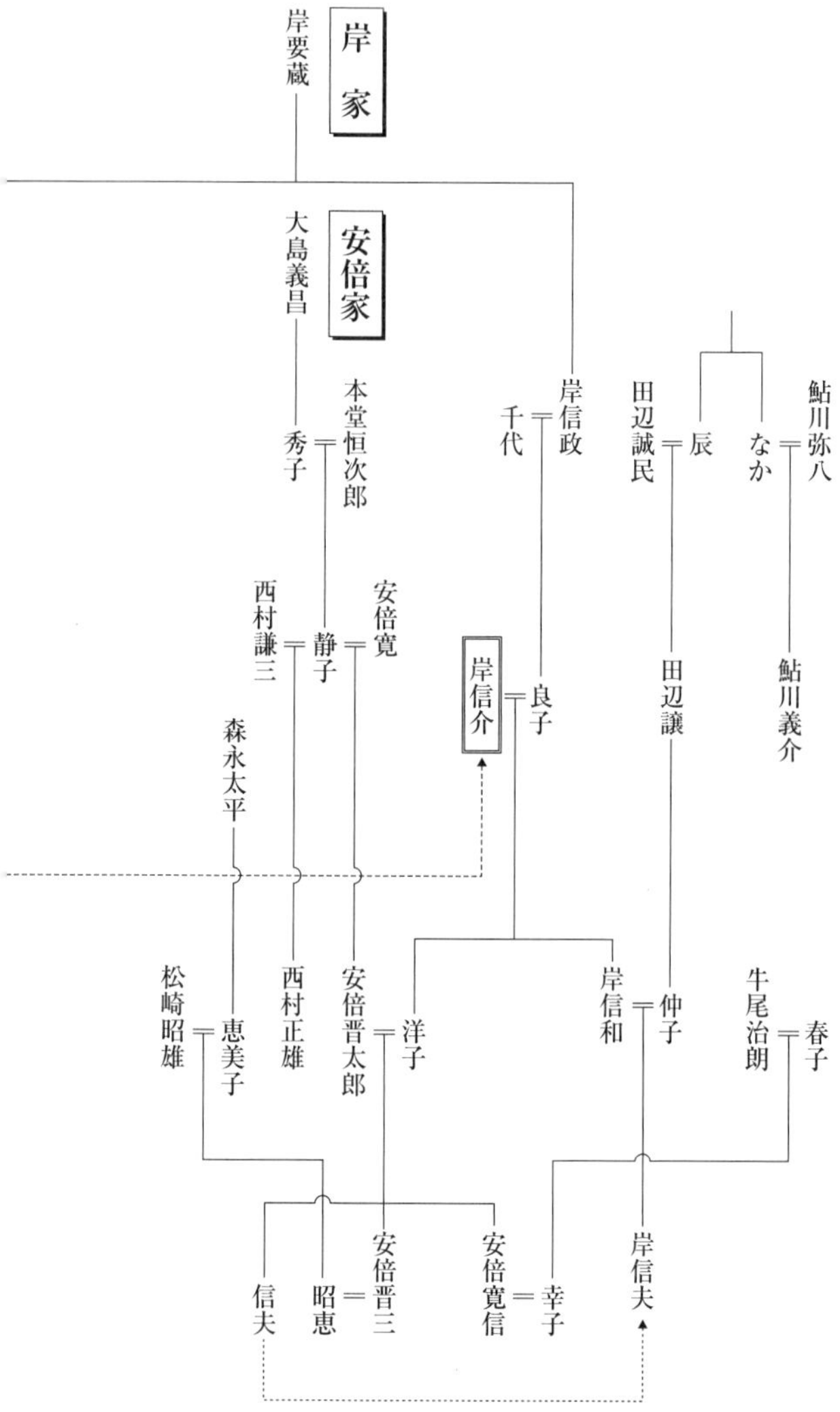
岸家
岸要蔵
安倍家
大島義昌
鮎川弥八
なか
辰
田辺誠民
岸信政
千代
秀子
本堂恒次郎
安倍寛
静子
西村謙三
岸信介
良子
田辺譲
鮎川義介
森永太平
春子
牛尾治朗
仲子
岸信和
洋子
安倍晋太郎
西村正雄
恵美子
松崎昭雄
岸信夫
幸子
安倍寛信
安倍晋三
昭恵
信夫

佐藤家

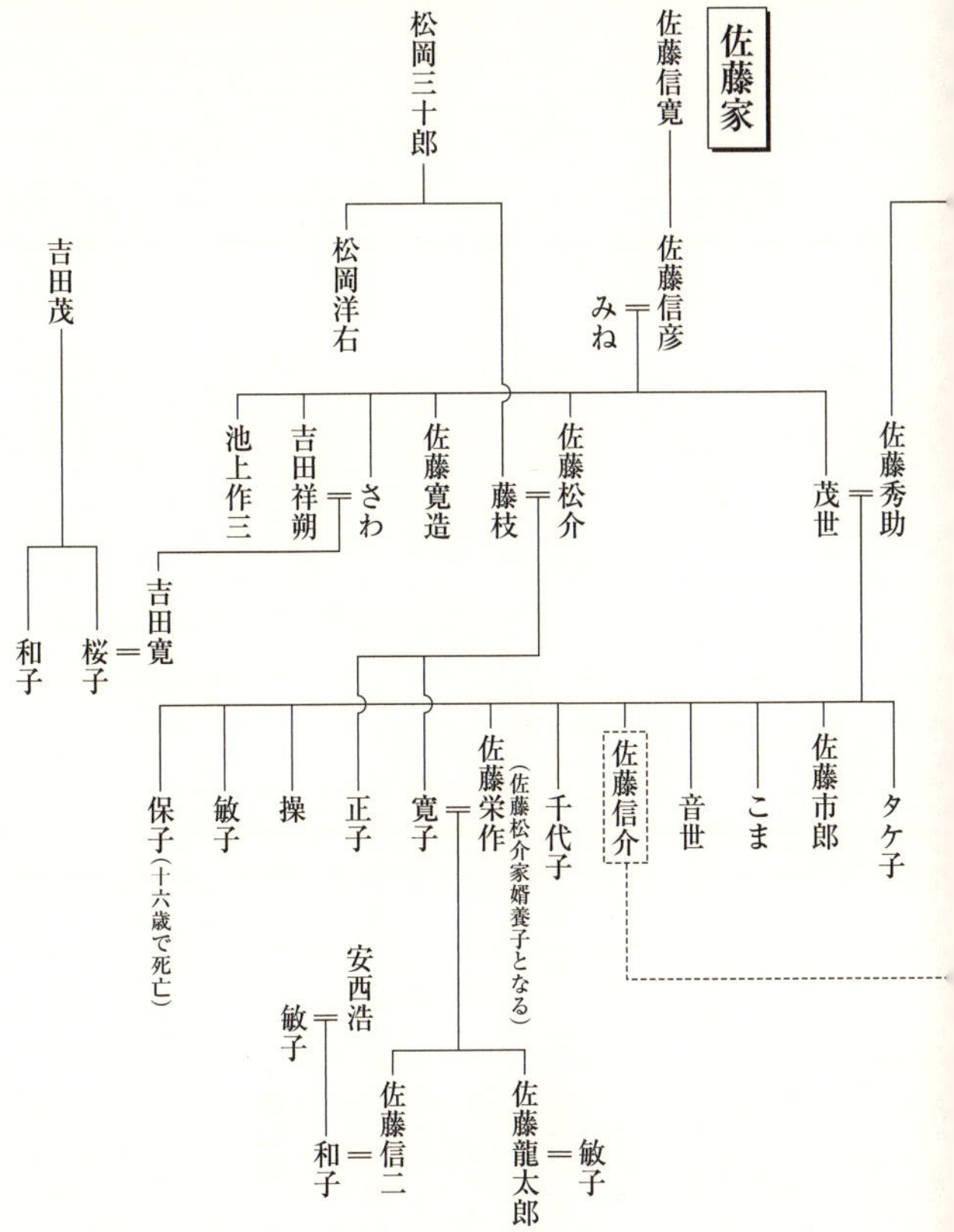
佐藤信寛
佐藤信彦
みね
松岡三十郎
松岡洋右
佐藤秀助
茂世
佐藤松介
藤枝
佐藤寛造
さわ
吉田祥朔
池上作三
吉田茂
吉田寛
桜子
和子
タケ子
佐藤市郎
こま
音世
佐藤信介
千代子
佐藤栄作
(佐藤松介家婿養子となる)
寛子
正子
操
敏子
保子(十六歳で死亡)
佐藤龍太郎
敏子
佐藤信二
和子
安西浩
敏子

［凡例］

一、引用文についてはできるだけ参考文献の原文表記に従ったが、読みやすさを考慮し難解と思われる漢字には新仮名遣いによる振り仮名を付け、適宜、句読点を付した。

二、文語体の引用文は読みやすさを考慮し、部分的に簡略化するなどして、句読点や濁音符などを付し、仮名遣いを改めた箇所がある。

三、引用文中で明らかな誤記と思われる箇所については、適宜これを改めた。

序章　南平台の家——「六〇年安保」の渦中で

一九六〇年六月

渋谷駅から道玄坂を上がると南西に丘陵地が広がり、南平台町《なんぺいだいちょう》と呼ばれる閑静なたたずまいの一画が見渡される。

玉川通りに面した表通りは、今日では再開発地域となって高層ビルが建ち並ぶが、一歩裏へ入るとまだ昔日の屋敷町の面影を求めることができる。

もとよりこの地は江戸の外れに位置し、武家屋敷が散在するほかは森林と田畑におおわれた台地だった。

眺望のよさに惹かれたのか、明治、大正期に入ると外交官や財界人、政治家などが競って屋敷を構えるようになった。

明治二十二（一八八九）年、東京市が再編されるに伴い渋谷村が誕生する。

本書の主人公・岸信介《きしのぶすけ》が、山口県吉敷《よしき》郡山口町（現山口市）八軒家で誕生するのはその七年後のこと、明治二十九（一八九六）年十一月十三日である。

山口で生まれたが、間もなく田布施《たぶせ》という瀬戸内海寄りの寒村に移り、育つ。

近代日本がようやくその体制を整え、日清戦争に勝利した翌年のことになる。

岸が呱々《ここ》の声を上げてからおよそ六十年が過ぎていた。

昭和三十（一九五五）年十一月、民主党と自由党の統一が図られ、新たに自由民主党が誕生し、初代幹事長に岸が就任する。

終戦からまだ十年しか経っていない。

ひと月早く左右社会党の大同団結が実現しており、いわゆる五十五年体制の確立がなった年でもあった。

翌三十一年暮れ、岸は石橋湛山《たんざん》内閣の外相に就任。その直後、石橋が病に倒れ、三十二年一月末には首相代理、二月二十五日には第五十六代内閣総理大臣に就任する。

岸がここ南平台に四百五十坪ほどの土地を求め、豪壮な屋敷を構えたのはこうした政局を迎える数年前、昭和二十六年二月（土地登記は二月十日、家屋登記は二月十九日）であった。

土地は日本開発銀行初代総裁だった小林中《あたる》から買い受けたといわれている。小林は東急の五島昇と懇意にしていて、渋谷一帯の東急の土地をかなり押さえていた。

破竹の勢いとはこのことである。

権勢の頂点を目前に見据えつつ、この地に家を建てたのは、南平台の名声を耳にしての選択であったろう。

晴れた朝には遠く富士山を望める高台に岸は立った。

町内には往年の外交官として著名な内田定槌《さだつち》（ブラジル大使、トルコ大使など歴任）が、明治末に超モダンな西洋館を建てていた。

西郷隆盛の弟・西郷従道《つぐみち》（元帥海軍大将、海軍大臣）が建てた洋館も、旧山手通りを挟んですぐ西隣にある。

いずれもが国の重要文化財級の建築であり、岸の興を誘ったであろうことはうなずける。南平台のそうした土地柄を気に入っていた岸には、傍《はた》の者が思うより西欧好みなところがあったようだ。

家を建てて九年が過ぎた昭和三十五年六月初旬である。

その間に総理大臣に昇り詰めた岸信介は、自宅の茶の間で孫を膝に乗せて遊び相手を務めていた。

ついさっきまでふたりの孫と広い屋内を駆け巡って鬼ごっこに興じている岸を、妻の良子《よしこ》と長女の洋子は半ばあきれ顔で見やっていたものだ。

巣鴨拘置所から解放されておよそ十一年半である。

岸は、アメリカとの二国間条約改定に向け、強い意志を見せつけていた。安保条約改定へのゆるぎない決意を示す眼光だけは、ゆるんだ表情にも見てとれる。

孫と遊ぶのはいつもの見慣れた光景だった。

だがそれは屋敷の中だけのことであり、屋敷の外は渦巻くデモ隊に取り囲まれ、騒然たる怒声とシュプレヒコールに埋まっている。

「アンポ反対！　岸を倒せ」

「アンポ反対！　ハガチー帰れ」

六〇年安保闘争が、その頂点に達していた。

茶の間の奥がこの家の台所である。割烹着《かっぽうぎ》で手をぬぐいながら洋子が声をかけた。

「いつまでもおじいちゃまの邪魔をしてはいけませんよ、しんちゃん」

岸はこの騒動の中にあって一見落ち着いた風情を崩さない。あと五ヵ月もすれば六十四歳を迎える文字どおりの好々爺《こうこうや》にしか見えないであろう。

長女の洋子（昭和三年六月生まれ）に、「閑《ひま》つぶしだ。孫たちを連れてきてはくれまいか」とほぼ連日電話で頼むようになった。

洋子にしてみても父親の安否が気遣われ、ただ自宅にいても落ち着かない。

嫁ぎ先である安倍晋太郎の家は世田谷区代沢にあり、自動車ならたいした時間はかからない。

ただ、不安はデモ隊に囲まれた南平台の父の家に幼い子供ふたりを連れて今日も首尾よく入り込めるか、という一点だけだった。

「のぶさん、裏の細道からならなんとかなるでしょ。そういってやってくださいな、洋子たちに」

母の良子のいつもの台詞《せりふ》が電話口の向こうから洋子の耳にも届いていた。まだ五十九歳の良子の声は古風だが、張りがある。

この屋敷にはほとんど誰にも気付かれそうにない細道が裏に付いていた。

自動車一台がやっと通れるほどのその抜け道から入るようにと良子が夫に指示を出しているのだ。

岸夫婦はお互いを「よし子さん」「のぶさん」と名前で呼び合うのが長年の習慣だった。

岸が育ったのは十五歳までは佐藤家である。佐藤家の次男として生まれていたが、父・秀《ひで》助《すけ》の生家である岸本家《ほんけ》の当主信政伯父の急死に伴って岸家の養子に入ることとなった。

良子はその家のひとり娘だった。つまり従兄妹同士の結婚である。

「のぶさん」「よし子さん」はそのときからの呼称であり、半世紀もそう呼び合う仲なのだ。

のちに詳しく述べるが、ここでは岸本人の回想記と洋子の著作からふたりがごく若くして同じ屋根の下に起居していたという事実だけを拾っておこう。

「五つ年下の良子は私が西田布施の高等一年の時、尋常一年に入って来た。従って養父の亡くなった時は尋常三学年、数え年十であった。──その頃岸家は良子の外に七十を過ぎた祖母が居られた」（『我が青春』）

「父は佐藤家の次男から岸家の養子に入りまして、早くから上京して母とは学生時代から一緒に暮らし、母が実践女学校を卒業してから、父は東大に在学中でしたが、大正八年に結婚したのです」（『わたしの安倍晋太郎』）

昭和三十五（一九六〇）年五月後半から六月にかけて総評、社会党、共産党系のデモ隊（安保改定阻止国民会議）が、連日のように南平台の岸邸にデモを掛けていた。

国会周辺への闘争が主だった全学連主流派も最近では南平台に押し寄せ、渦巻きデモを繰り返すようになった。

総評系よりはるかに過激な全学連のデモは、岸邸の門の中にまで入り込む勢いだ。

「アンポ反対！　ハガチー帰れ」

ハガチーとは、アイゼンハワー米大統領の新聞係秘書である。日本政府は安保条約改定成立に合わせ、アメリカのアイゼンハワー大統領を招聘《しょうへい》する予定になっていた。

秘書官はその下準備のため、数日後には来日する。

それを阻止しようという抗議行動がこの周辺だけで何千、何万人ものデモ隊に膨れあがっているのだ。

南平台一帯は押し寄せるデモ隊に完全に占拠された。

岸の屋敷内には火のついた新聞紙や石つぶてなどが投げ込まれ、多勢に無勢、もみ合う警官隊は明らかに劣勢である。

隣家まで投石の巻き添えを食い、塀に「ここは岸家ではありません」と札をつり下げる始末だった。

家から出るに出られない岸首相は、閑居《かんきょ》を決め込み、孫を呼び寄せたのである。閑つぶしといえなくもないが、平静を装うにはもってこいの奇策にも見えた。いずれにせよ、悠然たる覚悟である。

当時五歳だった下の孫は、四十六年後の平成十八（二〇〇六）年、総理に就任する安倍晋三（昭和二十九年九月生まれ）である。

その兄・寛信（現三菱商事執行役員）が七歳だった。

ふたりの孫が表通りで響き渡るシュプレヒコールに合わせて「アンポ、ハンターイ」とはしゃぎながら座敷を駆け巡っていた、という逸話はこれまでもしばしば紹介されてきた。

騒動が大きかっただけに、今でも安倍晋三本人の記憶も鮮明だ。

元首相が語る安保闘争当時の実話である。

「逸話のとおりです。ウナギの寝床みたいな細長い屋敷の裏に小道がありまして、そこから祖父の家の裏口に入れたんです。

祖父は和服でくつろいでいましたが、表は大騒ぎでね。鮮明に記憶は残っています。

祖父の家の前のお宅には兄と同じ年の子がいましてね、三人でその家のお風呂場の窓からデモ隊に向かってバンバンと水鉄砲を撃った覚えがあります。もちろん遊び半分ですが」

晋三の母・洋子は現在八十四歳になるが明眸皓歯《めいぼうこうし》、記憶も衰えることがない。

目鼻だちが父親そっくりに見受けられるのは当然だろう。

そうかしらねえ、と小さく笑いながら当時を語る。

「子供たちにしてみればデモ騒ぎもお祭りと同じと思うのか、塀の外のシュプレヒコールを真似して『アンポ、ハンタイ!』なんて叫んで座敷を駆け巡るんです。

私は『反対じゃなくて賛成と言いなさい』と叱るのですが、父はただ愉快そうに笑って見ていましたね。

さんざはしゃいで疲れて寝入った晋三を膝の上に置いて、初夏の日差しの中、縁側に座ってデモ隊を飽かずに眺めていた父の背中がいまでも忘れられません。

石つぶてや火のついた新聞紙なんかが塀から庭に飛んでくるのですが、幸いなことに道から家までは五十メートルくらいあったでしょうか、座敷までは届かないのです。

子供たちは叱った成果が出たのか、最後のころには『デモ助、帰れ』なんて言っていました。水鉄砲の件もそういう時期でしょうねえ」

南平台の家ではしばし忙中閑ありに見えたが、永田町に出ればそうはいかない。

去る五月十九日深夜から二十日にかけて、安保改定法案を衆議院で強行採決して通過させて以来、岸は各方面から矢面に立たされていた。

野党はもとより、自民党内の反主流派、そしてマスコミからも「早期退陣せよ」との声が上がり始め、剣が峰に立たされているかに見えた。

加えて六月十九日前後の来日が予定され、スケジュールも確定しているアイゼンハワー大統領への面子《メンツ》もある。

日米間の信頼を大きく裏切るようなことになれば、これまでの苦労も水の泡だ。

縁側からデモ隊を眺めながら、四面楚歌、圧倒的な世論を敵に回しながらも孫と遊ぶ男の腹の中はどうなっていたのだろうか。

本人は、「私は向うが強くなればなるほど、強くなれるんです」(『岸信介の回想』)と言ってはばからない。

岸の真骨頂が垣間見える風景でもある。

洋子の思い出の続きを聞こう。

「代沢にある佐藤の叔父（栄作）の家のすぐ近くに住んでいたんですが、心配でいてもたってもいられず連日のように南平台の家へ通っておりました。そのまま泊まり込むことも幾度となくあったものです。

父を送り出すときなどには、ああ、これが最後の別れだと覚悟を決めていました。安保のためなら命も投げ出すような父の様子を見ておりまして、正直、もう安保はどうでもいいから身の安全を考えて欲しいと頼んだこともあったくらいです。でも父も覚悟を決めていたようで、胸の内までは覗《のぞ》けませんが顔だけはにこにこしていても安保だけは通すと腹を据えていたのでしょう。

縁側に座って、『デモに参加している人たちは、必ずしも自分の意思で参加しているわけでもない』なんて言って眺めていました。

家は奥に向かって細長い地形に建っているのですが、門より建物が少し高くなっていましてね、よく表が見えるんです、縁側から」

「このデモ隊の人々のうちで、いったい何人が古い安保条約を読んだ上で反対しているのかね」と岸は嘆息まじりで呟いていたともいう。

南平台を取り巻くデモ隊と屋敷内の岸ファミリーの対比は、そのまま六〇年安保の縮図でもあった。

高峰三枝子邸

デモ隊が渦を巻いていた南平台の夏からさらに五十二年が過ぎた。

平成二十四（二〇一二）年初夏の一日、南平台の岸邸跡を訪ね、その地に立ってみた。

当時の地番で渋谷区南平台町四十五番地五号、現在では南平台町十二番地となるそこに、もちろん岸邸の面影を残すものはなにもない。

岸は首相を退いたあと、南平台からいったん渋谷区富ヶ谷に転居した。ほどなく終の棲家として御殿場に豪邸を構えたのは、昭和四十五（一九七〇）年のことだった。

気に入って建てた南平台の家を手放す気になったのは、隣にマンションが建つ計画が立ったからだという。

その隣家とは、往年の歌う大女優高峰三枝子である。

岸は高峰からそっくり屋敷を借り、長い間客間や事務所、つまり公邸として使っていた。

高峰三枝子がここに大邸宅を建てたのも、岸と同じ昭和二十六年であった。

岸が総理になる前の昭和三十一年夏、是非にと岸事務所（箕山社《きざんしゃ》）が高峰に頼み込んだものだ。

岸の家より大きい五百坪の土地に百坪の建坪を持つ高峰の邸宅はこのときから岸が借り受

け、二軒合わせた自宅兼迎賓館ができあがる。

いったい家賃の方はどうなっていたのか。高峰自身の説明がある。

「岸さんが総理になってからは、日本政府から（首相公邸として）月々十五万五千八百円ナリをいただいています。（箕山社に貸していたときはもっと安かった？）ええ」

（「週刊新潮」昭和三十四年三月三十日号）

当時の庶民はどの程度の家賃を払って生活していたのだろうか。

戸建て、または長屋形式で六畳、四畳半、三畳に台所、便所の家の相場は昭和三十五年の統計によれば月額二千四百円となっている。

ちなみに昭和三十五年の大学卒国家公務員上級職試験合格者の初任給は月額一万二千九百円だった。ほぼ彼らの年収が一ヵ月分の家賃に相当した。

首相を辞めるとさすがにそこまでの広さは自宅では不要となり、西新橋に個人事務所を持つようになる。

その後、高峰三枝子も家を処分する事情ができ、そこへマンション建設計画が持ち上がった。

高峰の大邸宅が壊され、Sレジデンスに建て替えられたのは昭和四十四年である。続いて引っ越した岸邸跡にもS第二レジデンスが塀を接して建てられた。

眼前には二棟の白亜のマンションが並んでそびえている。

特徴ある南欧風の白壁塗りに青い瓦屋根は、六〇年代後半から七〇年代には高級マンションの象徴のように思われたものだ。

高度経済成長期に人々の憧れともなったこうしたマンションの成立そのものこそ、その十年前に成立した日米安保締結という安全保障の担保と繁栄があったゆえではなかったか——。

高級マンションに姿を変えていた安保の家を見上げながら、そう思わずにはいられなかった。

マンションの管理人に尋ねてみると、「確かに昔は岸さんのお宅だったと聞いています。はい、隣が高峰三枝子さんで。それ以外にはなにも知りません」

岸邸があった正面の道路にいま、人通りはほとんどない。

六〇年安保の年に建ったカトリック渋谷教会と並んで、三木武夫記念館がはす向かいにひっそりとたたずんでおり、奇妙な取り合わせに苦笑させられる。

三木武元首相は松村謙三や河野一郎などと並んで、岸にとって最大の政敵だったからである。

本当の政敵は、岸にとっては社会党や共産党などではなく、党内にあったからだ。

その最大のライバル、三木武夫は岸が越すと間もなくこの地に豪壮な屋敷を構えた。三木の没後、記念館として開放されたようだ。

あるとき岸がヘルペスになって入院中、三木が見舞いに来たものの「俺は絶対に会いたくない」と言ったという話がある。

かつてのデモ隊のシュプレヒコールの喧噪《けんそう》を耳に浮かべてみながら周囲をぐるりとめぐってみる。

旧岸邸の前を過ぎて、道玄坂のほうに向かうと見落としかねない細道があった。

「通り抜けできません」の看板と、車の通行禁止の標識があるが、歩いてみればちょうどもとの岸邸と高峰邸の真裏まで延びて、道は行き止まりになっていた。

この細道こそ、六〇年安保闘争のさなかに、安倍洋子とその息子二人が連日岸邸に入り込んだ勝手口につながる路地である。

ここならデモ隊からは死角になっていて、発見されないだろうと思われるか細い道だった。

当時、南平台の岸邸に詰めていた元秘書の堀渉《ほりわたる》（現「自主憲法制定国民会議」理事長）が事情に詳しい。

「高峰さんの家は一階が大広間で、二階に小部屋がたくさんあったので来客用にはとても便利でした。

岸邸は瓦屋根の和風建築でしたが、高峰さんの家はしゃれた洋館、植えてある樹木も洋風で対照的でしたね。

そこへ鈴木貞一《ていいち》（陸軍中将、企画院総裁）さんとか野村吉三郎《きちさぶろう》（海軍大将、駐米大使）さんなどが見えていたのを覚えています。

たまに地下室のボイラーが故障すると大家さんに電話を掛けるんです。あの『湖畔の宿』のメランコリックな声が電話口から聞こえてくると、そりゃ、わたしら戦中派のモンはたまらんかったですよ。

両家の間にコンクリート製の塀があったので、表玄関まで行かなくても通れるように中をくり貫いてね。頭をぶつけないように用心して高峰家へ出入りしたのを覚えています」

昭和十五年の大ヒット曲『湖畔の宿』は、発売当初歌詞が軟弱だ、歌唱法が退廃的だと軍部などから批判の声が上がった。

だが、十八年に大東亜会議出席のため来日したビルマ（現ミャンマー）のバー・モウ長官がこの歌の熱狂的なファンだったことから、東条首相自らも隠れファンとなったという。

大東亜会議中のある晩、高峰を首相官邸の和室に招き、バー・モウの前で『湖畔の宿』を歌わせたという話が残っている。

岸はそのときの商工大臣であり、因縁は安保改定時代にまで引き継がれたことになる。

堀渉は海兵七十六期、江田島で終戦を迎え故郷の山口へ帰ったのが、岸との終生の縁に繫《つな》がった。

「ウチの大将、と蔭《かげ》じゃ呼ぶんですよ。山口県の者《モン》はみんなその昔、田中義一《ぎいち》大将のことを『おらが大将』と言ったように、岸先生のこともね」

山口県人、長州人の血脈の中でも、とりわけ類いまれな強い血脈を形成してきたのが岸信介のファミリーである。

岸が生まれたのは今からおよそ百十五年ほど前のことだ。

日清戦争の勝利が前年にあり、維新世代との交替が見え始めたその時代に話を戻さねばならない。

人は岸を称して「妖怪」とも「巨魁《きょかい》」とも言う。

さらには、ときに曖昧さも術数としたことから「両岸」とも言われ、「国粋主義者」とのレッテルも貼られた。

果たして岸の実像はどこにあるのか。

ときに相反する要素を抽斗《ひきだし》から自在に取り出してみせる技は生まれながらに備えられたものなのか。

近隣の村を吸収合併した現在でも、出身地田布施は人口一万五千人足らずの小さな町である。

瀬戸内海にへばりつくようなその町を訪ねてみたい。

第一章　長州の血族

——繁茂する佐藤家と岸家

情けあるなら今宵来い

岸信介が生まれた明治二十九年を遡ることわずか三十年余、その家郷は風雲急を告げる維新回天の渦中にあった。

体制変革の主役が集う長州であってみれば、一寒村といえども例外ではない。

信介の実父・佐藤秀助が文久三（一八六三）年生まれ、実母・茂世《もよ》が明治六（一八七三）年生まれということからみても、倒幕運動はほんのひと世代前に起きたことが実感される。

ただし実際に維新（一八六八年）の中核を担った世代は、そのもうひとつ前の代である。

信介の場合には、祖父の信彦（一八四〇年生まれ）がその維新世代に当たるが、信介一歳半の折りに没したため、長寿だった曾祖父・信寛《のぶひろ》から幼いなりに維新の息吹を肌で感じとったようだ。

だが信介が三歳のときには、八十四歳の曾祖父も他界している。

したがって、信寛本人から語られたというよりは、のちに両親や周辺の親族から聞かされた維新の逸話が記憶に刻まれたのだろう。

三十年前に巻き起こった体制変革の運動はそのようにして語り継がれ、信介ののちの生き方に少なからぬ影響を及ぼした。

曾祖父の佐藤信寛は文化十二（一八一五）年に田布施村に生まれ、吉田松陰の門下生となって伊藤俊輔（のちの博文）や井上聞多《もんた》（のちの馨《かおる》）、杉孫七郎らと親交を深めた長州藩士だった。

長沼流兵学を修め、松陰にも「兵用録」を教示したと『田布施町史』は伝えている。だが、武張った兵法学者というよりは、風月を愛で、詩歌を楽しむ風情のある志士だったようだ。

信介の血の中に政道に劣らず風流を好む風情が見られるのは、そんなところに由来するのかもしれない。

岸自身は、曾祖父が名付け親だったことも尊敬するゆえんであると回想記に記している。

「私が生れた時曾祖父も丁度（田布施から）山口に来て居って非常に喜んで早速名付親となって『信介』と言う名が付けられたとのことである。

――曾祖父は明治維新前、王事に奔走し吉田松陰先生始め当時の志士とも交遊があり、維新後は島根県令を務めて浜田に居たこともあるが、明治十年代の初め頃に官を罷《や》めて隠退し戎ヶ下《えびすがした》（引用者注・現田布施町麻郷）に居を構え、『蝦洲《えびす》』と号し、花月を友とし詩文を楽しんで居った。家は極めて手狭な簡素なものであった。

その曾祖父が特に自分の名前の『信寛』の一字を取って付けてくれた名である。祖父は信彦と称したのであるから、『信』の字は佐藤の家にとっても縁故の深い字であったのだろうか、更に後に養嗣子《ようしし》となった岸家の代々の通り名であったことも因縁と言えば因縁である」

（『我が青春』）

当時の島根県令といえば隠居したとはいえこの地方では飛び抜けて栄達の人物である。隠居してからも有栖川熾仁《たるひと》親王や伊藤博文が信寛の別荘を訪れた記録が現存する。その曾祖父・信寛の顔写真が『田布施町史』に掲載されている。

かなり古い写真ではあるが、くっきりした面立ちの左右に下がる大きな耳たぶの形状や鼻筋などは信介生き写しといっても言い過ぎではない。

戊辰前夜の抗争で田布施にまつわるもっとも大きなできごとのひとつとして、七卿落ち（八月十八日の政変）という事件があった。

かいつまんで説明すれば、文久三（一八六三）年八月十八日、薩摩藩、会津藩の公武合体派が画策した政変によって七人の公家が失脚し、京都を追われ長州に落ち延びた事件である。

正式に公家の列にあったのは三条実美《さねとみ》と三条西季知《すえとも》だけだが、そう呼ばれている。

長州下向の介添えに付いたのは、長州における尊皇攘夷派の中でも抜きんでた才覚を謳われていた久坂玄瑞《くさかげんずい》であった。

彼は松下村塾において高杉晋作と並び称される俊才で、尊攘運動の先頭に立つ人物だ。

玄瑞はまっすぐ萩へは向かわなかった。

一行は瀬戸内沿いに周防国熊毛《すおうのくにくまげ》郡田布施村を目指し、隠遁先に氏神様として信仰の厚かった田布施村麻郷の高松八幡宮を選んでいる。

待っていたのは伊藤博文と井上馨である。

人目を避ける意味もあったろうが、田布施に詳しい佐藤信寛が密かに場所を整え、伊藤らに引き合わせたのではないか、と『田布施町史』などの史料にはある。

ほぼときを同じくする文久年間（一八六一〜一八六四年）、長州でもっとも過激な攘夷運動を展開した久坂玄瑞は下関攘夷戦争を主導していた。

関門海峡を通過するフランス船、アメリカ船、オランダ船などを攻撃したものの、激しい反撃にあって長州軍勢は手痛い敗北をこうむり無力をさらけ出すこととなる。

その危機を脱するために起用されたのが高杉晋作である。晋作は自らの手で奇兵隊を創設し、各地に有志隊を結成、軍勢を充実させた。

「今日の状況は無気力な武士階級では打開できない。志があり身体強健な者であれば、農民であれ町人であれ一向にかまわない。そういう者たちを集めて新しい軍隊をつくる必要がある」

（『田布施町史』）

晋作の方針は武士主体だった当時としては極めて斬新かつ異例の軍略だった。

だが、そのときが近づいても有志軍勢の集まりは十人、二十人単位とはかばかしくない。明日はいよいよ奇兵隊出撃という前夜である。

晋作は酒瓶を片手に、かねてより趣味の歌を一句ひねった。

実があるなら今月今宵　一夜明ければ誰も来る

この都々逸《どどいつ》の詞は、後年人づてに多少の変化をみた。昭和六十（一九八五）年のエピソードを紹介しよう。

竹下登は派閥　領袖《りょうしゅう》の田中角栄に反旗を翻して、田中派内に政策集団「創世会」（のちの経世会）を作ろうかどうか悩んでいた。

その折り、派閥を越えて竹下の盟友だった安倍晋太郎が、次の一句を贈ったのを福田派担当の政治記者が目撃していた。

情けあるなら今宵来い　明日の朝なら誰も来る

晋作は戦《いくさ》の最中でも三味線を側に置き、酒を飲んでは自ら歌を作った。奇兵隊を挙兵する前夜の心情を歌った都々逸は、ときを経てさらに直截《ちょくせつ》な歌詞となったが、中身に変わりはない。

都々逸は正確に言えば七七七五の二十六音によって構成されるのを基調とする。安倍が贈った詞は、第二句が二音短いので厳密には都々逸とは言えないが、原作のもつ情感をむしろ率直に表している。

「今宵来い」と短いながらも強く訴えかけ、「明日の朝なら誰も来る」と言い放つところは、いかにも高杉晋作らしいではないか。

いわば戯《ざ》れ唄ながら、詞に国を憂える心情が滲み出ているせいだろう、かつては庶民大衆に広く愛された都々逸である。

万感の思いをもって安倍晋太郎から贈られた一句に、竹下が一念を賭して応えたのはそれから間もないことだった。

もうひとつ、晋作が作ったとされる有名な都々逸を紹介しよう。

三千世界の鴉《からす》を殺し　ぬしと朝寝がしてみたい

愛人の芸者おのうにも歌わせ、しまいには死んだら墓の前で都々逸を歌って騒いでくれと遺言した。

こうした都々逸は山口県下で多くの人の口の端にのぼり、やがて信介の記憶に染みついたのである。

そして後年、期待された女婿・安倍晋太郎に伝えられたものだ。

安倍が「いざ鎌倉」というときを選んで贈った一句は、佐藤家・岸家の政治家血族に脈々と流れてきたものと考えていい。

佐藤家と岸家

岸信介が佐藤信介として生まれたことは先に述べた。

佐藤秀助・茂世夫婦にはほかに九人の子がいるが、みな墳墓の地である田布施で生まれている。

次男の信介だけが山口町八軒家で生まれたのは、秀助がその時期ちょうど県庁に勤めていたからだ。

秀助が官吏を辞め、酒造業を始めるに伴って、一家は二歳になった信介とその上の兄姉たち（タケ子、市郎、こま、音世）四人を連れて田布施に帰った。

三男・栄作（第六十一代〜六十三代総理大臣）が生まれるのは、それから間もない明治三十四（一九〇一）年のことになる。

全国でも、小さな町村からふたりの首相を生んだのはここ田布施だけだという。

母・茂世は女にしては頭が良すぎる、男だったら信寛爺さんのように国事に走っただろうに、と早くから親戚じゅうに言われた女傑だった。

そこで両親は他家へは嫁がせず、佐藤の分家として独立させて岸家から秀助を婿養子に貰って一家を構えさせたのである。

勉強好きの秀才ながら、秀助はどちらかというと寡黙な男だった。

自分が口べたなのは親父に似たせいかもしれない、と佐藤栄作は後年語っている。

酒造業の鑑札は代々佐藤家に伝わった権利であり、それを持たせて茂世独立の手助けとしたのだろう。

〝西太后〟とまで蔭で言われた茂世が男まさりだったという逸話は多い。

代々の男が政治家気質に恵まれていた中にあって、母にもそうしたところがあったようだと岸は書き残している。

「母については松岡の叔父（洋右《ようすけ》）が亡くなる二ヵ月ぐらい前、巣鴨の拘置所でしみじみ思い出話をしたとき『お前のお母さんのもよ姉は政治家だったなあ』といっておられたのもきのうのことのように思い出される」（『私の履歴書』）

のちにも述べることになるが、満州の経営を背負って奔《はし》った松岡洋右と岸信介のふたりは義理の叔父、甥の血縁である。

巣鴨拘置所に繋がれ、血族の思い出に一瞬ひたるのはずっとのちのこと、信介四十九歳、昭和二十一年四月の話となる。

十人の子供たちの教育はすべて茂世の手で厳しく行われた。

「茂世について親類の人達が口をそろえていうところによれば、『口八丁、手八丁で、おそるべきまけん気の女傑』だったらしく、家つきの娘の多くが、そうであるように、養子の秀助は完全に尻の下に敷かれてグウの音も出なかったといわれる。

子供達の教育もすべて茂世の手で行われ、スパルタ式の教育で、信介ら兄弟が、泣いたりして家へ帰ろうものなら、茂世は叱りつけて家の中へ入れなかった。

――家運が大分傾いた時も、

『ウチは県令と士族の家柄ですからね』

と、ガンとして対外的な意地を張り通したそうである」（『岸信介伝』）

自慢の「家柄」だけあって、海軍に進んだ総領息子の市郎（一八八九年生まれ）は稀にみる成績優秀と誉れが高かった。

海軍兵学校卒業時には総代を務め、海軍大学校を首席で卒業し長剣ひと振りが下賜されている。

その後は国際連盟会議の全権委員随員、ロンドン軍縮会議全権委員随員などに派遣され、山本五十六の下で得意の英語を駆使し、大いに成果を挙げたと各種会議録にある。

昭和十三年、海軍中将に補されたのちは旅順要港部司令官を最後に予備役に編入される。旅順港はすでに重要拠点であろうはずがなかった。むしろ観光地化したヒマな部署で、市郎は中央から飛ばされた感が強い。

それについて、市郎ほどの海軍きっての秀才が大将に進級することなく予備役に回されたのは、ロンドン条約妥結を承伏しなかった艦隊派に睨まれたからだという説が根強い。

市郎は信介の首相就任を目にし、昭和三十三年、六十八年の生涯を閉じた。

地元では下世話ながら、佐藤家の兄弟は「頭は上から、度胸は下から」などとも言われている。

国木尋常小学校

信介は明治三十六年四月、田布施村国木尋常小学校に上がった。

薩長連合政権時代とはいうものの、国政の実権は長州閥全盛といっていい。

長州出身の山県有朋、伊藤博文、桂太郎といった明治の元勲たちが幾たびにもわたって首相の座に就いており、子供ながらにも長州人の名前以外は耳に入らなかったのではないかと思われるほどだ。

また、山口県の不思議なところは維新の元勲以外にも多岐にわたって多彩な人材を送り出している点であろう。

信介誕生と相前後して生まれた人物だけに絞ってみても、市川正一《しょういち》（日本共産党中央委員）、野坂参三（日本共産党中央委員）、難波大助（無政府主義者、摂政宮〈のちの昭和天皇〉狙撃犯）、北村サヨ（天照皇大神宮教《てんしょうこうだいじんぐうきょう》 教祖）、磯部浅一《あさいち》（陸軍一等主計、二・二六事件首謀者のひとり）、神山茂夫（日本共産党中央委員）、宮本顕治（日本共産党委員長）などが明治二十年代後半から四十年ごろにかけて山口県内で誕生している。

一連の人物に政治的な関連性があるわけではなく一概に論じることはできないが、やや極端に突出した人格が輩出している感は否めない。

日本共産党の最高幹部が続出しているのがひときわ目を引くが、それにはこんな逸話もある。

岸は自分たちこそが吉田松陰や久坂玄瑞、高杉晋作の流れを汲む主流だと信じていたところ、ある日異論が出て驚いたという。

共産党幹部の野坂参三が岸に反論して言うには、「後継主流は、革命的な我々の方が正当だ」と。

「野坂参三にいわせると、吉田松陰や高杉の直系は自分たちだというんだよ。岸や佐藤なんて奴は俗論党だというわけだ。

時代の秩序を破壊して新しいものをつくり出そうとしたのが革命家吉田松陰であった。逆に、長井雅楽《うた》（幕末の長州藩重役）やその他はいわゆる俗論党と称されていた。その流れを汲んでいるのが岸や佐藤だというのが、野坂君のいい分なんだよ。

反対に野坂君たちが吉田松陰先生の後を継ぐんだと主張するのは怪しからん、というのがわれわれのいい分でしてね。しかし、彼らのいうことにも一理あるんだよ。明治維新の頃の歴史においては、同じ長州ですから両方とも同じような考えをもっているんではないかと思うな。そういう意味での共通性はあると思いますね」（『岸信介証言録』）

悠揚迫らぬ岸の対応もまた興味深い。

そうした風土の中、信介が小学校に上がったときは、第一次桂太郎内閣の時代だった。その二年前の明治三十四年四月二十九日、明治天皇に初の皇孫殿下が誕生していた。信介より四歳半ほど若い迪宮《みちのみや》裕仁《ひろひと》親王で、のちの昭和天皇である。

こののちふたりは幾たびか苦難の道を歩み、また焦土に立つ運命と出会う。生まれた年が近いために生じる巡り合わせもまた捨てがたい興味を誘う。

小学校時代の思い出は、農家が点在するのどかな田園風景とともに信介の記憶に浮かんでは沈む。だが、どうしても忘れきれない痛恨の一事が信介にはあった。

同じ小学校に岸田という集落から通う松本幸吉という子がいた。彼の家は貧しく、いつも着物は汚れ垢にまみれている。

学校にもあまり来られず、成績も決して良くない彼を信介はある日いじめたのだという。

その仔細が書き残されているので引いてみたい。

「その果てが制裁として帯を取上げて了《しま》ったのである。帯といっても細い縄のような紐であった。その取上げた帯は何処かへ投げ捨てて了った。すると翌日は更に見すぼらしい紐を結んでやって来た。更にしつこくもその見すぼらしい紐まで取上げて棄て去った。その翌日は藁《わら》でなった紐を結んで学校へやって来た。

さすがにその縄まで取上げる気になれなくて、その制裁はそれで済んだのであるが、同君は幾ばくもなく同君の父の急死に会い、何処かへ一家が引っ越しして行って了ったので、それきり会いもしないし又消息も聞かぬ。

私は四十余年の間、時々この事を思い出して悔恨に堪えぬ。小学校時代に犯した私の罪の最大なるものと言ってよい」

（『我が青春』）

松本幸吉君はベソをかいて家に帰ったであろうが、父親は相手が名家と知って、

「バカもん、佐藤の坊ちゃん相手に喧嘩するやつがあるか」

とでも言って、恨みを抑えたに違いない。

小学生の時代なら子供同士の間ではよくあることとも思われるが、岸の悔恨はおそらく終

生終わることがなかったようである。

幼い記憶から五十年近くが経ったころである。

『我が青春』は昭和五十八年に書かれ、次のような脚注が添えられた。長文なので概略のみ紹介したい。

「後年になってから、この松本幸吉君は、京都市上京区の華開院主松本正純師であることが判明した。

小川半次君（引用者注・元衆議院議員、自由民主党）の選挙区で、小川君の支持者である。松本君は私が総理大臣になってから、子供の頃の思い出を門徒の人々や知人に『岸総理大臣は幼な友達で、岸さんには随分いじめられたものだ』などと語ってきたが、是非一度私の口から裏書きして貰いたい、とのことであった。

一夕華開院を訪ね、松本君に何十年振りかで親しく会い、懺悔話をした次第である。

松本君の話によると、父の死により一家は離散の憂き目に会い、同君は隣郡のある寺に養われることとなり、長じて仏門に入ることを決意し、立派な僧侶となられたとのことである」

この回想記が書かれたとき、岸は八十七歳になっていた。岸は依然としてかくしゃくとしていたものの、学友松本君は不幸な最期を遂げたと書き添えられている。

「年一回の逢う瀬を楽しみにして居た。ところが数年前交通事故で亡くなられ、誠に残念である。同君は八十歳前後から特に耳が遠くなり、その為の交通事故と思われる。本書を霊前に供えて冥福を祈る」（前掲書）

首相となって安保条約改定を果たしたころの岸は、冷血な政治家のような言われ方をした。また機をみるに敏であり、カミソリのような秀才ではあるが権力主義者で、出世第一主義だけの男のようにマスコミからも見られていた。

だが人間には裏も表もあるように、岸にも両面がある。

やり過ぎかと思われるいじめもしたが、それを取り返すような熱い情も持ち合わせていた。岸の体内に相反する要素が同居していたことは重要なポイントである。

攻撃するときは徹底的だが、一転して修復する柔軟性も兼ね備える持ち前の性格は幼くしてすでに発揮されていた。

もう一度明治二十九年生まれという年を考えてみよう。

日清戦争勝利の翌年に生まれ、日露戦争勝利時には小学校低学年だった、という巡り合わせは岸を知る上で見逃せない。

幼い時分から教師や両親、また親戚の人々から満州における逸話の数々を耳にする日々は、少なからぬ影響を将来に残した。

運動会で上級生徒が繰り広げた日露に分かれての模擬戦は、信介の興奮をさぞや盛り上げたであろう。

村道を練り歩く日本海大海戦祝勝の提灯行列もまた少年の感情をたかぶらせるに十分であったに違いない。

旅順攻撃の乃木希典《まれすけ》大将、参謀長として満州の野に策をめぐらした児玉源太郎、寺内正毅《まさたけ》陸相の活躍などいずれもが同郷の先達であってみれば感慨も一入《ひとしお》であっただろう。

思えば日本の満鉄（南満州鉄道株式会社）経営はこのときに始まり、昭和七年の満州建国へと繋がる。

信介が商工省の工務局長に昇進するのが昭和十（一九三五）年である。

それ以降、彼は満州の経営に直接辣腕《らつわん》を振るうようになる。

少年期の身に畳々《じょうじょう》として滲み渡っていた満州の天涯が、後年彼の眼前に果てしなく再現される。

だが、日露戦争の出征世代として否応もなく育ったひと回り上の世代と信介の間には微妙な差異が生まれることも見逃せない。

十二年前（明治十七年）に生まれた軍人・政治家の群像はいずれにせよ日露戦争時に青年期を過ごし、先の大戦を中核として担った世代である。

東条英機、山本五十六、そして東条の弁護人に就いた清瀬一郎（政治家、弁護士）などが十七年生まれである。

明治十五年にまで遡れば梅津美治郎《よしじろう》（陸軍大将、参謀総長）、東郷茂徳（外相）、十六年には鳩山一郎（政治家）、土肥原賢二（陸軍大将）が生まれ、十八年には板垣征四郎（陸軍大将）、山下奉文《ともゆき》（陸軍大将）らが続く。

岸信介は、ひと回り年上の世代が日露戦争時に士官学校を卒業、または少尉として従軍していたころにはまだ尋常小学校二、三年生だった。

そのひと世代の違いは、満州に限らず国内の経済問題ひとつ拾ってみても、極めて合理性を重んじる傾向が強かったように見える。

日露戦争勝利に沸く社会環境を、幼いからこそ冷静、客観的に眺めながら成長できたからではないかと想像される。

寛子をおんぶして

母・茂世の弟に松介《まつすけ》という面倒見のいい叔父がいた。

松介叔父は佐藤本家を継いだが、家業の酒造業は茂世が引き継ぐ予定になっており、東大の医学部を卒業して医者になる。

そして妻に迎えたのが松岡洋右の実妹・藤枝であった。

信介と松岡洋右とは、義理の叔父・甥の関係という因縁が始まる。

信介は田布施村国木尋常小学校を卒業すると、西田布施にある高等科へ進んだ。

その高等科二年で、岡山の内山下《うちさんげ》小学校に転校（注・岡山では尋常科六年と言った）したのは、医者になった佐藤松介が岡山に居を構え、信介を岡山中学校へ進学させようとして引き取ったからだ。

岡山中学ではのちに横綱常ノ花となる少年が同級生で、負けず嫌いの信介は何回負けても相撲を挑んでいたという。

その常ノ花も二年生で相撲界に入門するが、信介も同じころ岡山を去ることとなる。

中学二年に進級するとすぐ、身元引受人の松介叔父が三十五歳という若さで急逝してしまったのだ。

第二の故郷ともいえるほど岡山の松介叔父を慕っていた信介の衝撃は大きかった。本人の回想記からそのときの模様を拾っておこう。

「松介叔父は大学を卒業すると木下博士の下に助手として産婦人科を専攻し、後に岡山医専（後の岡山医大）の教授として赴任し、明治四十四年四月二十五日に亡くなられた。私は幼い時からこの叔父に可愛がられた。私のみならず姉や兄も皆一緒に世話になった」

（『我が青春』）

信介が岡山へ転校したころ、佐藤松介の家には寛子と正子というまだ幼い女の子ふたりが生まれていた。

長女の寛子はよく信介におんぶされたものだという。寛子はのちに佐藤栄作夫人となる。

「子供好きの私は時に寛子をおんぶしたりして遊んだこともあった。叔父がそんなところを見付けると叔母に、男の子に子供などおわすなよと小言をいわれたこともあったが、これは何も叔母が私に子守をさせたわけではなく、私から進んでやったことだった。

――私は今でも汽車が岡山駅に入る前あたりの鉄橋にさしかかると、汽車の窓から川を眺めて当時を懐古する。叔父はまた浪花節が好きで雲右衛門《くもえもん》や奈良丸がくると聞きに行った。宮崎滔天《とうてん》氏の浪花節なるものを聞いたこともある。『この首には支那政府から十万元の懸賞金がかかっている。その首から出る浪花節だ』という滔天氏の口上を覚えている」

（『私の履歴書』）

その松介叔父がクルップ性肺炎というのにかかり急逝するのは、信介が十四歳の春だった。

「寛子も正子もまだ西も東もわからぬいたいけなさだった。人間の死に目というものにははじめてあい、しかも慈父も及ばぬ慈愛をたれられ、その当時私としてはいちばん尊敬もし、頼りにしていた叔父になくなられて悲しくて泣いても泣いても泣きたりぬ思いであった」

（前掲書）

信介によくおぶわれたという佐藤寛子は明治四十（一九〇七）年一月生まれである。松介が亡くなったときにはまだ四歳になったばかりだった寛子は、大正十五年二月、信介の弟・栄作と結婚する。後年、複雑な家系と結婚のいきさつを、寛子は次のように述べている。

「『あなたがたはどんなご結婚をなさったのですか』と、たずねられるたびに、私は『あてがい結婚です』と答えています。それを説明するには、家系のことにもちょっと触れなければなりません。私たち自身の結婚の背景には、『家系』というものが重くのしかかっていました。

栄作の母、モヨは佐藤家の長女であり、私の父、松介はモヨのすぐ下の弟、つまり同家の長男ですので、栄作と私はきわめて近いイトコ同士の関係です。

――佐藤家の嗣子、松介は医師になり、松岡洋右（元外相）の妹、藤枝と結婚しましたが、三十五歳の若さで亡くなりました。子どもは私と正子の二人だけ。だれか養子を迎えて後継ぎさせねば――ということになりました。

しかし私の家にはそのころ何ひとつ財産はなく、養子の来ようはずがありません。

そこでモヨが〝義俠心〟を発揮して、

『三人の息子のうち、長男の市郎はうちの後継ぎ、次男の信介は男の子がいない岸家（モヨの夫の実家）へ養子に出さねばならない。それでは、栄作に佐藤家（本家）の跡を継がせよう――』

と考えたのでしょう。つまり、『この家をつぶしちゃならん』ということで、栄作が私にあてがわれたわけです。あるいは私が栄作にあてがわれた、といってもいいのですが──」

（『佐藤寛子の「宰相夫人秘録」』）

佐藤寛子から見れば松岡洋右は、父・佐藤松介が結婚した相手の藤枝が松岡の実妹という関係から「伯父」であり、岸からすると父・佐藤秀助の弟・松介の妻が松岡の妹なので義理の「叔父」となる。

「あてがわれた」などと言うと現代ではいささか穏当を欠くきらいがあるが、寛子が語る以上に佐藤家、岸家には相互に「あてがい婚」を繰り返してきた現実がある。

何代かにわたって両家は近親婚によってその血族の純血性を維持してきたのだ。

甥、姪などの三親等との婚姻は禁じられているが、四親等にあたる従兄妹同士に禁忌はない。

しかも、よくあるような片側通行の近親婚ではなく、相互乗り入れによる結婚が重ねられてきたいきさつは見てきたとおりである。

その結果、血族の血が劣化することなく、むしろ純化し高められたことは特筆に値しよう。いわゆる名家とはいわなくても、世間では婿養子にいったん入ってもその家の娘とそりが合わないのか、結んだ縁談が壊れるという例は少なくない。

佐藤家、岸家の場合はこれまですべての相互乗り入れ、すなわちブレンドがほぼ完璧に成功してきたと見ていい。

血族の絆

松介叔父が亡くなったため信介は岡山を去り、山口中学二年に編入した。明治四十四年五月である。

山口では母の妹・さわの嫁ぎ先である吉田祥朔《しょうさく》の家に寄宿することになった。

この吉田夫婦の長男・寛（明治三十五年生まれ）が昭和六年に結婚した相手が吉田茂の長女・桜子（明治四十三年生まれ）であった。

信介、栄作の従兄弟が吉田茂の娘を妻にする、という新たな閨閥《けいばつ》が生じる。

吉田寛もまた将来を嘱望された外交官の道を歩み始めていた。

桜子は父と同じ外交官を結婚相手に選んだものの、七年後の昭和十三年には寛が病死するという不幸に見舞われる。

その葬儀に妻・寛子とともに出席した佐藤栄作の風貌が亡き女婿にそっくりだった、ということから吉田茂は後年、栄作を特別にひいきにするようになったといわれている。

昭和二十三年、第二次吉田内閣の組閣でまだ議席も持たない佐藤栄作をいきなり官房長官に抜擢したときからそれは始まる。

吉田と岸、佐藤は民主党と自由党の保守合同をめぐってさまざまな葛藤に遭遇するが、それは四十年以上先のことである。

信介、栄作と吉田茂が縁戚同士になるということは、松岡洋右と吉田にも同じことがいえる。

「伯父の松岡洋右と吉田先生は戦前、外交官同士のおつき合いがありました」

と一族の因縁を語るのは佐藤寛子である。やや時間は下るが、血族の物語を垣間見ておこう。

「貴族趣味の吉田先生に対し、（松岡の伯父は）野人派で性格もちがいますが、たがいによきライバルだったのでしょう。

吉田先生にお会いした二度目の記憶は、松岡洋右が戦犯で拘留中に病死した二十一年六月です。

伯父は結核が悪化し、亡くなる十日ほど前に、アメリカ側の特別のはからいで巣鴨を出され、東大病院に入院していました。伯父の遺体が千駄ヶ谷の屋敷に帰った日、吉田先生は羽織、はかま、白たび姿でおみえになりました。小走りに遺体のそばに寄られ、白布をとられてしばらく涙ぐんでおられた姿が強く印象に残っています」

（『佐藤寛子の「宰相夫人秘録」』）

長州の松岡、土佐の血を引く吉田は肌合いこそ違っても、外交官の気骨だけは共通して強いものがあった。

血族の中には外交官もいれば軍人もいた。だが、長州では繰り返し述べてきたようにひときわ陸軍が幅をきかせていたのだ。

したがって将来は陸軍大将に、と思うのは長州男児なら誰しもが同じだったろう。

江田島は近いが、長州なら海軍より陸軍を志望する者の方が多い。

そういう風土と歴史が幼い信介の頭にも染み込んでいた。

陸軍将官の中で山口県出身者が占める割合は圧倒的で、その数は三百人近くにのぼる。

陸軍大将に限れば、総数百三十四人の大将のうち、十九人が山口県出身者である。

とりわけ明治から大正までの草創期は顕著だった。

すでに挙げた名前と多少重なるが、長州山口県出身の陸軍将官から名だたるところを列挙すれば、山県有朋（元帥・大将）、乃木希典（大将）、児玉源太郎（大将）、桂太郎（大将）、寺内正毅（元帥・大将）、田中義一（大将）＝以上は首相経験者、寺内寿一（元帥・大将）、桜井省三（中将）など枚挙にいとまがない。

信介も尋常科までは例外ではなかった。

「陸軍の長州、海軍の薩摩」といわれて久しい土地柄から陸軍志望だったのだが、海軍に興味を示したこともある。

「私は弱い体をし乍《なが》ら何時も陸軍大将になるのだと威張って居たものである。戦ごっこでも、何時も一方の大将となって指揮したものである。

——この軍人熱は最初は陸軍であったが、後に私の兄が海軍兵学校に入り、『海軍』と言う写真の美しい雑誌を見るようになって何時しか海軍志望となり、中学五年の時修学旅行で江田島を参観して帰って来たときは、一時は何でもかんでも海軍に入ろうと思ったこともあった」（『我が青春』）

その信介が軍人志望を諦めるのは、体がやや虚弱だったことによる。

中学卒業前後になると、学問を生かそうと天下の一高を目指す方向に舵を切るようになった。

そしてそのとき、信介が養子に「あてがわれ」る日が迫ってくるのだった。

岸家の嗣子に

信介が岸家に養子に出ることになったのは、冒頭でも紹介したが十五歳のときである。明治四十四年十二月末、父・秀助の実兄である信政が肺炎のため六十一歳で亡くなった。そこで、岸本家の嗣子として信介が指名されたのだ。

もとより父の実家には後継ぎの男子がおらず、ひとり娘の良子にしかるべき婿養子を迎える算段はされていたはずである。

つまり、次男の信介が岸家に入る下話は両家の間では早くからの合意事項だったのだろう。佐藤家の次男が岸家を継ぐのに、親戚の中にさしたる違和感がなかったのは分かる。

だが、信介は年頃の中学三年生だった。両家の間でそうとは決まっていても、思春期の少年にとってみれば納得いかないのは当然だろう。

要するに、嫌々の養子縁組だったといえる。

これも先に佐藤寛子が述べたように、血族維持のための「政略」であり、「あてがい」だったことが信介にも次第に、おぼろげながら分かるようになる。

岸本家を継ぐ、という意味がやがてはその家のひとり娘の良子と結婚することなのだ、とは、当初は理解できない。

本家を継ぐのだ、とのみ両親に言われただけなのだから。

したがって、岸信介がのちに書き記した回想記二冊『我が青春』『私の履歴書』の文中でも、養子の話題はさりげなく触れる程度でやり過ごしている。

曾祖父・信寛や松介叔父を誇りに思うことや、家郷における山河のこと、伝承民話などの民俗学的興味には紙幅を割いても、養子縁組みの心理状態となるとごく簡略だ。

「別に反対すべき何等の理由も見出されなかったが、何が何でも養子に行って他姓を冒すのは嫌であった。だがとうとう話がきまり岸家に行くことになった」（『我が青春』）

と、半ば諦めの心境から岸家へ入ったように述懐している。

だが、養子に入るのは嫌だったとしても、良子との縁組みまで嫌だったのだろうか。

親戚の人たちは、

「信介さんは運のいい男じゃのう。だいたい小さい時分から良子さんのことを好いておられたのが、ちょうどええ具合になったもんじゃからのう」

と噂していたそうだ。改姓への抵抗感はあったろうが、良子と将来を契ること自体はまんざらでもなかったのではあるまいか。

信介が岸と改姓したのは中学を卒業して高等学校に入る直前だった。

佐藤信介として中学の卒業証書を貰い、岸信介として高等学校に入学している。

中学を卒業して一高入学のために上京するまでの期間は、佐藤家に寝泊まりして改姓もせずにやり過ごしていた。

岸家の住人は、先代から下働きをしてきた老人を除けば、七十歳を過ぎた祖母と養母にあたるチヨと十歳になったばかりの良子（明治三十四年生まれ）という女所帯である。

その中に少年がひとりという家族構成が誕生した。

家は何百年も経た茅葺きの古めかしい大きな構えで、仏壇や神棚がきちんとしつらえられた部屋の欄間に長い槍が何本か掛けてあったという。

夕方になれば神棚に祖母がお灯明をあげる。

それすら火打ち石で火を起こし、烟硝《えんしょう》のついた艾《もぐさ》に受けて付け木に火を移し灯明をあげる、という家風である。

旧家の雰囲気は佐藤家にはまったくないもので、幕末の時間がそのまま停まったような家だった。

「乱雑な一切かまわぬ古いしきたりの殆《ほとん》ど残されて居ない佐藤家の空気とは凡《およ》そ対照的なも

のだった」（『我が青春』）と自身も佐藤家との違いを述べているが、信介は次第に岸家の家風やしきたりを自分なりに変えてゆく。

それでも良子の立ち居振る舞いや言葉のはしばしにある古風な風情は終生あまり変わることはなかった、と周囲の者は語る。

まず孫の安倍晋三の記憶である。

「祖父から怒られた記憶はないけれど、祖母の良子はずいぶんと厳しい人でした。例えば祖父が僕らにお小遣いを渡そうとすると、どうも祖母は渡したくない。甘やかすな、という躾《しつけ》ですから。

『シンちゃん、お小遣いだよ』なんて祖父が言うと、祖母は絶対ダメですとね。祖母は昔風にきちんとした着物姿で、めったに笑わないんですよ。だから怖い。祖父が甘やかすと、そんなに甘くては子供のためにならないから、と言って怒っていましたから。

だから、だっこされた記憶なんかも全くないな。しゃべり方から身のこなしまで、非常にきちんとした人でした」

昔気質で生一本の見本のような良子が心不全で亡くなったのは昭和五十五（一九八〇）年六月、七十九歳だった。

したがって、晋三が「アンポ、ハンターイ」と言って南平台の家の中を走り回っていた時分にはまだ五十九歳である。

孫たちが幼いころの良子は、信介が養子に入ってきた明治の末とさして変わらぬ風情のままであったことがうかがえる。

その潔癖な性格については、洋子も同じ証言をする。

「母は父とは違ってかなり几帳面でした。ですから、ふたりの性格はちょっと違っていたと思います。

父は細かなことをごちゃごちゃ言うようなことは好きじゃなかったのですが、母は細かかったですね。

父は血液型もO型で、いかにもO型。母はA型かなと思っていたらどうやらB型だったようですが、性格は対照的でした」

その良子がまだほんの幼い十歳というときに、信介は岸家の古式ゆかしい門をくぐるのである。

信介の実の両親はすでに述べたように佐藤秀助と茂世である。

ふたりは佐藤本家のある田布施村田縫《たぬい》地区からはやや離れた一隅で酒造業を営んでいた。

山口の県庁官吏を辞めた秀助が、幼い信介たちを連れて本家の近くに戻ったのである。明治期、山口から田布施までの旅は決して楽なものではなかった。

山陰と山陽を結ぶ鉄道は陰陽連絡線とも呼ばれるが、山口を通過するようになったのは大正時代後半である。

瀬戸内海に面した山陽本線は神戸から田布施まですでに通じており、さらに小郡《おごおり》（現新山口）にも延びていたので、秀助一家は馬車などを利用して山口から小郡まで出て、上り神戸行きに乗ったものと推測される。

山陽新幹線の開通は、旧山陽道の華やかだった往来を、はるか歴史の彼方に押しやった感すらある。

山口県熊毛郡田布施町が今でもひっそりと昔日の面影をたたえているのはそのためかもしれない。

今日でも東京方面から田布施を訪れるにはかなりの時間がかかる。

広島から下関に向かって山陽本線を各駅停車で下ると、およそ一時間半ほど走ったところに田布施駅はひっそりとある。

総人口も往年と大きな変化はなく、約一万五千人が瀬戸内海の平生《ひらお》湾に面した土地を守ってきた。

少し歩いてみれば、水田のほかにゴボウ、長芋、桃の栽培や漁業を営んで暮らしている光景がすぐに目に入る。

日本のどこにでもありそうな、田舎町である。

田布施町田縫地区の裏山には、佐藤本家と分家の墓石がきちんと並んで建っている。秀助、茂世の墓石と並んで、栄作、寛子夫婦が長男の市郎とともに静かにこの地に眠っているのだ。

岸家の古い家は、この墳墓から少し離れた地区にある。白壁で門構えも大きな屋敷だが、周囲と比べてとびきり立派というわけではない。

裏には岸信介が眠る墓地があるが、ひっそりとして訪れる人影もめったにない。

十五歳の信介は、養子縁組みの挨拶に岸家を両親とともに訪れ、この門をくぐった。籍は入ったものの、しばらくはあまり顔を見せなかった。

実際問題、信介は山口の吉田祥朔叔父の家に寄宿して中学に通っていたのだから、そう簡単には岸家に顔を見せることはできない。

休暇の折りなどに田布施に帰っても、岸の家へは昼間ちょっと顔を出す程度で、夜は佐藤の家で寝泊まりしていた。

佐藤家と違う古式ゆかしいしきたりや、どこからともなく漂ってくる女所帯特有の匂いが胸を衝《つ》き、足を遠ざけさせたのではないか。

あてがい婚

中学を首席で卒業した信介は、直ちに高等学校入学試験の準備のために単身上京する。大正三（一九一四）年四月である。

本郷森川町（現本郷六丁目）の桜屋という下宿にいったん落ち着くと、受験のための予備校通いを始めた。

目指す一高の入試は七月中旬で、試験終了後は故郷で脚気《かっけ》の治療に専念していた、と回想記にある。

八月半ばに合格発表があり、田布施の役場へ行くと、「岸信介」の名が官報にあった。岸信介として、初めてのお目見えと言っていいだろう。

九月になって間もなく上京すると、いよいよ憧れだった一高の寮生活が待っていた。

全国から秀才を集め、質実剛健の校風が憧憬《しょうけい》の的となっていた当時の一高である。

意気上がる自身の回想記から、入学時の様子をうかがってみよう。

「さっそく二条の白線と、かしわの校章のついた制帽を買い求め、制服を注文し、ほお歯のゲタを買った。

二、三日で下宿を引き払い寄宿舎に入寮した。北寮十番室だった。当時は皆寮制度でたとえ東京に自宅があるものといえども寄宿舎に入らなければならない定めだった」

（『私の履歴書』）

そのころの一高寄宿舎は東、西、南、北、中、朶《だ》とあって、広く人口に膾炙《かいしゃ》した寮歌『嗚《あ》呼《あ》玉杯に花うけて』（明治三十五年制定）の「五寮の健児意気高し」は実際には六寮となっていた。

本人の意気や高し、はもっともとしても、傍目にも当時の一高生はかっこ良く見えたようだ。

少々誉めすぎかと思うほど持ち上げるのは、義妹の佐藤寛子である。

「一高のカシワの葉っぱの徽章《きしょう》をつけた帽子をかぶって兄が帰省すると、女の子たちがワーッと集まります。義兄は色も白く好男子のうえ、行動も積極的だったし、いまの言葉でいえばカッコいい青年でした。東京のみやげ話もおもしろおかしくしてくれ、ずいぶんオーバーとはわかっていても、みんなウットリと聞きほれたものでした。

　そんなとき栄作はどうしていたかというと、女の子には見向きもしないで、一人で山の中へキノコ採りに行ったり、川へウナギ釣りに出かけたり——およそ少女たちが抱く夢とはかけ離れた行動ばかりしていました」

（『佐藤寛子の「宰相夫人秘録」』）


　そこまで好男子だったとは知らなかったが、義兄を上手に持ち上げた、というところではないだろうか。

　ただ、将来の夫となる栄作が信介よりやや野性的で男っぽかった印象はそのとおりだし、のちに「政界の団十郎」ともいわれた栄作の妻としての謙遜から、回想記を書いた時点で点を辛くしたとみた方がいいかもしれない。

　帰省すればもてた信介であっても、すでに許嫁《いいなずけ》がおり、若い家父長として岸家中興の気構えも迫られていた。

　全寮制が建て前だったにもかかわらず、彼は寮生活を一年で切り上げてしまった。

「私は二年の初めから母や良子（現在の妻）を上京させ、代々木に居を構え、良子は実践女学校に通い、私も寮を出てそこから通学することにした」

（『私の履歴書』）

田布施においてきた義母・岸チヨと良子を呼び寄せ、駒場に近い代々木に借家をし、まがりなりにも岸家を立ち上げたのだ。

戸籍上だけの嗣子となっていた信介が、一高生となって落ち着いた、あるいは男としてオトナの仲間にいつの間にか入っていた、という証のようにも思える。

さらに言えばこと性に関して信介はやや早熟で、俗な言い方になるが良子は〝幼な妻〟であった。

大正四（一九一五）年九月の話だから、まだ信介十八歳（十一月で十九歳）、良子十四歳という若さである。

信介と良子はそれぞれに学生生活を満喫しながら、夜はひとつ屋根の下で寝泊まりするという奇妙な許嫁生活が開始された。

要するに、第一高等学校二年生にして良子との事実婚が始まった、と理解していい。もとより憎からず思っていた良子と親族公認の同棲生活に入れた上に、年若い家父長となった気概も大いに湧いたであろう。

信介たちふたりが正式に結婚式を挙げたのは四年後、大正八年十一月三日、当時の明治節の日のことであった。

新郎はあと十日で二十三歳、新婦十八歳で、信介は東京帝国大学法科三年在学中（注・旧帝大は三年制）、良子は実践女学校を卒業した年だった。

岸はこの挙式に関して次のように述べている。


「私どもは数年起居をともにし許嫁の間だったので、結婚式と言ってもいわば結婚披露ともいうべきものだった。親戚連中も数多く集まり、地下《じげ》の連中も殆ど夜を徹して祝ってくれた。東京では只親しい友達を招いて披露かたがた小宴を設けただけであった。

従って、私共の結婚式は一般に行われるような形式や花やかさは持たず、又その際感ぜられるような興奮や思い出は残されなかった」


（『我が青春』）


結婚することで改めてふたりが感興を呼ぶようなものは何もなかった、と告白している。すでにして、ふたりの事実婚は始まっていたのだから当然かもしれない。

その実質的な結婚生活がふたりの間でいつから始まったのかは分からないが、「数年起居をともにし」というからには、十八歳と十四歳くらいからふたりは事実上の夫婦関係にあった、と考えていいのではないだろうか。この時代からみれば、特別奇異な感じもなかったと思われる。

ただはっきりしているのは、岸は思春期を迎えた多くの少年が味わうような甘酸っぱい初恋の思い出などというものとは無縁だったということだ。

信介が大学に進んだ大正六（一九一七）年には、代々木の小さな借家から市谷町（現市谷台町）の二軒長屋の一軒に移り住むようになる。ふたりだけの新所帯である。

「良子と女中一人の三人暮らしだった。大正六年九月三十日から十月一日にかけての大暴風はこの家で遭遇した。当夜は雨漏りがひどく、家はゆるぎ、戸をとばされぬよう必死におさえていた」

（『私の履歴書』）

記憶がとりわけ鮮明なのは、この夜の台風が記録的災害をもたらしたものだったからだ。東京湾台風とも呼ばれたこの台風での死傷者はおよそ三千人といわれている。

引っ越す前に養母・チヨは故郷へでも帰したのだろうか、本格的な新婚生活のスタートと解釈していいだろう。

学生の身分として「女中付き」とはかなり贅沢な部類といえるが、岸家の財産からみればたやすい出費だったのかもしれない。

結果的にいえば、佐藤寛子がいうように「あてがい婚」が見事に功を奏した。

いかにも岸流で即物的な実利に徹した結婚の形ながら、長い生涯、円満に添い遂げることとなるのだから「あてがい婚」も捨てたものではなかった。

新婚生活は代々木の借家に始まって市谷、池袋の駅前、四谷伊賀町で二ヵ所、中野で二ヵ所と借家を転々とする。

「水草の如き頼りなさをつくづく味わったものであった」(『我が青春』)と回顧する新婚時代の借家生活から抜け出せるのは、大正十二年、関東大震災の少し前である。

若き官吏の逸材として要路に立ち、中野千光町に家を買い落ち着くまでにはまだ多少の時間がかかる。

一高から東京帝大へ

大正三年、岸が十八歳となり第一高等学校一年生になった年は、第一次世界大戦が勃発し、日本も日英同盟の関係から出兵に沸いているさなかであった。

だが岸は、政治的な関心も国際的な視野もまだ皆無に近い。

ほかの学生仲間と一緒に国木田独歩の武蔵野を散策したり、ほう歯を鳴らし高歌放吟する日々を過ごす。

また、酒があまり強くないためか、紅灯の歓楽街をひやかすより寄席などへ通う方が大きな楽しみとなっていた。

かつて岡山中学時代、松介叔父に連れられて浪花節を聞きに行った体験が下敷きにあったからかもしれないが、本郷や四谷の寄席にしばしば通ったという。

とりわけはまったのが娘義太夫で、病みつきになった末に、人気義太夫語りの追っかけになったとも告白している。

娘義太夫のフシ回しにすっかり魅了され、さわり部分を覚えて歌ったのもこの年ごろらしい愛嬌だろう。

郷土の大先輩山県有朋が新内節を好み、特に「蘭蝶」を得意としていたというから、その影響もあったようだ。「蘭蝶」とは新内の一調子で、語られる物語の主人公の名から取ったものだ。

松介叔父から寄席の木戸をくぐったときに聞かされた記憶がある。

「おい信介、あの謹厳そうな山県さんが長い顔を振り回して新内をもの苦しく語る姿を思い浮かべてみろ、愉快ではないか」

そして、「だからといって山県公が失敗をやらかしたなどという話は聞かない。寄席通いくらいしておくのも悪くはないぞ」と付け加えたのだった。

長い顔、では信介もひけをとらない。

晩年、老熟して福相になるまでは、ひょろ長いヘチマ顔にギョロ目をつけたようなものだった、と蔭では言われていた。

その異相が義太夫など語ってみせれば、周囲を安心させる顔としての効用があったのかもしれない。また、それだけ昔の学生には余裕というか、「間」があった。

同級生たちとの集合写真が一葉残っている。

校舎の前と思われる庭にひな壇を作った記念写真で、着物姿の岸の姿がある。なで肩のせいかやや華奢《きゃしゃ》に見えるものの、顔の目鼻だちが断然際立っているのが特徴だ。

背丈も当時としては低い方ではない。五尺六寸（約百六十八センチ）はあった。

写真には、首席合格だった我妻栄《わがつまさかえ》（東大教授、法学博士）や三島由紀夫の父となる平岡梓も並んで写っているが、頭ひとつ出ている。

我妻栄は東京帝大へ進んでから、岸と首席を争うよきライバルとなり、平岡梓は農商務省へ岸と同期入省するという縁がある。

平岡に長男・公威《きみたけ》、のちの三島由紀夫が誕生するのは大正十四年一月のことだ。

旧制高等学校の自由とバンカラ生活を謳歌した三年が終わると、クラスのほとんどの者は東京帝国大学に進学し、志望者はそのまま入学試験に合格できる時代だった。

正式には東京帝国大学法科大学（大正九年に法学部）独法科である。

「大学の入学試験はドイツ語の筆記試験だけで、難なく合格することを得た」（『我が青春』）

と記しているように、当時は東大に入るより一高に入る方が難関だった。

大学入学時、大正六年はロシア革命が勃発してレーニンの共産主義政権が樹立され、翌七年には第一次世界大戦が終わる。翌八年一月にはパリ講和会議が開催され、波乱に満ちた世界情勢であった。だが、岸の関心はまだ薄い。

日本は戦勝国の仲間入りを果たし、敗戦国ドイツの諸権益を受け継いで未曾有の戦時特需を享受していた。

岸たち学生は物価高騰はあったものの、比較的楽な大学生活を過ごすことができたはずである。

我妻栄と法律の勉強に精を出す一方で、仲間とともに伊豆の土肥温泉や軽井沢、戸隠高原、猪苗代湖畔などへしばしば合宿の足をのばす。

すでに良子を郷里から呼び寄せ、「起居をともにし」ていたのだから、勉学と家庭を早くも器用に操っていたことになる。

後年さまざまな局面で、巧みに両面性を使い分ける技が発揮されるが、早くもこの時期から涵養《かんよう》されていたようだ。

政治に特別の関心も見せないごく平凡な優等生だった岸が読み親しんでいた書物は、どんなものだったのか。

一高時代から手にしていたのは、主に西田幾多郎やショーペンハウエル、ヘーゲル、カント、ニーチェなどの哲学書であった。

寮生らと肩を組んで『デカンショ節』を歌っている姿を彷彿させる。「デカンショ」の意には諸説あるともいわれるが、デカルト、カント、ショーペンハウエルの頭文字からとったとする説が有力だ。

当時はやっていた小説は、夏目漱石や谷崎潤一郎、翻訳書ではイプセン、トルストイ、ゲーテといったところであろうか。芥川龍之介も漱石から新人としては別格の評価を受けていた。

岸もひととおりはそうした小説にも目を通したが、どちらかといえば思索の足しになる哲学書を優先していた。いわゆる文学書にはまるタイプではなかった。

そのときすでに文壇で目立った扱いを受けていたのは、谷崎潤一郎である。

評判になっていた『刺青』のような耽美的な文学は好きになれなかったし、相容れないものを感じたに違いない。

そのあたりは優等生タイプであり、崩れた美しさ、というようなものとは無縁に過ごしていたと見ていい。

弟の栄作はどうだったのか。

三島由紀夫が自決した昭和四十五（一九七〇）年十一月二十五日、首相を務めていた佐藤栄作はその死に際して、「気が狂ったとしか思えない」と短いコメントを残したとされる。だが、佐藤夫妻はかねてより三島の母・平岡倭文重《しずえ》を通じて三島本人とも昵懇《じっこん》だった。以下は佐藤寛子が語る三島の母との思い出話の一端である。

「三島さんは三十三年四月、画家の杉山寧さんの長女、瑶子さんとお見合い、六月には川端康成先生のご媒酌でスピード結婚をされたのでした。

夏の軽井沢では、毎年倭文重夫人とお会いしていました。夫人はたいてい、お一人で万平ホテルに滞在され、私どもの別荘をたびたび訪れてくださいました。

あるとき、私が倭文重夫人に、

『ご令息はどうして軽井沢にいらっしゃいませんの？』

とおたずねしましたところ、

『いろいろ、思い出が多すぎるからでしょう』

と意味ありげなお答えが返ってきました」

（『佐藤寛子の「宰相夫人秘録」』）

話は少々横道に逸れるが、皇太子明仁殿下（現天皇陛下）と正田美智子さんが軽井沢のテニスコートで出会ったのは前年の昭和三十二年八月だった。

三島は一説によると、当時、美智子さんとお見合いをしようとして失敗したとされている。佐藤寛子の回想などを勘案すれば、佐藤栄作は、現役の総理として胸中とは違う無理に形式ばった発言をした可能性が考えられる。

むしろ、岸の方が三島に対しては自分の理解を超えた不合理を感じていたのではないか。晩年、インタビューに答える次のような回答は彼の現実主義を見事に言い表している。

「三島由紀夫はね、いわゆる神がかりの考え方ですよ。ああなってくると、われわれの思想を超越している。政治家の世界では、真・善・美のうち美を追究する世界ではないと思う。政治家は善を追求し実現するけれども、美を追究し真理を探究するという世界ではない」

（『岸信介証言録』）

平凡なようだが、国民的人気があった学生野球の応援といった健康的、普遍的なものにむしろ岸の興味は注がれていた。

当時の一高、東大を通じて名投手として活躍した内村祐之《ゆうし》の思い出にはとりわけ熱がこもっている。

「野球では私どもが大学に入った年は内村投手（医博、後の松沢病院長、内村鑑三子息）の全盛期で、完全に天下の覇権を握ったことがあった。対慶応戦が三田のグランドで行われたとき、投手のできはよく強豪を十何年ぶりかでやっつけ、応援団は狂喜乱舞した。そして三田から本郷まで寮歌をどなりながら行列して帰り、夜は全寮をあげてストームが行われたのであった」

（『私の履歴書』）

ストームとは酒瓶を下げた先輩たちが次々と寮の部屋を襲ってはひとしきり騒ぐことで、バンカラというより蛮行にしか思えないのだが、これがなぜか学生には嬉しい。

内村祐之投手は弱いといわれた一高、東大にあって、早大、慶応を撃破するなどその左腕が名を馳せていた。

東大卒業後の内村は東大医学部教授を務める一方で、戦時下には大学野球連盟の会長として、戦後はプロ野球のコミッショナーとして野球界の発展に尽くした功労者である。

しかし、文学と野球とバンカラだけで済まされる時代ではなかった。

第一次世界大戦の戦後処理やロシア革命の波及は、全国の学生を巻き込まずにはおかなかった。

遅からず岸もその渦に巻き込まれる日が来る。

百家争鳴

東京帝国大学に入ってからしばらくの間、岸は我妻栄とともに法律を中心とした勉強に時間を割き、また彼と首席を争う刺激に充足する日々を過ごしていた。

そのころの成績発表は点数制が廃止され、優良可表示に変えられたため明瞭に優劣が判明することはない。だが、我妻と岸の成績が他を圧倒し、抜きん出ていたことは確かだった。

二年の終了時までには高等文官試験（高文試験）に合格し、早くも高級官僚の道を進む決意を固める。

周囲からは、それだけの成績なら大学に残って学者になる選択を勧める声も多かったが、岸の意志は動かない。

高文試験とは、明治二十七（一八九四）年から昭和二十三（一九四八）年まで続いた高級官僚採用試験のことである。

難度は高いものの、出自などを問うことなく高級官僚への道が保証される試験だったため、全国の秀才学生憧れの道でもあった。

戦後になって制度が改革されてからは、人事院が実施する国家公務員I種試験（いわゆるキャリア）に継承されたとみていい。

ついでながら高文試験合格者からアトランダムに著名人を拾っておけば以下のような名前が並ぶ。

柳田国男、正力松太郎、中山伊知郎、牛場信彦、池田勇人、佐藤栄作、福田赳夫《たけお》、大平正芳、後藤田正晴、秦野章、中曽根康弘、三島由紀夫など。

また、幣原《しではら》喜重郎、吉田茂、広田弘毅《こうき》、松岡洋右、重光葵《まもる》などの外交官は、高文試験と同レベルながら「外交官及び領事官試験」という門をくぐってその道を歩むのである。

高等文官試験に合格した大正八（一九一九）年の秋、岸はめでたく良子と結婚披露を済ませ、大学在学中ながら実生活の礎を築く。

それまで高文試験の勉強に専念していた間に第一次世界大戦が終わり、英米を軸とした世界再編成が進んでいた。

岸が学業に没頭していた間、社会は大きな変動を遂げつつあった。

ロシア革命の波及は各地に及び、ときを同じくして自由、友愛といった思潮が普及、民本主義の台頭を促した時代でもあった。

とりわけロシア革命成功は大陸や半島を経て日本国内にも伝わり、労働運動の激化や米騒動など大衆運動に強い影響を与えた。

京都帝大では河上肇教授が『貧乏物語』を発表、東京帝大では吉野作造が民本主義を唱える大正デモクラシーが席巻し始めていたのもそうした反映である。

東大に「新人会」という左翼運動の中核組織が誕生したのが、大正七（一九一八）年十二月だった。

大正十年までの前半期は比較的穏健な社会民主主義学者や労農運動の指導者を輩出する傾向が強い機関だったが、後半（大正十年～昭和四年）は強固な左翼運動母体として、日本共産党の下部組織にしっかり組み込まれてゆく。

前期の出身者には赤松克麿、麻生久、河野密、佐野学、野坂参三、蠟山政道、佐々弘雄、三輪寿壮などがおり、後期からは志賀義雄、中野重治、水野成夫、大宅壮一、田中清玄《きよはる》、亀井勝一郎などを輩出した。

岸自身が新人会と接触したことはないが、新人会メンバーの三輪寿壮とは一高、東大の同級生ということもあり、生涯の友情を結んでいる。

三輪は労農派の指導者であり、また、ゾルゲ事件で尾崎秀実《ほつみ》の弁護人を務めた。ところが近衛新体制運動の協力者でもあり、大政翼賛会連絡部長なども歴任する。

戦後は東京裁判で岸の弁護を担当するなど、その軌跡は紆余曲折、複雑なものがあった。

新人会が組織を拡大する一方で、国家主義者の頭山満《とうやまみつる》が組織した「浪人会」という政治結社が活動を活発化し、学生に影響を与えていたのもこの時期だった。

玄洋社を設立した頭山満は、内田良平の黒龍会結成に助力、右翼陣営の大御所と見られた人物である。

民本主義を掲げる東大教授吉野作造が雑誌「中央公論」誌上で浪人会批判を展開したのをきっかけにこの両派の対立が激化し、浪人会は吉野に立会演説会の開催を強要する。

吉野の民本主義と併走するようにして美濃部達吉（東京帝大教授）も天皇機関説を提唱しており、右翼陣営と激しく対立していた。

大正七年十一月二十三日、東京・神田の南明倶楽部で行われた立会演説会では、絶叫する浪人会の壮士に対し、諄々《じゅんじゅん》と説き伏せる吉野の方に軍配が上がったと新聞各紙は報じた。

政治論議に距離を置いていた岸はこの会場へは姿を見せなかったが、一年下で政治学科学生だった大佛《おさらぎ》次郎（本名・野尻清彦《はるひこ》）は吉野教授の弁舌に大いに感激し、会場前で抱きついたものだと自著に記している。

吉野作造に代表される大正デモクラシーもさることながら、反対に国粋主義の諸団体も学生に強い影響力を与え、時代はまさに百家争鳴の感があった。

上杉慎吉

美濃部達吉が唱えた天皇機関説や吉野作造の民本主義に対して、もっとも激しい論争を展開した学者に憲法学の泰斗、上杉慎吉（東京帝大教授）がいる。

上杉は吉野作造の対立軸として「桐花会」、「木曜会」といった国家主義組織を立ち上げて保守論壇を率いた学者で、学生間の人気も高いものがあった。

木曜会は大正八（一九一九）年四月、さらに発展して全日本興国同志会と名称を改める。大正九年に起きた東京帝大助教授森戸辰男の筆禍事件、いわゆる森戸事件（クロポトキン思想研究を学内誌に載せた）は主に上杉による排斥運動がきっかけとなって巻き起こったものである。

上杉は吉野、美濃部、森戸らを論駁《ろんぱく》しつつ学内で大きな力を得る存在となっていた。

これまで政治論議に加わらず、いまでいうノンポリに徹し勉学に励んできた岸だったが、ここにきてようやく学内の大きな渦に無関心ではいられなくなった。

山口中学出身の先輩たちが岸のところへ押し寄せてきて、上杉慎吉が主催する木曜会への入会を迫ったのだ。

学生たちと晩酌をしながら磊落《らいらく》な話術で巧みに持論を展開する上杉は、入会した岸を大いに魅了したようだ。紋付き袴姿で教鞭を執るその国士風な風貌もひと役買ったのかもしれない。

上杉の考え方は、天皇親政を敷きあらゆる日本主義的な価値体系を基盤とするものであった。

岸は次第に上杉に心酔するようになり、木曜会（興国同志会）の会員となった。その事情を本人は次のように語っている。

「私は上杉先生の極端なる国粋主義や頑固な保守主義にはあきたらぬものがあったけれども、気分の上からは何と言っても国粋主義的保守的で、美濃部博士や吉野博士には到底同感出来なかった。

殊に上杉先生の人間的な一種の魅力には強く引き付けられた」（『我が青春』）

吉野作造をリーダーとする民本主義の潮流には与《くみ》せず、それを排撃する木曜会の主宰者上杉慎吉のグループに加盟した岸の選択は、その後の彼の政治的スタンスとも無関係だったとはいえない。

だが、岸は上杉の思想を絶対視していたわけではなかった。

そこが岸の岸たるゆえんなのだが、彼自身が描く国体や私有財産に関する考え方には上杉とも違った岸固有のものがあった。

森戸事件の処理をめぐってそれははっきりと表面化する。

森戸辰男がロシアの無政府主義者クロポトキンの論文を学内機関誌に掲載したことに端を発したこの事件は、岸にもうひとつの決断を迫ることになる。

騒動は学内外で糾弾されるにとどまらず、新聞紙法第四二条により起訴されるという事態にまで発展した。

起訴されたのは森戸と同じく助教授でマルクス主義者だった大内兵衛《おおうちひょうえ》である。

上杉ならびに興国同志会は激しく森戸たちを糾弾、反対に東大新人会は森戸を擁護した。

ところが岸はこの機に興国同志会を脱会するのだ。

この事件の渦中にあって、岸が興国同志会と決別する判断を下したのは自身の意志を貫いたという点では刮目《かつもく》すべきできごとであろう。

天皇と国体のありかた、そして私有財産の擁護について独自の決断を下した背景を彼は次のように述べている（一部略）。

「我が国体は日本民族結合の中心であり、日本国家発展の基礎である。従ってこれを明確にし維持し、苟《いやしく》も国体に関して事を紛更しこれに改変を加えるが如きことは断乎として排せねばならぬ。

然《しか》し徒《いたずら》に神聖化し国民と遊離した観念論に堕してはならぬ。天皇を国民と共に国民の中に在らしめねば真の国体の精華は発揮出来ぬ。

華族制度の廃止や宮内省の改革は焦眉の急である。極端なる国粋主義者とこの辺りに於てもぴったりせぬものがあった。

更に私有財産制度の問題は国体問題とは全然別個の問題で、その変革は何等国体の変革とならぬ。国体擁護が私有財産制度の擁護と混同されてはならぬ。この点に於ては森戸事件に関する根本的意見の相違となった」（『我が青春』）

森戸は無政府主義者クロポトキンの論文「パンと奪取」を邦訳して学内機関誌『経済学研究』に掲載した。

それに反発した上杉たちの運動が起訴にまで発展したのだが、岸はクロポトキンに同調したのではもちろんなく、興国同志会の観念的で激越な国粋主義に賛同しかねて脱会したということだった。

ついでに言えば、森戸辰男や大内兵衛はこの時期「危険思想」と見られたものの、戦後は一転して教育界の大御所的存在としてＧＨＱ（連合国軍最高司令部）指導下の教育基本法の実践に腕を振るう。

岸は興国同志会が演説会を開いて森戸たちの糾弾に起《た》ち上がった行動にはきっぱりと反対し、同志としての袂《たもと》を分かった。

岸は晩年になって、

「共産主義、社会主義には反対だったのだが、しかし頑固な国粋論にはどうもついていけなかった。興国同志会を牛耳っていた人々は融通のきかない頑固一点張りの考え方でした」（『岸信介証言集』）と事情を説明している。

同志のひとりだった平泉澄《ひらいずみきよし》（文学博士、東京帝大教授）は岸の脱会を涙をもって止めようと説得したという。平泉はのちに昭和天皇のご進講役としても名を成す皇国史観学者となった人物だ。

岸はそうした同志や上杉個人との交友を閉ざすことはなく、その後も上杉が閑居する護国寺裏の住まいを訪ねその謦咳《けいがい》に接したと語っている。

北一輝への傾斜

興国同志会と縁を切った岸が、もうひとり別の思想家の門を叩いたのはほぼときを同じくする大正九年の春先だった。

「北氏は大学時代に私にもっとも深い印象を与えた一人であった」（『我が青春』）と自ら告白するように、岸はある時期、北一輝から圧倒的な感化を受けた経験を持つ。

北一輝に会って烈々たる隻眼《せきがん》に睨まれた岸は、それまでに経験したことのない雷鳴のような衝撃を受けたと正直に語っている。

北一輝に会いに行く前、同じく国家主義者の鹿子木《かのこぎ》員信《かずのぶ》（大アジア主義の思想家で戦時中には言論報国会事務局長）を鎌倉の建長寺に訪ね、一緒に座禅を組んで教えを乞うたり、友人と大川周明（国粋主義者）宅を訪ねたりしている。

その大川周明のアジア主義からもかなりの影響を受けたと述べているが、このとき大川から北一輝に会うよう勧められた可能性もある。

北一輝（本名・輝次郎）は新潟県佐渡郡両津湊町で明治十六（一八八三）年に生まれた。佐渡出身者で目を病んだ者がまだ多かった時代で、北も右目を失明し義眼だった。

大正五年六月から九年一月にかけて北は上海に渡り、辛亥革命（明治四十四年）直後の混乱の渦中に身を置きながら『国家改造案原理大綱』（大正十二年、『日本改造法案大綱』に改題）を執筆していた。

現在では辛亥革命から百年が過ぎ、岸が北に出会ってから九十年の歳月が過ぎている。

一方で大川周明は、同志満川亀太郎（アジア主義者）とともに大正八年八月に政治結社

「猶存社《ゆうぞんしゃ》」を立ち上げ、その直後に北一輝を指導者に迎えるべく上海を訪ねて北の帰国を実現させていた。

　大正九年一月、北一輝は三十六歳、大川周明三十三歳、岸信介はひと回り年下で二十三歳である。

　つまり、北や大川は先に述べたように軍人であれば日露戦争出征世代にあたるが、思想家、学者の道を歩んでいた。

　北が帰国し、大川らとともに猶存社の中核となって活動開始したところを訪ねたのが、東京帝大三年生の岸信介だった。

　岸が軍人の先輩よりも思想家の先輩に傾斜したのは、自身の進路を軍人以外に求める青年としては理解できる。

　だが、前年秋に高等文官試験に合格し、高級官僚への将来が約束されている学生にしてはいささか大胆な行動とみられてもおかしくないだろう。

　卒業を半年後に控えた岸が訪ねた猶存社は牛込にあった。

　辛亥革命の空気をそっくり身に包んだような北にじかに接した岸は、身が震えんばかりの印象を受けたという。

　北が地下出版していた『国家改造案原理大綱』をその場で借り受け、徹夜で筆写保存した。

社会主義者として出発した北が国家主義的な論理を中心に据え国家社会主義者としてまとめ上げた論文は、岸の若い情熱に火を点《つ》けずにはおかなかった。

「北氏は後に二・二六事件の首謀者として遂に銃殺されたのであるが、辛亥革命以来、一生を通じて革命家として終始した。恐らくは後に輩出した右翼の連中とはその人物識見に於て到底同日に論ずることの出来ぬものであった。

（北氏は）当時私の考えて居た所と極めて近く、組織的に具体的に実行方策を持ったものであった。二・二六事件の青年将校も北氏のもつ人格的圧力とこの『日本改造法案』に盛られたる識見に魅せられた所が少なくなかったと思われる」　（『我が青春』）

二・二六事件の中でもとりわけ強靱な意志を貫き、『行動記』『獄中日記』などを残して銃殺刑となった磯部浅一は、九歳年下ながら同じ山口県の出身だった。

磯部が若くして北一輝の門を叩き、青年将校グループの先駆的な役割を演じた昭和十一年二月、岸はすでに三十九歳で商工省工務局長に上がっていた。

八ヵ月後には満州に赴任するという役人としては微妙な時期である。

北一輝や磯部浅一の処刑は翌十二年八月に執行されたが、満州の地で事件の始末をいったいどのような気持ちで受け止めていたのか興味深いものがある。

生涯ぬぐい去ることのできないような影響を受けたとはいえ、上杉、鹿子木、北、大川といった過激な思想家たちとの関わりを微塵も隠そうとしない岸の姿勢もまた興味深い。

国際政治学者原彬久《よしひさ》のインタビュー（一九八二年）に答える岸の言葉をやや長いが拾っておこう（部分略）。

――上杉さんと鹿子木さんとは、やはり違いましたか。

岸　それは違う。確か鹿子木さんは、日露戦争における日本海海戦のときに軍艦に乗っておったはずです。しかし、戦争が嫌になって一種の厭世観に陥ってしまうんです。海軍を辞めて、座禅に励んだのもそのためなんです。彼の国粋主義の背後には、哲学的な思索を伴うある種禅の考え方というようなものがありました。

上杉さんに比べれば、鹿子木さんは同じ国粋主義でもそれほど極端ではなかった。それから北一輝なんかは一種の凄みというか、周りを圧倒するような迫力があったし、大川周明なんかはどこか高いところにいて、われわれに指導を与えるというところがあったんですが、鹿子木さんはむしろわれわれと一緒に議論し思索するというようなところがあったね。

——北一輝の国家社会主義に岸さんが影響されたというのは、どういうところでございますか。

岸　彼は隻眼の人です。炯炯《けいけい》とした片目で僕を睨みつけてね。こちらは大学の制服を着ていたと思うんだが、北一輝は辛亥革命のあの服を着ていた。そしてこういうんだよ。「空中に君らの頼もしい青春の血をもって日本の歴史を書くんだ」。北一輝に会った瞬間の第一印象は、僕には強烈でした。

——北一輝は私有財産の否定ということをいっていますね。

岸　私には、私有財産制というものを維持しようという考えはなかった。それだから例の森戸辰男の論文に対しても、私は国体とか天皇制の維持は考えるけども、私有財産制を現在のまま認めなければならないとは思っていなかった。私有財産制の維持というものに対しては非常に強い疑問をもっていました。

——大川さんの本をお読みになっていたんですか。

岸　本は読んでいた。その頃はまだ大東亜共栄圏などというものは頭になかったけれども、こういった考え方や私の満州行きの基礎には、大川さんの考えがあったことは否めんね。

（『岸信介証言録』）

総理経験者が国粋主義者たちからの影響を強く受けたと、ここまで率直に心情吐露した例は稀有なのではないか。

親交があったというより、面識があっただけという北や大川から岸はなぜこうも衝撃的な影響を受けたのだろうか。

岸は学生時代にマルクスの『資本論』もエンゲルスとマルクスの往復書簡も読んだ、という。

『資本論』も含めてひととおりは読んだけれども、マルクス主義には遂に「参らなかった」のだとも原彬久のインタビューで答えている。

マルクス主義には直接は「参らなかった」岸だが、マルクスの影響を強く受けた北一輝や大川周明に「参った」ことは否定できない。

これはあくまでも仮説だが、もし北一輝がレーニンだったとしたら、岸は共産主義者になっていただろうか。

経済論、組織論、国家論のどれをとってみても岸が戦後日本の中で群を抜いた指導者であったことには異論がないだろう。だが、その岸が共産主義者や国家社会主義者と紙一重だったことは驚くべき事実なのだ。

北一輝は北一輝であって、決してレーニンではなく、大アジア主義を貫いた国家主義者だった。

だが、岸が一瞬にしてトリコになったほどの人物であってみれば、彼が共産主義者にならなかったという保証はない。

二十三歳の岸の胸中には、北一輝とレーニンふたりの光芒《こうぼう》が重なり合ったまま射していたようにも見える。

大正九年七月、岸は東京帝国大学法学部を卒業すると、すでに内定していた農商務省に就職する。

成績抜群だった岸がなぜ大蔵省や内務省でなく、いわば「二流官庁」と見なされていた農商務省を選択したのだろうか。

マルクス主義には「参らなかった」にもかかわらず、なぜ超国家主義や国家社会主義には完全に「参った」まま官僚の道へ進んだのだろうか。

間もなく世間はその岸を「革新官僚」と呼ぶようになる。

次代のリーダーとしてスタートした岸の背中を見つめながら、前半生を追いたい。

第二章　満州の天涯

――縦横無尽、私服の「経済将校」

なぜ農商務省か

岸が官僚の道を選んだのはひとえに体があまり丈夫ではなかったからだと、本人が随所で語っている。

子供のときから身体堅牢だったら土地柄から間違いなく軍人の道を選んだだろう、とも。大学、それも一高、東大へと進んだ理由は、官僚を経て政治家になろうと早くから決めていたからだった。

ぼんやりながら、そう腹を決めたのは中学時代のことである。

伊藤博文を輩出した長州で育った目の先にあるのは、国家を動かす政治家像だ。

その政治家として国家を担うなら、選ぶ役所は大蔵省（二〇〇一年以降は財務省）か外務省、内務省が普通だ。

岸の場合、外交官試験の道は選ばなかったのだから、有力な選択肢として残るのはやはり大蔵省か内務省に絞られる。

それがなぜ農商務省でなければならなかったのか、いまだにこれといった結論は見いだせない。

もちろん本人の言い分はある。あるがどうも不十分な気がする。

本人の弁をふたつほど聞こう。

「さて何処《どこ》の省に行くかは漠として定見がなかった。その頃一番秀才の集まった省は大蔵省であった。一番役人らしく官僚の花形は内務省であった。社会問題として世の注意を引き、学生達の興味を引いた労働問題の所管省は農商務省であった。この三省だけがぼんやりと頭に浮かんで居た」

（『我が青春』）

と、いたって呑気な構えだった模様を述べている。

もうひとつの言い分からは「権力」の掌握にいくばくかの違和感を抱いていたようなニュアンスが目を引く。

「産業経済の実態に関心を持っていたことは事実です。内務省というと、権力中心の警察行政ということになるのだが、そういう権力だけの機構ではないというのが農商務省の特徴でした。

それから農商務省は、大蔵省のようにただ税金をとって予算をつくるというものでもない」

（『岸信介証言録』）

要するに権力行使と税金徴収中心の官庁はどうも気が進まないので、労働問題への関心の方が心を動かした、と言っている。

ごく若いころ権力の掌握に嫌悪感を持つのは理解できなくはないが、権力なしに政治が動くなどという感傷的な考えを岸が持っていたとも思えない。

政治家になりたい、と「ぼんやり」ながら考えていたのは中学生のときであり、大学三年ともなればその焦点は絞られるだろう。

だが、岸の本性の中にはナマな権力を掌握したいという願望、あるいは臭いは、元来なかったのではないだろうか。

敢えて言えば、ナマなものよりは、知恵のある合理的な手段で政治を掌握しようと考えていたのではないだろうか。

後世の評者はとかく岸を、「タカ派的権力」を駆使した裏金操作の名人、というようなステレオタイプの尺度で測ろうとするが、どうもそう単純ではなかったようだ。

むしろ、ひと筋縄ではいかないしたたかな〝裏技〟を持っていたと考えた方が理解しやすい。

高文試験を必死になって通過し、恩師上杉慎吉や友人我妻栄から「学者として大学に残れ」と言われたのを断って下した決断が「農商務省」だったのは、そうした理由からだったと思える。

実は内定以前に岸はふたりの有力な人物と面会し、進路について意見を求めている。

ひとりは大学時代の保証人になってくれていた上山満之進《かみやまみつのしん》という官僚の大先輩。

上山は内務官僚として熊本県知事を務めたあと、農商務省次官にまで昇進した経験を持つ。

両方の役所を知っている上山からは、成績優秀なキミが選ぶのは内務省以外にはない、と内務省を強く勧められた。

いったん岸はその気になるのだが、高文試験が終わった段階で、一夕、同級生のひとりに誘われその縁戚にあたる長満欽司《ながみつきんじ》という人を紹介される。

これがふたり目である。

長満は現役の農商務官僚で、商務局管理課長という職にあった。

長満は農商行政を熱く語り、岸に是非とも農商務省を志願するよう説得、遂には自分の課に必ず採用するから、とまで言って迫った。

商務局管理課という部署は証券取引の行政管理が主務で、米騒動のあとの時代、にわかに業務が世間の注目を浴びたことはうなずける。

また財界バロメーターとしての重要部門と目されていたことも事実だろう。

初対面ですっかりその気になった岸は、上山の意見を採らず、そのまま長満の言葉にしたがって農商務省に願書を提出し、採用されたのだった。

願書を提出した岸は、良子との地元での結婚式のためにいったん帰郷する。大正八年十一月のことだ。

しばらくは山口県内各地の挨拶回りをし、新婚旅行を兼ねた宮島観光などでくつろいでいたところへ電報が届いた。

最終選考があるから農商務大臣官邸に至急来い、との通知である。呑気なのは岸だけではない。役所もそんな案配で事務が進んでいたのだ。

九段坂にあった大臣官邸での面接が終わると、その日のうちに採用内示があって入省が決まった。それが大正八年十二月初旬。

この日、三島由紀夫の父となる平岡梓ほか二、三の同級生と一緒に岸は入省する。

その帰途、かねてより内務省へ進むよう言われていた上山の家に立ち寄り、「思うところあって農商務省へ入った」と報告したところ、こっぴどく叱られた。

軽率な選択だと諫める方が至極もっともだろう。

「貴様、就職というのは一生の問題だ。お前は山口で生まれたから、当然政治家を志しているんだろう。それなら内務省に行くべきだ。政治家になるなら農商務省へ行くのは間違っている」（『岸信介証言録』）というわけだ。

平謝りに謝って辞去したというが、岸はその後もこの選択を間違っていたとは考えていない。

確かに結果論からみればそのとおりかもしれないが、軽率、無謀と言って怒った上山の言い分にも納得がいく。

なにしろ農商務省（大正十四年四月、分割され商工省と農林省に）から出た総理は歴史上、岸ひとりなのだから。

労働問題や証券取引行政がいくらその時代を反映していたとはいえ、常識的には内務省か大蔵省を選択するのが当然だ。

ところが、弟の栄作もまた鉄道省（のちの運輸省、二〇〇一年以降は国土交通省）に入省（大正十三年）し、国鉄マンとして現場を体験したのちに首相の座に就く。

鉄道、運輸からの総理も彼だけだ。佐藤も異色だった。

では、歴代の総理の椅子に座った人物の出身はどんな役所だったのか。戦雲あわただしくなる昭和十五年から終戦までの戦時期はやはり軍人が圧倒的だ（陸海大将は退役を含む）。

米内光政（海軍大将）、近衛文麿（公爵、京都帝大）、東条英機（就任時に陸軍大将進級）、小磯国昭（陸軍大将）、鈴木貫太郎（海軍大将）。

さらに、終戦直後からごく近年までを確認しておけば以下のとおりである。

幣原《しではら》喜重郎（東京帝大→外務省）、吉田茂（東京帝大→外務省）、片山哲（東京帝大→弁護士）、芦田均（東京帝大→外務省）、鳩山一郎（東京帝大→政治家）、石橋湛山（早大→東洋経済新報社社長）、岸信介（東京帝大→農商務省）、池田勇人（京都帝大→大蔵省）、佐藤栄作（東京帝大→鉄道省）、田中角栄（中央工学校→土建会社社長）、三木武夫（明大→政治家）、福田赳夫（東京帝大→大蔵省）、大平正芳（東京商科大→大蔵省）、鈴木善幸（水産講習所→漁協役員）、中曽根康弘（東京帝大→内務省）、竹下登（早大→政治家）。ここで昭和が終わった。

見ても分かるように、東大から中央官庁を経て首相となった人物の大半は大蔵省か外務省、内務省出身だ。

田中角栄だけが異彩を放っているが、高級官僚経験者が主流である事実はデータが示している。

あえて農商務省を選択した岸の狙いはいったいどこにあったのだろう。

岸は弟の栄作が鉄道省へ入った件を「ちょっと変わっていませんか」と尋ねられると、こう答えている。

「変わってる、変わってる。まあ彼の場合は学校の成績はよくなかったから大蔵省に行っても駄目だと思って、あそこ（鉄道省）へ行ったんだろうと思うがね。彼は学校のほうはね、僕と五歳も違うんだが、僕のノートやサブノートを一生懸命使って（笑い）、精進して試験勉強していたよ。大学の成績は、僕のほうが非常に優秀だった」

（『岸信介証言録』）

半分冗談混じりではあろうが、こうした話に案外真相があるのかもしれない。

どうも岸は自分の成績が優秀だったからこそ「二流官庁」を選んで、その頂点にいち早く駆け上がろうという戦略を立てたのではないだろうか。

大蔵省や内務省では同レベルの者が横並びになって覇を競い、時間がかかる。

だが、農商務省なら競走に負けるとは思えなかった。

佐藤が兄たちに比べ勉強ができなかったとはいえ、旧制五高（熊本）から東京帝国大学法学部に進み、卒業前には高等文官試験に合格済みだった。

大蔵省を選ばず鉄道省を選んだ理由はほかにあったと睨むのが当然だ。

岸は出世時間を計った弟の選択を鋭く見抜き、そう説明してみせたに違いない。

そして、岸自身も計算どおりの早い栄達を果たすことになる。

ただ、佐藤は戦後になって雑誌の対談で、「どうも同じ役所に行くと兄貴と比べられて困る、だから別々の役所に行こう、それでどこか役所はないだろうかといって、ぼくは鉄道省に入った」（「文藝春秋」昭和二十九年一月号）と軽くかわしている。

一見すれば非権力の役所にみえる農商務行政だったが、皮肉なもので戦時経済を迎えるとにわかに権力の中枢に接近するのである。

入省間もない岸は逸材として評価され、ひときわ目立った存在として頭角を現す。

時代は大正後半、内外情勢は極めて不安定なときを迎えていた。

そんな時代に、岸は日露戦争のアプレ世代として、少壮官僚のスタートを切った。

官僚優等生

東京帝大法学部を卒業したのが大正九年七月、そのまま農商務省へ通勤する日々が始まった。

当初は外国貿易の調査を担当させられるが、九月には約束の商務局管理課配属の辞令を貰い、初任給四十五円に特別手当三十円が付いて七十五円が支給された。

同期が二十人ほどいた中で、翌年にはいち早く高等官七等、農商務事務官に昇任した。

通例は二年でなる等級だから、早くも岸は仲間内で頭角を現し、リーダー格と目されていたわけだ。

岸が最初の昇格をした大正十年秋のこと、かねて巷間噂されていた大正天皇の病状が正式に発表され、その重篤ぶりが国民を驚愕させていた。

十年十一月二十五日、ときの宮内大臣牧野伸顕《のぶあき》（大正十四年三月、内大臣就任）は、首相の高橋是清と相談の結果、宮内省から天皇の「御不例」内容と同時に皇太子（のちの昭和天皇）を摂政宮に任じる報を発表させた。

ほぼ同じ内容が各新聞にも掲載（十一月二十五日付）され、病状が思わしくないため、一刻も早い摂政就任が急務であることを一般に印象づけたのである。

「天皇陛下は御降誕後間もなく脳膜炎様の御大患に罹《かか》らせられ、其後常に御病患多く、（中略）腸カタル、気管支カタル、百日咳、腸チフス、胸膜炎等諸種の御悩みにあらせられ、御姿勢は端正を欠き、御歩行は安定ならず、御言語には渋滞を来す様ならせられたり」

（『皇室皇族聖鑑』大正篇）

牧野伸顕によるこうした発表は、摂政の必要性がいかに急がれるかを訴えるとともに、大正という時代の困難さをも浮き彫りにさせた。

そんな中で、岸は十一年には山林局勤務を経て、大臣官房文書課勤務、十二年には鉱山局、十三年には水産局勤務と、省内の重要ポストを次々に経験する。

岸の官僚としてのキャリアは、農商務省に入省し商工省のトップへと進んだ時代、つまり大正九年に始まって、昭和十四年に商工次官に就任するまでの十九年間、ということになる。

最後の三年間、すなわち昭和十一年から次官就任の直前までは満州国実業部（間もなく産業部に改編）で過ごす。

その十九年間を語ることは、日本の満州経営の実態と、日中戦争へ続く苦難の轍《わだち》を追尾する作業ともほぼ重複するのである。

天皇の病状があからさまに報じられた翌朝だった。

良子が長男を出産し、名前が信和と付けられた。岸が二十五歳、良子は二十歳の若い母親である。

ここでその長男・信和について述べておかなければならない。

信和は昭和二十一年九月、京都帝大を卒業すると宇部興産に就職し、のちに西部石油の会長となり、現在は引退、閑居している。

不思議なことだが佐藤、岸の家系図を見ると、なぜか長男は政治家になっていない。

佐藤分家の長男・市郎は海軍へ進み、次男と三男が政界入りして総理となる。

岸信介の長男もいま述べたように実業界に入り、次女・洋子が嫁いだ安倍晋太郎が政界入りした。

佐藤栄作の長男・龍太郎も実業家となり、次男・信二が政界へ進んだ。さらに、安倍晋太郎の長男・寛信も実業界へ進み、次男の晋三が政界入りし総理になる。

「長男は家を継いで血族を守り、次男が政治家となって名誉を築く」と世間ではよく言われるが、絵に描いたようなサンプルと誰もが思うだろう。

信和はその後、山口県議会議長まで務めた山口県政の実力者田辺譲の次女・仲子と結婚するが、夫婦に子供ができなかったため、妹夫婦・安倍晋太郎、洋子の三男として生まれた信夫を養子として迎えた。

それはずっと下って昭和三十四年の話だが、信夫がまだ生後数ヵ月のときだったという。

序章で紹介した六〇年安保の南平台の岸邸を思い出していただきたい。

岸に乞われて洋子が南平台へ連れて行った信寛、晋三のふたりの息子の下には、前年生まれた三男・信夫がいたのである。

ところが、安保闘争のときにはすでに伯父の籍に入っていた、という裏事情がある。

安倍家に生まれながら岸家を継いだ信夫についてはのちに紹介したい。

これまで繰り返された佐藤、岸両家の血の混淆《こんこう》に加えて、その先に伸びた安倍家からも岸家に養子が迎えられ、いわば逆輸入によって血族の強化が図られてきたのである。

一族の強固な縁組みは、明治、大正、昭和を通じて再構築が繰り返される。付け加えておけば、岸の姉で音世の娘・トク子が鮎川義介《よしすけ》（日産コンツェルン創業者）の従兄弟と結婚しており、岸家と鮎川家はそもそも縁戚関係にあった。

さらに、岸の長男・信和が戦後、鮎川の伯母・田辺辰の孫娘・仲子を妻に迎え、鮎川家との関係を濃くしている。

実は長男・信和は幼くして小児麻痺にかかり、歩行が多少不自由であった。のちに信和は父の著作『我が青春』に付けた「あとがき」で、次のように語っている。

「ぼくは三つの年に小児麻痺をやったが、両親の歎きはたいへんなもので、とくに人一倍子煩悩だった父のしょげかたは、はたで見る目もいたいたしかったとあとで人に聞かされた。

おやじの体臭をいちばん身近に感じたのは、妹の生まれた年、つまりぼくが小学校に入った年から二、三年のあいだだったようにおもう。

そのころの役所は、夏は半ドンだったので、父は夏中の半日を、ほとんど釣りですごしていた。釣り場は多摩川の是政《これまさ》で、午後から出かけて夕方かえるならわしであった。たまに戦果があってもせいぜい五、六尾だったが、これはなかなか貴重なんだぞと、さんざん能書きを聞かされながら、ぼくたちはよく、メザシのようにかぼそい鮎を食べさせられたものであった」

岸は昔から釣り上手と言われたが、そのコツはエサの付け方にあるという。

「エサのナニはね、政治家の必須条件なんだ」などと仲間には冗談半分に自慢していた。

信和が生まれた翌年、大正十一年の年明けには大隈重信、山県有朋といった維新の元勲たちが相次いで死去した。

山県は言うまでもなく長州閥の総帥だが、大隈も佐賀鍋島藩出身ながら幕末動乱期以来、長州を強力に支えてきた人物だった。

なお陸軍内に長州閥は残るとはいえ、ふたりの死が長州支配に蔭りを示し始めたのは疑いようもない。

大正十二年に入って間もなく、岸は長い間の借家住まいを切り上げ、中野・千光前町に一軒家を購入した。

中野駅南口、現在では中野二丁目と改編されているが、かつて千光院という寺があった場所からそう呼ばれていた。

若い官吏にふさわしいつましい家だったが、岸は養母のチヨと自分の家族三人の新生活を築き、意欲に燃えていた。

その年の九月には関東大震災が発生、岸も臨時震災救護事務局に出向させられ、現場の指揮に当たっている。

十四年四月、農商務省は農林省と商工省に分割され、岸は商工省に配属された。

都市型の行政が主務となる商工部門と、農漁村型が主となる農林部門を同じ役所で処理するには無理が多かったからだ。岸は都市型、商工向き戦力と誰もが考えたであろう。

岸は大正九年入省組だ。

キャリア組の中でも出世コースといわれる大臣官房文書課勤務の辞令を受けたのは、異例の早さといっていい。

そのときの文書課長吉野信次が大正二年入省である。

岸はその吉野から信頼され、役人としての遊泳術など多くを吉野から学んだという。

実は吉野は、民本主義を唱えて高名だった吉野作造の実弟だった。

岸は東京帝大在学中に吉野作造の謦咳に直接接したわけではないが、吉野を排撃した「木曜会」からは脱会したという経験の持ち主だ。

そのいきさつは先に詳しく述べたとおりだが、ソツがないといえばこれ以上はないような巡り合わせが岸の身上でもあった。

吉野は強面《こわもて》の上席として周囲から恐れられ、機嫌をとるのも難しいとされていた。ところが岸だけは一度も雷を落とされたことがなかった。吉野のお気に入り、というのではなく、岸の要領が上回っていたのだ。

彼はいつでも吉野の部屋のドアを細めに開けて、室内の模様を密かに眺め、空気を察してから改めてノックをするようにしていた。

その判断が正確無比だったので、吉野のお天気模様の診断は岸に任されるようになり、やがて吉野・岸ラインと呼ばれるようになる。

こういう話はのちのさまざまな岸を連想させる。

状況判断に狂いがない、タイミングを計るのがうまい。それが政治家の必須条件だとすれば、彼は天性の才を備えていたのであろう。

のちに「八方美人」という皮肉めいた評が岸に下されるのだが、遠因はこのあたりにあった。

アメリカに反感

商工省に配属され、文書課でひときわ目立っていた岸が最初に出くわした大仕事は、翌十五（一九二六）年四月に出発したアメリカとヨーロッパへの視察旅行だった。

アメリカ独立百五十周年の記念博覧会がフィラデルフィアで開催されるに際して、日本からの出品の監督事務官としてまずアメリカへ向かう。

第一次大戦以後の長期的な不況、大震災以後の経済復興など山積する課題を抱え、その突破口を見出すこともまた岸の使命でもあった。

ところが初めての海外出張、しかも先進資本主義大国アメリカである。驚愕のほどは推して知るべしだった。

彼がこのときに受けた彼我の差に対する認識はカルチャー・ショックにとどまらず、コンプレックスすら覚える強烈な衝撃だったようだ。

もっともアメリカに対して愛憎相半ばする感情を抱くのは岸に限らず、多くの日本人に共通したものだったのかもしれない。

そして、そのショックを岸は、「一種の反感すら持った」と正直に漏らしている。

「その当時のナニからいうとね、日本は一年間の鉄鋼生産の目標を百万トンぐらいに置いていたのだが、百万トンなどは到底達成できなかった。ところがアメリカは、一ヵ月の生産が五百万トンぐらいあるんだ。

それから、日本では自動車の数がまだ非常に少なくて、しかも、ポンコツになるまで修繕して使っていた。しかしアメリカでは、使い捨ての自動車が原っぱに積み重ねられている。日米間にはそのくらいの違いがあった。

石炭や鉄鉱石その他の資源の産出量を比べると分かるが、日本がアメリカを目標にして経済政策を考えようとしたって、土台スケールが違っていた。

アメリカ経済の偉大さに圧倒されちゃってね、むしろ一種の反感すら持った」

（『岸信介証言録』）

アメリカで日米の経済格差に愕然とした岸は、これでは経済復興の参考にもならないと頭を抱えたままイギリス、ドイツなど欧州へ渡る。

経済政策はまるで参考にならなかったが、アメリカでゴルフを覚え、道具も一式揃えたことが唯一の収穫といえた。

その後の岸のゴルフ歴は知る人ぞ知る腕前だが、政治家となってますます人間関係にゴルフが役立ったことを思えば訪米も大きな意味があったといえそうだ。

戦争が開始されて約半年間、アメリカ大使グルーは、当然ながら大使館内に軟禁されていた。

そのとき岸は、特別の配慮からグルーをゴルフに誘って彼に深い感銘を与えている。

三十五年後に会うアイゼンハワー大統領との友誼《ゆうぎ》の確立にゴルフがひと役買ったという逸話とともに、いずれ紹介しなければならない。

ロンドンを経由してドイツを訪ねた岸は、そこで初めて日本と同じ悩みを持ちながらも経済発展に挑む姿を発見し膝を叩く。

「ああ、日本のゆく道はこれだ」と彼が感じ入ったドイツの経済政策は、日本と同じように資源がないのに、発達した技術と経営理念によって経済復興を図ろうとするものだった。

アメリカ式ではとても参考にはならないが、ドイツ式なら大いに役立つ、と岸が感心したのは、ドイツのカルテル主導による産業合理化運動であった。

その後欧州から再びアメリカへ戻り、製鉄事業の視察など再び精力的に動き回っている。

大正十五年十二月二十五日、大正天皇は四十七歳の若さで崩御するが、岸は日本を留守にしていた。

昭和元年はわずか一週間で終わり、帰国したときは、昭和二（一九二七）年の春を迎えていた。

ドイツの産業合理化運動というのは、国家が積極的に経済に介入する国家統制経済のことで、煎じ詰めて言えば国家が市場経済を操作し、重要産業を国策の下に管理するやり方である。

当然、自由経済をよしとする企業サイドからは強い反対運動も起きる。要は所管の役人がどれだけ強く指導力を発揮できるかにかかっていた。

官僚主導に自信を持っていた岸は大臣に報告書を上げ、運動の理を説いた。

ときの首相は田中義一、商工大臣は中橋徳五郎だ。

以下は、伊藤隆（現東京大学名誉教授）のインタビューに答えるかたちで、岸がこの時期のことを回想した談話だ。


「私はこの運動（引用者注・国家統制化の意）に興味をもって研究し、その結果を時の商工大臣にくわしく資料も入れて報告したのです。しかしその時には私の報告は問題にされなかった。その後、浜口内閣になって、昭和五年に金解禁が実施されると、日本の国民経済を立て直さなければならないということになったが、私のかつての報告書が注目され、岸をもう一度ドイツへやって研究させろということで、私は（再び）ドイツへ行って研究したのです」　（『岸信介の回想』）

インタビューの脇には岸の盟友といわれた矢次一夫が付き添っていた。

後年、大宅壮一から「昭和最大の怪物」と言われただけのことはあって、矢次は戦前、戦中、戦後を通じ、数々の国策の裏にその名が登場する策士である。

矢次については、のちに詳しく述べることにする。

昭和四（一九二九）年七月に誕生した浜口雄幸内閣になって急遽岸のレポートは見直され、翌五年五月から岸は再びドイツへ出張を命じられている。

最初の欧米出張から帰った昭和二年四月から、二度目の訪欧となる五年五月までの間、岸は報告書の作成からその実現に向け、少壮官僚としてはもっとも充実した時間を過ごした。

その間、臨時産業合理局第一部長に就いていた木戸幸一には同じ長州出身ということもあってか、目を掛けられた。

木戸の主任事務官として仕え、四年四月に木戸が海外主張中には木戸の代理として大臣官房文書課長代理まで仰せつかっている。

木戸と岸の表面的には見えにくかった親密な関係は、後年、東京裁判で相互弁護という意外な「効能」を発揮する。

それは昭和二十一年のことなので、先の章で触れたい。

家庭人の顔

欧米出張の谷間にあたる昭和三年六月、中野の家では長女・洋子が誕生し、大正十年に生まれていた長男・信和は学齢に達した。

少壮官僚のリーダー格として多忙な毎日を送ってはいたが、役所から帰れば想像以上に子煩悩な一面がある。

秀才の見本のように鋭敏で近寄りがたい印象を与える半面、一歩役所を出ると非常にフランクな顔も見せた。

近くの食堂でよくご馳走になったり、本人はあまり飲む方ではないのに飲み屋に誘ってくれたりしたものだ、と当時の後輩たちは語っている。

官僚としても、家庭人としても非の打ち所のない姿は、やっかみだろうか「八方美人」とやがて呼ばれるようになる。

信和が「おやじの体臭をいちばん身近に感じたのは、妹の生まれた年、つまりぼくが小学校に入った年から二、三年のあいだだった」と語っていたことは先に紹介したとおりだ。

千光前町から多摩川べりまでは遠い。

中野から中央線で武蔵境まで行き、さらに砂利運搬兼用の是政線（現多摩川線）で多摩川沿いの終点是政まで行ってから、さらに釣り竿を担いで歩く。

砂利道を並んで歩いた岸と信和は、おそらく生涯で一番のどかで幸せな時間を噛みしめていたのではないだろうか。

信和は三歳のとき左足首に異変が起き、小児麻痺と診断されたのだが、両親はなんとか治療法はないかと必死の努力を繰り返していた。

息子が小児麻痺と知った岸の意気消沈ぶりは傍目にも気の毒なほどだったが、良子が受けた衝撃も大きかった。

「谷底につき落とされたような気持でした。しばらくは外に出かけるのがいやでした。よそのお子さんが元気で遊んでいられるのを見るのがつらくて――」（『岸信介伝』）

と、良子は語っている。

遠出までして釣りに行ったのは、少しでも歩けるようにさせたいとの気持からであろう。効用があると耳にしたあらゆる療法、電気マッサージから指圧、温泉、神仏頼みにいたるまで良子は何でも試みた。

その結果だろうか、信和は小、中学校に通学するのにも杖に頼ることなく、片足に障害が残るとはいえ不自由なく過ごした。

体が悪くなければ学徒動員で出征しただろうが、兵役を免れ京都帝大を卒業、戦後は実業界で働いた。

現在になっても洋子の記憶は兄と同様で、父親の隠れた一面を語ってくれた。

「中野の家では夏の夜など、兄と私を蚊帳《かや》の中に呼んで大仰な身振り手振りでおとぎ話なんかを話してくれました。

欲張りな和尚さんが小僧に隠れてお餅を食べるお話です。安念と珍念という小僧はいつもふたりがお使いに出されると和尚さんがお餅をこっそり食べているのに気がついて、自分たちの名前を『ぽてぽて』と『ふうふう』に変えて欲しいと頼むんです。

ある日、ふたりをお使いに出すと、和尚さんはさっそくお餅を囲炉裏で焼いて食べ始めました。餅についた灰を払うためにポテポテと手で叩いたところ、隠れていた安念が『はアい』と出てきました。仕方ないので餅を安念にやって、次の餅は叩かずに口に入れたら熱いのでフウフウとやったら、隠れていた珍念が『はアい』と言って出てきて餅をせしめた、というお話です。

いつも同じ話なんですが、父の話しぶりがおかしくてなんべん聞いても面白かったものです」

若かったころの父親が蚊帳の中にいる姿を思い出して、洋子の顔もほころぶ。よほど岸の昔話はうまかったのだろう。

同じ話は孫の代にも語り継がれていた。

安倍晋三が語る思い出である。

「小さいころ泊まっていけと言われますと祖父が自分の布団の中に僕らを入れて、その『ぽてぽて』の坊さんの話をしてくれるんです。十八番《おはこ》で何度も聞かされたのですが傑作でしたね」

その光景は、六〇年安保の際の南平台での孫相手のシーンともそっくり重なる。岸も佐藤の両親や曾祖父から聞かされて育ったのだろう。佐藤家代々に伝わる昔話なのだ。

少壮官僚として頭角を現す一方で、幼い子供と遊ぶ時間もまた器用に捻出する——岸の底深い両面性を垣間見る逸話であろうか。

体が不自由な長男を政治家にするのは諦めた岸は、それが一族の約束事でもあるかのように、やがて娘婿に対して期待を掛けるようになる。

満州事変

張作霖《ちようさくりん》爆殺事件の責任者処罰をめぐって、上奏食言という不名誉な立場に追い込まれた田中義一首相が天皇の信頼を失い総辞職した。

岸は田中首相の代には国家統制経済の報告書を上げただけで、目立った成果を得られずに終わっていた。

昭和四（一九二九）年七月、代わって大蔵省出身で「ライオン宰相」と異名をとった浜口雄幸が登場する。明治生まれでは初の総理就任である。

浜口は謹厳実直、正義感が強く、実行力も期待された。

「もう一度ドイツへやって研究させろということで、私はドイツへ行って研究したのです」

と岸が語ったように、浜口首相になると昭和五年五月、再びドイツ訪問の途に就き、ドイツ経済を徹底研究して戻る。

そのころ吉野信次は商工省工務局長に昇っていた。

工務局は吉野が握り、商務局を事実上岸が掌握していたというから、このコンビが最強の時代でもあった。

「経済は自由放任だけではいかん。ある程度は国家統制による計画性を持たせなければだめだ」

そういう岸の方針は商工省を自在に操り、浜口内閣の経済回復策の切り札として華やかな脚光を浴び始めた。

昭和六年四月には「重要産業統制法」を立法化し、官吏の俸給を減俸する運動を推進、各種改革の先頭に立つ。吉野はこのとき次官に昇進している。

一連の岸の活動は吉野とともに統制経済の道を拓き、整備拡充するものとなったが、世間はこうした官僚を「革新官僚」とか「新官僚」と呼ぶようになっていた。

「革新」といえば戦後は左翼を意味してきたが、当時の「革新」にイデオロギー色はない。敢えて言えば国家主義的な色彩が強かった。

革新官僚が推す政策にいち早く期待し、歓迎したのは、意外かもしれないが軍部であった。

それは昭和六(一九三一)年九月に起きた満州事変(柳条湖事件)を抜きには考えられない。

満州事変直後の重大案件だった計画経済による満州経営という課題の中心に、岸信介そのものが立たされる、という事態が待ち受けていた。

事件自体と岸本人にはなんの関わりもないが、ここに端を発した満州国設立の舞台に立つ主役のひとりは、間違いなく岸信介その人だった。

事件は昭和六年九月十八日に、奉天（現瀋陽）郊外の柳条湖の満鉄（南満州鉄道）線路で起きた小さな爆発事件だった。

一般的に「柳条湖事件」と呼ばれているこの爆発事件の首謀者は関東軍高級参謀板垣征四

郎大佐と、同じく関東軍作戦参謀石原莞爾《かんじ》中佐だとされてきた。

両者ともその事実を否定したまま故人となった。

ところが戦後になって当時の奉天特務機関にいた花谷正少佐（最終階級陸軍中将）が「手記」を発表し、板垣、石原のほかに関東軍司令官本庄繁中将、朝鮮軍司令官林銑十郎《せんじゅうろう》中将、参謀本部第一部長建川美次《よしつぐ》少将、参謀本部ロシア班長橋本欣五郎中佐らも一緒にこの謀略に荷担していた、と書いた。

雑誌「別冊知性」（河出書房刊）に発表された花谷の手記は「満州事変はこうして計画された」と題するもので、戦史研究家・秦郁彦の取材に答えたとされる。

だがその時点で、主役の登場人物はすべて物故しており肝心な裏付けはとれない。

さらに、インタビューした秦郁彦自身による次のような記述を読めば、花谷発言の信憑性に疑問すら浮かぶ。


「私はこの事件が関東軍の陰謀であることを確信していたので、要は計画と実行の細部をいかに聞き出すかであった。最初は口の重かった花谷も少しずつ語り始め、前後八回のヒアリングでほぼ全貌をつかんだ。みずから進んで語るのを好まない関係者も、花谷談の裏付けには応じてくれた。

それから三年後の一九五六年秋、河出書房の月刊誌『知性』が別冊の『秘められた昭和史』を企画したとき、私は花谷談をまとめ、補充ヒアリングと校閲を受けたのち、花谷の名前で『満州事変はこうして計画された』を発表した」　（『昭和史の謎を追う』上）

花谷はこのときまだ六十二歳だったが、翌年死亡が伝えられている。すでに体調を崩していたための代筆とも考えられるが、それだけに真相がどれだけ語られていたのか、すべては死人に口なし、である。

したがって、この一文をもって柳条湖事件を関東軍の謀略と決めつけるのはいささか無理がありそうだ。

事件の背後にはもっと複雑な謀略が絡んでおり、事件の真相はまだ闇の中と言えよう。いわゆる「リットン調査団」の報告書も微妙な表現を用い、断定を避けている。

岸が生涯の前半生を賭けた大仕事が満州経営であってみれば、その発端を切り拓いた柳条湖事件は極めて重要なポイントとして見逃せない。

だが、軍部中心のこの事件の真相に迫るのは本書の主題から離れるので、史料がいまだにいかに不確実な事件かという事実だけを指摘するに留めたい。

満鉄線の一部が何者かによって爆破されたということ、それを契機として日中間に銃撃戦が発生し、関東軍が自衛のために満州各地へ進出（錦州爆撃など）を開始した、という経過だけが明らかなのである。

昭和三十二年八月、花谷が肺がんで亡くなったと新聞に死亡記事が出た。葬儀委員長は満州時代からつき合いのあった十河《そごう》信二国鉄総裁（当時）が務めた。政財界からも多くの供物が届けられたが、会場でひときわ注目を浴びたのは、ときの総理大臣岸信介からの花輪であった。

新国家建設

満州事変の騒ぎを横目で追いながら、ことあるごとに統制経済の重要性と市場経済の行き過ぎを批判していたのは岸だった。

たとえば、

「放漫なる自由主義経済というのはね、弱肉強食、つまり力で勝手にやれというシステムなんですよ。だから、そういうものではなく、経済に一種の計画性とか、おのずと越えてはならない制約というものを設けるという考え方が重要なんです。新国家の建設というのは、そうでなければできない」

という発言は商工省の会議ではもとより、陸軍の少壮幕僚たちとの会合などでも盛んにぶち上げていた。

そして、「もしもドイツに行かずに何も知らないまま、日本経済を立て直すことになっていたらと思うと、ゾッとする。経済は怖いものだ」と語った。

この統制経済論はこれ以降、長いこと岸の基本概念となってすべての事案に及ぶ。経済を自由な市場の流れに任せるのではなく、国家が介入して管理するのを統制経済という。

彼が唱えるこの統制経済には、見逃すことのできない極めて重要なポイントが、実はもうひとつあった。

先に引用した東京帝大での森戸事件の根っこに触れながら、次のような驚くべき持論を展開している点に注目しよう。

「私には、私有財産を維持しようという考えはなかった。それだから、例の森戸辰男の論文に対しても、私は国体とか天皇制の維持は考えるけれども、私有財産制を現在のまま認めなければならないとは思っていなかった。

私有財産の問題と国体維持の問題を分けて考えるというのは、その当時のわれわれの問題の基礎をなしていたんです。したがって、私有財産制の維持というものに対しては非常に強い疑問を持っていました」

（『岸信介証言録』）


これは原彬久（国際政治学者）の質問に答えたものだが、それに続く応答も重要だ。

「そこには北一輝に通じるものがあったというわけですね。これは、後に革新官僚として岸さんが推進したいわゆる統制経済論というものにもつながっていくわけですね」という原の問に対しても、「まあ、そういうことでしょう」と首肯する。

この答えはすでに第一章「上杉慎吉」の項で「国体擁護が私有財産制度の擁護と混同されてはならぬ」という『我が青春』からの引用で用意されてはいたが、これほど明快に私有財産制を否定した言辞はほかにない。

官僚の中央に立つ国家指導者の経済論が、仮にも北一輝の強い影響を受けていたことを告白し、さらに、国体護持はいいが私有財産制には疑問がある、と述べているのだ。

岸がドイツの産業合理化運動に着目し始めたほんの少し前、ソヴィエトでは第一次五ヵ年計画という国家支配による計画経済体制が確立されていた。

一九二八（昭和三）年、スターリンは党内の強い反対派を粛清しながら、ソヴィエト経済の建て直しを図ろうとしてこの五ヵ年計画を実行に移す。

その成果は岸たちにも大きな影響を与えずにはおかなかった。吉野とともに通過させた重要産業統制法などはその反映とみていいだろう。

岸はスターリンの五ヵ年計画からもドイツ経済からもいいとこ取りをして日本型の計画経済政策を立案した。

岸がドイツへ渡ったころ、ゴットル（フリードリヒ・フォン・ゴットル）という経済学者が高く評価されており、岸もさっそくゴットルを学んだと語っている。

ゴットルはその当時、ベルリン大学国家学部長だったが、のちにドイツ国民経済学研究所の所長に就任し、やがてナチス政権に利用されたとされる人物でもある。

「（ゴットルも）理論的にはある程度研究しました。

われわれは統制経済理論によって何か社会革命を行おうというのではなくて、現実の政治的な必要からこれを用いたように思うんです」（前掲書）と、述べているが、統制経済をスターリンやヒトラーのように国家改造に利用したのではなく、政治的、つまり時限的な政策として活用したに過ぎないのだ、とここでは説明している。

岸は戦後日本の政治史の中では、右翼的でタカ派の代表格のように言われてきた。

だが、そういうレッテルには何の意味もない。そもそも統制経済は右翼にも左翼にもなるのだ。要は国家国民のためになるか否かが、岸の実利的な政治基準だった。

その日から、今日では八十年の歳月が過ぎた。

満州国の建国宣言がなされたのが昭和七年三月一日、執政には清朝の廃帝、愛親覚羅溥儀《あいしんかくらふぎ》が就いた。満州国のスタートである。

満州はフランスとドイツを合わせた以上の面積を持つ曠野《こうや》だった。

岸は工務局工政課長となり、翌八年には工務局工業課長を経て大臣官房文書課長に就く。文書課というのは次官や大臣に決裁をもらうすべての書類を揃える、というのが表面的な仕事だが、実際には役所内であらゆる政策の決裁を左右できる部署でもある。

破竹の勢いで重要ポストを昇り詰めていた岸が次に座ったのは、もっとも華やかなポスト、工務局長の椅子だったが、ここである軋轢《あつれき》が岸を待っていた。

昭和十一年四月、二・二六事件が社会全体に衝撃を与えた直後である。

三月九日、襲撃された岡田啓介首相（身代わりが殺害され無事）に代わって登場した広田弘毅内閣の商工大臣に、当初川崎卓吉が就任したものの、直後に病死。そこで急遽同じ民政党から小川郷太郎が引き継いだ。

小川は着任前から支持者の意見もあって、商工省を抑えるには「吉野・岸ライン」を崩さなければ本当の政策は実施できない、との決意を固めて就任してきた。

吉野はすでに次官在職五年だったので、国策会社の東北振興社社長という地味だが新しいポストの提示に抵抗はしなかった。

残るは勢いのある岸である。

小川の要求に応じて役所を去るか、抵抗するか。

小川は強い決意をもって膝詰め談判、岸に迫った。

「軍部の強い要望もあるので、満州へ行ってはくれまいか。断ってもいいが軍と気まずいことになるのも面倒だろうから、受けてくれんか」

小川商工相の引導はまんざら嘘でもない。事実、満州で関東軍は行政能力のある有能な官吏を必要としていたからだ。

だが、岸にしてみれば順調な出世を歩んでいた役所を辞めて、関東軍が支配する満州へ行くのは、「都落ち」に思えたかもしれない。

岸は小川に、

「ご命令とあればお引き受けしましょう。お国のために行くのであれば朽ち果てても悔いはありません」

そう言って辞表を書き、十月七日、工務局を後にした。

商工省を「掃除した」小川郷太郎は、その後第二次近衛内閣の鉄道大臣などを歴任するが、終戦時ビルマから帰国の際「阿波丸」に乗船していて米潜水艦に攻撃され沈没、死亡している。

二・二六事件

岸が商工省工務局長となった昭和十年夏ごろから、陸軍内部には大きな亀裂が走り始めていた。

十年八月、陸軍省軍務局長永田鉄山（中将）が皇道派の相沢三郎（中佐）に局長室で白昼斬殺されるという事件が発生した。

この事件をきっかけとして、永田鉄山を中心にまとまっていた中央幕僚の統制派と、青年将校を中核とする皇道派の両者の対決姿勢が一挙に高まった。

皇道派の青年将校たちが精神的な拠りどころとしていたのは北一輝や西田税《みつぐ》（国家主義者）で、さらには当時青森県弘前の第八師団第三十一大隊長だった秩父宮が蔭ながらの支援者であったことはよく知られている。

一般的に皇道派青年将校に同情的だったのは荒木貞夫、真崎甚三郎、柳川平助、秦真次、小畑《おばた》敏四郎《としろう》、香椎浩平、鈴木貞一、鈴木率道《よりみち》、山岡重厚、山下奉文《ともゆき》、大谷敬二郎などとされている。

双方ともはっきりした組織や綱領があるわけではないから、一線を画せるものでもない。

その中で統制派とは、殺害された永田鉄山のほか東条英機、今村均、武藤章、富永恭次、下山琢磨《たくま》、影佐《かげさ》禎昭《さだあき》、池田純久《すみひさ》、田中清、四方《しかた》諒二らを指す場合が多い。

十一年二月二十六日早朝、安藤輝三《てるぞう》、栗原安秀、坂井直《なおし》らの青年将校は下士官、兵を率いて蹶起《けっき》し、首相官邸や警視庁を襲撃した。

現役の青年将校に加えて、免役処分されていた元将校村中孝次、磯部浅一らも有力な指導者に加わっていた。

斎藤実《まこと》内大臣、高橋是清蔵相、渡辺錠太郎教育総監らが殺害され、鈴木貫太郎侍従長らが重傷を負い、天皇が激しい怒りを表したことで、彼らは一挙に賊軍となる。

その結果、青年将校ならびに背後関係を疑われた北一輝、西田税たち民間人あわせて十七名が逮捕され、裁判が始まった。

判決は七月五日に言い渡され、同十九日に銃殺刑に処せられている。

岸が商工省に辞表を出す三ヵ月ほど前のことだ。

岸に強い刺激を与え、岸もまた謦咳《けいがい》に接したと語っている北一輝は、ほかの民間人とともに翌十二年八月十四日に処刑された。

事件の背景には多様な面があるが、もっとも有力な視点は天皇親政にこだわった社会改革の実現であろう。

そこへ陸軍内部の主導権争いの側面が加わって蹶起に及んだものだが、青年将校側に確たる改革への理論武装や、蹶起後の計画があったようには思えなかった。

以上が、いわゆる二・二六事件の概要だが、この事件を契機に権力を一挙に握ったのが統制派だった。

岸自身がこの事件に関して所感を述べた形跡はないが、岸と陸軍の各派参謀たちのつき合いはことのほか密接だったことが分かっている。

岸の経済論に熱い視線を向けていたのは皇道派であろうと統制派であろうと変わりはなかったのだ。

すでに満州で建国後の試行錯誤を繰り返していた関東軍はもとより、岸の国体と統制経済に関する知識は官・軍双方から注目を浴びていた。

感情の奥で岸は、青年将校らの革新思想に共鳴していたフシがなかったとは言い切れない。北一輝の『日本改造法案大綱』に共感し、大川周明の大アジア主義に心服していたいきさつは官僚仲間で知らない者はいないし、自他ともに認めていた事実だ。

だが、官僚の中央に昇った今は、逆賊となって銃殺刑に処せられた北一輝を尊敬しているとは口が裂けても言えない。

北一輝銃殺処刑の報せを岸はどのように聞いたか、言葉は残っていないが心中は複雑だったであろう。

随所で「歴史的事実としてはその通りです。しかし私の国粋主義的な考え方は暴力と結びつくものではないんです」と繰り返しており、自分の中で理性的に処したことをうかがわせている。

彼はあくまでも冷徹な官僚で、なによりも合理的な行動を重んじる性格だった。

だが、万が一青年将校達の叛乱が成功していたら、岸の唱える統制経済論は彼らにとってこそ必要欠くべからざる政策となったであろう。

ところが、皇道派が一掃された陸軍中央からも、岸を必要とする声は高く上がった。

要するに、統制経済は党派を越えてこの時代の寵児となっていたのである。

中でも満州経営を任せられる官僚としてもっとも岸に注目していたのが、陸軍省軍務局軍務課にいた片倉衷《ただし》だった。

満州を相手にするには、実力に加えて野心がなければ成功はおぼつかない。

その点、岸はただ頭が切れる秀才型ではなく、野心型で有能な政治的官僚と陸軍からも見られていた。

実は、片倉は青年将校たちが蹶起の朝、陸相官邸で読み上げた要望事項の中で「軍権を私した」と名指しで「尊皇討奸《とうかん》」とされた当人でもあった。

軍事課満州班長（少佐）だった片倉は、事件当日朝、雪が積もった陸相官邸の前庭で青年将校たちに向かって怒鳴った。

「兵を動かすのは天皇陛下のご命令によってやらなければいかんぞ」

その瞬間、いきなり磯部浅一に拳銃で撃たれ、重傷を負う。

その片倉は、岸の満州赴任を実現させるべく、事件以前からしばしば商工省へ足を運んでいたのだと、次のように語っている。

「岸を引っ張り出すために商工省の吉野（信次）さんのところに一年間通いましたよ。岸は陸軍省と関東軍の双方から嘱望されていました。しかし、長いこと文書課長かなんかやっていて、なかなか出さない。

私も口説いたが、とりわけ熱心だったのは秋永《あきなが》です。彼とは仲がよかったんです」

（『昭和の妖怪　岸信介』）

秋永とは、関東軍で産業経済を担当する第四課の課長で、のちに陸軍省整備局へ移るが経済将校として名が通っていた秋永月三《つきぞう》である。

秋永と岸はお互いにウマが合うというのか、友誼を尽くしていた。

岸も「秋永という人は当時の軍人のなかでは頭がいいし、なかなか優れていましたね」（『岸信介の回想』）と語っている。

片倉に関しても「（片倉は）よくわかっていた。東条さんと似ているところがある。事務処理が整然としていて、ものの考え方も整然たるものだった。そして軍人としては分をわきまえていて、たとえば、出てはならないところでは、決して埒外に出ない。ひどかったのは当時大尉で、戦後参議院議員にもなった辻政信――」（前掲書）と秋永、片倉を偲んでいる。

満州派遣

満州の産業経済部門を強化するため策を練ってきた関東軍参謀秋永月三や陸軍省軍務局参謀片倉衷の強い説得もあって、岸は満州行きの腹をくくった。

統制経済は容易に軍備拡張につながる上に、戦時経済に移行する際にも都合がいい。そのことを秋永や片倉は十分に承知していた。

決断は昭和十一（一九三六）年十月中旬。満州国実業部総務司長という新たな椅子が用意された。

ときに岸、三十九歳である。

表面的には商工省を体よく追い払われたとも見えたが、軍・官双方から強い招聘があったから、というのは嘘ではない。

これまで内地から遠隔操作で満州国の誕生に携わってきたが、こうなったら直接乗り込んで自分の手で満州を経営してやろうじゃないか——岸に新たな覚悟が生まれていた。

良子は夫の単身赴任を嫌ったが、とはいっても子供を老母だけに預けて留守にするわけにもいかない。表面的には単身赴任、ということで、良子は年に三、四回ほど新京（現長春）を訪ねようと決めた。

子供たちはそれぞれ十五歳と八歳になっていた。長男は寄宿舎生活だったが、良子には老母チヨの世話も目が離せなかった。

東京から満州の首都新京までの旅路は長かった。

東海道線の特急「富士」で延々門司まで走り、埠頭で待っている日本郵船の「信濃丸」に乗船する。

初冬の荒波にもまれながら玄界灘を乗り切って大連港にたどり着くまでには、出発からまる二日もかかった。

大連埠頭の大時計は、腕時計と同じ時刻を示している。満州建国以来、内地との統一標準時が使用されていたのだ。

ここが満州国の入り口にあたる。大連は入り口ではあるが満州国ではなく、旅順と同じ中国からの租借地だった。

大連の満鉄本社では、前年秋、満鉄総裁に就いていた松岡洋右が、甥の信介と久しぶりに会えるのを待っていた。

松岡は昭和八年二月、満州国承認問題で日本が国際連盟を脱退する際の代表だった。得意の英語を駆使しての断固たる姿勢は、帰国してから国民の喝采を大いに浴びたものだが、本人が満足していたわけではない。

議員を辞職し、満鉄総裁として世界を見返したいと目論んでいた松岡は、甥の満州経営に期待せずにはいられなかった。

「内地からもうじき満州国政府に着任する甥の信介が来る。お前、桟橋まで出迎えてやってくれんか。ワシは駅長室で待っているから」

若い満鉄職員はそう言われたものの、総裁の甥の顔を知らない。

「お顔はなにか特徴がありましょうか。存じ上げませんもので――」

と言うと、饒舌な松岡は笑いながらこう言った。

「なに、信介の顔はすぐに分かるさ。なにしろへチマに歯が生えとるんじゃから」

駅頭で岸を出迎えた松岡は、

「おお、よく来たな。お前がよこした椎名たちはよう働いて評判もいい。これで満州も万事うまくゆく、頑張ってやってくれ」

そう言って相好を崩したのだった。

特急「あじあ」号の一等展望車にひとり落ち着くと、岸の目には夢にも見た満州の曠野が果てしなく飛び込んできた。

父祖たちが命をかけて切り拓いた大地であることは、幼い日に幾度となく聞かされたとおりだ。

旅順の要塞を奪還し帝政ロシアの南下を辛うじて防いだからこそ、今自分が「あじあ」号の乗客としているのだ、としみじみ実感が湧く。

尋常小学校三年生で興奮した日露戦争勝利の村祭りの光景が瞼《まぶた》に自然と蘇る。

奉天から新京に向かって車窓に映る茫漠たる天涯を眺めていると、岸はいつしか軽い眠りに誘われた。

まどろみの中で満州建国宣言以来の三、四年間、あわただしく働いた商工省での日々が思い出されてきた。

昭和八（一九三三）年の九月であった。

文書課の席に岸は後輩の椎名悦三郎を呼んだ。椎名は大正十二年入省組、つまり三年後輩である。

「椎名君、知ってのとおり満州問題は日本開闢《かいびゃく》以来の大問題で、僕も命がけだ。勇断をもって取り組んでいるのだが、ここはどうしてもキミが陣頭指揮を執って行ってもらいたい」

岸の熱心な説得があって、椎名は新京にできたばかりの満州国実業部に計画科長として送り込まれた。

椎名はなにしろ初代満鉄総裁後藤新平の姉の婚家に養子入りしており、後藤新平とは義理の叔父・甥の関係にあった。

岸が真っ先に目を付けただけの血縁を持った人物である。

六月には先行して高橋康順（岸の前任の実業部次長となる）を新京へ送ってあったが、さらに美濃部洋次、山下茂のふたりを椎名に付けて満州の実業部へ送り出した。

美濃部洋次は美濃部達吉博士の甥であり、戦後都知事となった美濃部亮吉とは従兄弟という関係になる。

商工省出張組の強力なケルン結成を図った措置としては申し分なかった。

その椎名悦三郎は、生涯を岸の片腕として通した。

岸内閣では官房長官、池田内閣の外相として活躍するが、何と言っても世に「椎名裁定」

と言われた、田中角栄失脚のあと三木武夫を推して三木本人をも啞然とさせた一件は椎名の本領発揮だった。さらにその三木を降ろすという寝業師としても名を残す。

その椎名悦三郎が満州へ渡る以前に、満州国建設の基礎固めに働いていた一団がすでにいた。

大蔵省から送られた星野直樹たちである。

昭和七年三月、満州国建国宣言とそれに伴って清朝最後の皇帝愛新覚羅《あいしんかくら》溥儀《ふぎ》を執政とする決定などが矢継ぎ早に執り行われた。

だが、もっとも肝要なのは満州国政府の実務をどうするかであった。

大蔵省の国家経営の予算や租税制度、貨幣の安定など山積する課題を解決するため、省内の期待を一手に背負って任じられたのが星野直樹だった。

星野はこのとき大蔵省営繕管財局国有財産課長という椅子にあり、四十歳だった。

発足間もない満州国の建設にもっとも影響力を行使していたのは関東軍である。

関東軍について簡略に説明をしておけば、関東軍はそもそも日露戦争後、租借した関東州（遼東半島）の守備と満鉄の付属地の警備を担当する陸軍守備隊が、大正八年に独立して軍となったものである。漢民族の砦、万里の長城の端に当たる「山海関の東」を関東と称するところに由来する。

当初、司令部は旅順に置かれていたが、満州国成立後は新京に設置され、次第に兵力は拡充された。

満州建国当時、昭和七年の司令官は武藤信義大将、参謀長は小磯国昭中将で、その参謀格として岡村寧次《やすじ》や、石原莞爾が赴任していた。

とりわけ満州に別格の構想を抱いていたのが、作戦参謀の石原莞爾中佐（七年八月に大佐、最終階級中将）だった。

満州繁栄の設計図を描く石原の指導で、秋永月三や片倉衷らによって岸の招聘説得が繰返されていたのだ。

その石原や当時関東軍高級参謀だった板垣征四郎（七年八月に少将、最終階級大将）の強い希望が功を奏し、星野や岸たちが満州へ呼び込まれたというわけだ。

当時の軍事用語にしたがえば、こうした関東軍による「介入」のことを「内面指導」という。

だが、星野や岸自身についていえば、彼らは当初から「内面指導」と関係なく、満州経営への強い意志が備わっていたと見るべきだろう。

関東軍の要請に基づいて大蔵省は昭和七年七月、星野直樹以下、田中恭（国有財産課事務官）、古海《ふるみ》忠之（営繕管理局事務官）、松田令輔（主税局事務官）、田村敏雄（仙台税務署長）、

阪田純雄（岐阜税務署長）など九人を満州派遣団として送り出した。

この年の五月、いわゆる五・一五事件が勃発して犬養毅が射殺された。

四度目の大蔵大臣に就任していた高橋是清は、首相を臨時兼任していながら部下の壮行会に出席し、

「もう三十歳ほど若かったら自分も志願したいくらいだ」

と演説し、悲壮感さえ漂っていた新鋭官僚たちを感激させている。

その高橋蔵相には、三年半後に起きる二・二六事件で殺害される悲運が待っているとはまだ誰にも分からない。

このときの大蔵省のメンバーはいずれもが一騎当千、やがて満州で華々しい実績を残した面子が揃ったことは、その後の活躍ぶりが示している。

彼らが新京に着いたのは七年七月十六日。

星野たちが経済の地ならしをし、次いで岸が送り出した椎名たちが産業の振興基盤を築いた時分に岸が到着する。

とりわけ星野は東京へ出張するたびに商工省に吉野次官を訪ね、有能な人材を送ってくれるよう懇請していた。

星野直樹が商工省を訪ねた際に面会した吉野の言葉である。

「人を商工省の若手に求めれば、岸君が最も適任だ。それより他はないともいえる。ただし本人が満州へ行く決心をするかどうか疑問だが――」

（「特集　文藝春秋」昭和三十二年十月号）

列車の振動に揺られながら軽いまどろみに沈んでいた岸は、終着駅が近いことを知らせるアナウンスで目を覚ました。

大連―新京間七百キロを八時間半かけて、スカイブルーの「パシナ」形流線形機関車に牽引された「あじあ」号が新京駅に着く。

すると到着の汽笛のかわりに、カラン、カランと大鈴の音が、真新しい駅舎の大屋根に響き渡る。

展望一等車両から岸が新京駅に降り立ったとき、日付は月をまたいで十一月一日になっていた。

内地よりひと足早い寒風が岸のほおを強く刺す。

満州産業開発五ヵ年計画

満州建国の理想はよく言われるように王道楽土、五族協和が掲げられていたが、傀儡《かいらい》国家または植民地である事実に変わりはない。

理想と夢の実現にはまだ難問が山積していた。

王道とは西洋式の武力ではなく中国古来の徳による統治をいう。それによってアジア的な理想郷国家（楽土）を創設する、という意味が込められていた。

また五族協和とは、「満、漢、日、鮮、蒙」の五民族の協和を指すが、人口比率でいえば漢人が全体の九割を占め、あとの四つが各百万人前後だった。

スローガンだけが先走り気味で、いまだに実態が追いつかないところに関東軍首脳の悩みがあった。

現地の関東軍トップや陸軍省軍務局からも官界随一の切れ者と嘱望されて岸が新京に送られて来た背景には、それだけ切羽詰まった事情があったともいえる。

満州開拓と建設は、たとえれば北海道の建設を強力にした計画に似ていると言えなくもない。

もちろん北海道は固有の国土であり、日露戦争によって得た満州の権益の巨大さと比較するのは無理かもしれない。

だが、兵が入り、入植者が入って、産業を興す事情は奇妙に同じだと、関係者には分かっていた。

極めて重要なエネルギー資源が石炭であることも同じだった。鉄道も重工業も石炭なしに動く時代ではない。

そしてなによりも、北からのソ連の脅威を食い止める巨大な要塞としての使命も同じだった。

北海道には屯田兵が駐屯し、旭川の第七師団として旅順攻略戦や奉天会戦などの激戦地を戦い抜いた。

同じように満州には、関東軍が独立部隊のようにして進駐し、全権力を手中に収めていた。兵力は漸次増強され、最大規模で兵士七十万人強といわれた。

だがいくら兵がいても、軍人だけでは手に負えないのが産業経済だった。

岸の出番が来たゆえんである。

満州と長い国境を接するソ連では、すでに第一次五ヵ年計画が完遂し、国力の飛躍が明らかになっていた。

そこで石原莞爾が立案者となった国力推進計画案が参謀本部に提示され、「満州産業開発五ヵ年計画」として提示された。

関東軍、満鉄、満州政府の合同で各種産業を開発し、重工業を興そうというもので、その立案、実行に星野や椎名がつぎ込まれたのである。

昭和十一（一九三六）年の秋までにはその計画に予算が付き、いよいよ実施に移す段階となっていた。

分かりやすく言えば、貨幣を増量して増資し、同時に産業開発が大規模に拡大すればそこから収益が上がり、増やした貨幣には実質的な価値が付く、という予算計画である。

関東軍と参謀本部が主役だった計画案に対して、岸は東京でもこれまでにさまざまな意見を具申してきた。

なによりも岸には「産業経済は自分の専門だ。軍人なんかに任せておけるものか」という自負が強かった。

分厚くなったペーパーは、すでにまとめて参謀本部から岸に届けられている。

自ら描いた企画素案を自らの手で仕上げる宿命の到来に思わず苦笑いをもらし、岸は新築された国務院の階段をオーバーの襟を立てながら上がっていった。

十一月に入った新京は、東京とは比べものにならない酷寒を迎えていた。

商工省のビルは京橋区（現中央区）の木挽町《こびきちょう》にあって、隅田川や掘り割りの川風が肌寒く感じる一画だが、ここの寒風はそんな生やさしいものではない。

実業部の部屋に入ると、石炭だけはなに不自由なく焚かれたストーブが、でんと中央で真っ赤に燃えていた。

椎名悦三郎や美濃部洋次たちが岸を出迎え、挨拶もそこそこに作業が開始された。

着任当初の計画案実行について、岸は次のように自信たっぷりな口調で語っている（部分省略あり、聞き手は伊藤隆東大名誉教授）。


岸（満州産業開発五カ年）計画の立案については先に渡満していた椎名悦三郎君などが中心になってやったわけです。この五カ年計画はソ連のまねです。あの構想そのものの基底をなしているのはソ連から学んでいる。

ですから私は計画そのものについての責任をもたなかったけれど、その実施段階で、私は産業部次長（引用者注・岸の渡満時は実業部と呼ばれたが、翌年産業部となる）としていったわけです。

——五カ年経ったらこうなるぞという青写真はおありになったのでしょうね。

岸　私の胸にはだいたいのものを描いていた。ただ、やってみた途中で一番困ったのは、資本は、日本の資本があって、当時私の思い上がった言い方で、あとで財界から非難されたけれど、五カ年計画についてわれわれは決して三井、三菱の資本を必要としない、ほしいのは経営力だと言ったことがある。

五カ年計画実現の上で必要な有能な経営者が満州にはいない。みな役人の古手とか、満州事変を起こした軍人連中の頭株にしても事業を経営する能力がない。

ですから、三井、三菱をはじめ日本の企業からそういう人がほしいということで、ずいぶん努力したけれど、なかなか満州に来てくれない。

そこで鮎川（義介《よしすけ》）君の日産の経営力を全部根こそぎもってくるということによって、満州開発が可能になった」

（『岸信介の回想』）


多少説明を加えれば、岸が言う「三井、三菱がなかなか満州に来てくれない」というのは昭和十二年以降の問題であって、建国当初は内地の財閥と満鉄が投資して開発が進んでいた。三井、三菱、住友、大倉、浅野、東拓といった財閥資本が合計一億二千五百万円、満鉄がその倍以上の三億五千五百万円を出資（昭和七年〜九年）するという満鉄主体の計画だ。十一年までの総計が十二億円にのぼっていたが、その八割が満鉄の出資であった。

つまり、関東軍が支配しやすい満鉄が主役で、内地財閥は脇役だった。

そうでないと陸軍が望んだ国家主義的な計画経済が統制しにくい面があったからで、その軍主導態勢に内地の経済界から反発が起きたのは自然の成り行きでもあった。

財界が統制経済に反発したのは当然で、軍部は反財閥で固まっていた。

とりわけ昭和初期に満鉄総裁だった山本条太郎から松岡洋右までのおよそ十年間は、満鉄独占支配の黄金期といってもよかった。

関東軍からみれば満鉄なら自己資本に近く、統制しやすい。

そこで岸が思いついたのが、既成の大手財閥に代わって、日本産業（日産）の鮎川義介をまるごと抱え込むという壮大な案だった。

工務局長の席にあった岸は、日産自動車の視察には何度も足を運んでおり、実態も数字も把握していた。


椎名悦三郎たちとの会議が済むと、岸はさっそく国務院に隣接して建てられた関東軍司令部へ挨拶のため外に出た。

馬車《マーチョ》の鈴が異郷の響きを伝える大通りは、初代満鉄総裁の後藤新平時代に建設されたものである。

歩道には荷車を引く中国人や満州人に混じって、着飾ったロシア婦人や子供たちの姿も見受けられた。

岸はさっき椎名から聞いた話を思い出していた。

「ご承知とは思いますが、当地には白系ロシア人もかなり住んでいます。もちろん肌が白いからそういうのではありません。ソ連共産党の弾圧に追い立てられてきたから白系というのです。

中には花街で働く派手な女性もたくさんおりまして、帝政ロシアの貴族の娘だったという触れ込みで――」

美濃部洋次があとを引き取ってさらにこうも言った。

「ツアー時代が続いていたら栄華を極めたかもしれない娘が、今では春をひさいでいるとか。そういうダンスホールなどがいっぱいありますが、特務機関の手先という噂もありますので、どうかご用心を」

「ボクは大丈夫だよ」とも言わず、ただ笑ってやり過ごして話を終わらせたのだった。

こういう街だ、そのくらいのことはあるだろう、と独りごちながら岸は関東軍司令部へ入っていった。

東条との蜜月

司令部はかつて旅順に置かれていたが、建国後新京に新しく建設されたものである。

中央に日本の城を模したような天守閣がそびえ、偉容を誇っている。

岸はまっすぐに参謀長の板垣征四郎中将の部屋へ足を向けた。

「私はべつに日本の役所を食い詰めて来たわけじゃありません。関東軍が満州国の治安を維持するのに重大な責任があることは承知しています。しかし、経済、産業の問題はわれわれ役人が分担して処理すべきだと思うので、軍人はそういう問題には関わらないでいただきたい。産業経済に関してはすべて自分に任せて欲しい。そうでないなら誰か代わりの者を寄越してもらいたい」

それが初対面の挨拶だった。

強面《こわもて》で鳴る板垣も、

「いや、キミに来てもらったのは、産業経済の問題はすべてキミに任せるつもりだからだ。そのつもりでやってくれ」

と応じた（『我が反骨の記』「日本経済新聞」昭和二十九年十月二十六日付）。

岸が赴任していた時期（昭和十一年十一月〜十五年四月）の関東軍首脳は次のとおりだった。

司令官　植田謙吉（大将）十一年〜十四年
　　　　梅津美治郎《よしじろう》（大将）十四年〜十九年
参謀長　板垣征四郎（中将）十一年三月〜十二年三月

東条英機（中将）十二年三月〜十三年五月
磯谷廉介《いそがいれんすけ》（中将）十三年六月〜十四年九月
飯村穣《じょう》（中将）十四年九月〜十五年十月

関東軍幹部に向かっていきなりこれだけ言いたいことを言えたのは、自信とともに胆力も備わっていたのだろう。

元「毎日新聞」記者で岸を「昭和の妖怪」と評した岩見隆夫によれば、

「一説によると岸は参謀長の板垣に着任のあいさつをした際、『私は陸軍省兵務局長、阿《あ》南惟幾《なみこれちか》さんから、お前に一切任せる』という一札をとってきている」と凄んだとも伝えられている」
（『昭和の妖怪　岸信介』）

というのだが、さらに有末精三（最終階級陸軍中将、参謀本部第二部長、戦後はGHQに関わって諜報活動をする）の話として、

「それは陸軍省の山脇正隆整備局長の筋だろう。岸さんを満州に呼ぶというのは関東軍の

強い意向でもあったが、その中心となった秋永月三参謀も整備局にいた。車両を扱うから商工省とは密接な関係にあったわけで、秋永は課長時代の岸さんとのつながりがある。そして山脇さんは阿南さんと非常な親友だったからね。

　そういう関係で阿南さんが送別会でもやったんじゃないかな」　（前掲書）

という情報を取りあげている。

終戦時の陸相で敗戦直後に自決した阿南から一札とっていた可能性を有末精三が匂わせた、というのだ。

これらは伝聞ではあるが、陸軍上層部への浸透ぶりが徹底していたことは事実である。

たとえば、東条との緊密な関係は在満時代に築いたものだ。

東条が参謀長に着任したのは岸が五ヵ年計画に取りかかってすぐの昭和十二年春である。官・軍一致の作業は、二人が動輪となって動き始めたことになる。

東条との蜜月を、矢次一夫、伊藤隆に語る岸の話から紹介しよう。ただし、超几帳面な東条の性格だけは岸も苦手だったようだ。


――東京には時々行かれたのでしょう。

岸　一年に何回かは行きましたよ。その場合板垣さんは、私が東京へ行って来ますと言うと、どういう用件で行くのかとか、何も聞かないで自由に行かせてくれた。ところが参謀長が東条さんになると、彼は厳密だから、手帳を出して、何の用事で行くのだ、と聞いて何々の件といちいち書き込む。

そして帰ると手帳を出して、あの件はどうなったか。これにはずいぶん参ったことがありますよ（笑）。

――岸さんは、そういういかにも役人らしい東条さんとは、五ヵ年計画を進行させることを通じてうまくいったわけですね。

岸　うまくいきました。だから私は東条さんには信用があったと思います、今から考えても、私の帰国後、東条さんは陸軍次官として、私を商工次官にすることを主張されたようだし、東条内閣の商工大臣をやれといわれたことも、私を信頼してくれたからでしょう。

それに東条さんは何かハラに一物あって事をはこぶというんではないですから、私自身も東条さんを相当評価していました。

（『岸信介の回想』）

岸は昭和十二年三月の東条着任時で四十歳、東条は前に述べたように戦地には行かなかったが日露戦争世代で、五十三歳になっていた。

板垣であろうと東条であろうと陸軍中将であり、格が違う。

岸はいくら気鋭、ホープとはいっても、仮に陸軍に進んだとすれば陸士二十九期（板垣十六期、東条十七期）卒あたり、このときは中佐参謀といったところが順当だ。

とても対等な口をきける相手ではなかったが、上級の者にはめっぽう強い、というのが岸の特技でもあった。

岸と東条がうまくいったのは、ともに統制経済論者だったという事情もある。

岸の基本理論は、国家によって経済をコントロールすることにあった。

それには、主要産業ごとに生産調整をする必要があり、カルテル（市場支配のための共同行為）を強力に推進する法律も通した。

東条も国家総動員を研究している。

総動員とは、国防目的のために人的、物資的資源を統制し、運用することだ。

その運用テストを満州で実践できたことは、来るべき時代へ向け、東条、岸ともに大いなる成果を挙げ得たという腹づもりがあったに違いない。

二キ三スケ

関東軍参謀長が板垣から東条に替わる過程で、岸は次々と産業開発計画の実施に向けて手を打っていた。

計画の相談相手となる責任者は、総務庁長官の星野直樹（昭和十一年十二月〜十五年七月）で、彼が満州の大蔵大臣を兼ね、行政の頂点に立つ男だった。

岸も着任半年後の十二年七月には産業部次長と総務庁次長に昇任、星野長官の次席となる。満州行政は星野と岸による二人三脚体制を完成させ、これにより総務長官星野と岸次長のツー・トップという権力構造になった。

満州国というのは、清朝最後の皇帝溥儀を擁して建国した満州人の国家で、国務院をはじめ大臣はすべて満州人をおいたが、各部の部次長には日本人を配して、実権は日本人が握った。

産業部はいわば満州の「商工省」で国務院の組織に属する。

岸が赴任した当時の実業部が間もなく産業部として改編され、そのまま岸が次長に昇格した。

総務庁長官は形式的には満州国総理大臣の補佐役だが、予算から人事権などをすべて握っていたので、事実上の国政の頂点であり、総務庁次長の岸は副総理格ということになる。

いよいよ岸の最大目標、「鮎川義介の引っ張り出し」に向けて動く体制が整えられた。

岸はしばしば満州と東京の往復を繰り返し、日産の創業者鮎川との接触を図った。

当時の日産は、傘下に日立製作所、日産自動車、日本鉱業、日産化学工業など関連企業まで合わせると百三十社、約十五万人の従業員をかかえた一大コンツェルンだった。

その日産を満州へ連れて来るには、仮に鮎川が納得したとしても大きな障害がひとつだけ残っていた。

満鉄が膨大な利権を簡単に手放すとは誰もが思わない。

関東軍と鮎川説得までは自信があった岸も、満鉄が承服するかどうかは、未知数なところがあった。

日産がそっくり入ってくれば、満鉄の既得権が全面的に失われるのは自明である。

鉄鋼、石炭、鉱山、自動車、飛行機などの製作所を奪われたら、満鉄に残る役割は単なる鉄道管理と調査部だけだ。

「満鉄の面子は丸つぶれでしょう。容易に承伏するとは思いませんがね。満州炭鉱の理事長になっている河本大作だって、簡単には降りませんし、何か名案でも——」

椎名以下、産業部の部下たちが異口同音にそう言って気遣ったのも無理はない。

初代総裁の後藤新平、現総裁の松岡洋右という大駒二枚の甥がふたりも揃っているのだが、難題に変わりはない。

だが、岸には秘策があった。

そのためには、大連にいる叔父の松岡満鉄総裁には最初から最後まで知らせず、極秘の内に国務院との間ですべてを決定してしまおうという大胆不敵なものだった。

その点、「キミに任せる」と関東軍首脳から言質を取ってあるのは心づよかった。

岸は十二年七月、鮎川を新京に呼び寄せると、最後の詰めに入った。

もちろん、鮎川もただの物見遊山を装っていた。

新京の目抜き通りに建てられた「ヤマトホテル」のスイートルームに旅装を解くと、カモフラージュに市内観光などに出歩いて満鉄職員にそれとなく煙幕を張ったほどだった。

夕刻、「ヤマトホテル」の裏口から、岸が記者たちの目を避けるように入って来た。

ホテルのラウンジからは、レコードが流れていた。

東海林太郎が唄う『国境の町』だと岸がすぐに分かったのは、東京を離れるころちょうどはやりだした曲だったからだ。

昭和五年ころまで満鉄調査部には東海林太郎が勤務していたのだと、話には聞いていたが、そういう縁もあって満州でも大ヒットしているのだろう。

橇《そり》の鈴さえ　寂しく響く
雪の曠野よ　町の灯よ
（大木惇夫・作詞）

関東軍の参謀たちや役人とは、夜ごとのように新京の一角にある料亭に上がっていた。馴染みの「桃園」という座敷だった。三、四人の芸妓が揃って、三味線に合わせて歌い、岸も耳を傾けていた。

この歌の作詞家大木惇夫は戦後、詩壇やマスコミからは徹底して無視され不遇をかこったが、「言うなかれ、君よ、別れを」で有名な『戦友別盃の歌』で一部の熱狂的なファンを獲得している。

いかにも最果ての国境を思わせる歌を遠くに聞きながら、岸は遠来の客の部屋の前に立った。

鮎川の顔色は白皙《はくせき》、眼光は頭脳のひらめきを表し、口元は意志の強さを示している。

鮎川は明治十三（一八八〇）年生まれ、このとき五十七歳だった。

岸はといえば、やせ男で、猛禽類を思わせる細い顔に鋭い目が光り、おまけに反っ歯ときている。

松岡洋右が言うとおり、ヘチマ顔の異相とも言えたが、負けてはいない。

岸の口が開いて、

「それでですよ、ナンだな、問題はひとえにあなたの決断にかかっているんですよ」

と切り出し、膝を詰める。

「それでですよ」と「ナンだな」はあまりに多いので割愛しているが、岸独特の語り口で、頻繁に出てくる。

「それでですよ、日産の満州での出資額と同額を星野さんが用意すると約束してくれました。それなら満州重工業はやれるでしょう。

ナンですが、満鉄のことはご心配いりません。私が責任をもって万事ナニしますから。満鉄事業の大部分は鮎川さんに譲らせます」

そう言って、岸は鮎川に決断を迫った。

「そこまで用意してくれるのなら、ボクの腹は決まっています。満州重工業を立ち上げて、お国のためにひと働きしましょう」

この夜、日産は満州進出にあたって満州重工業（満業）と社名を改めることが決定され、鮎川が二億二千五百万円を出資、同額を満州国が出資して折半することで話がついた。

世紀の大事業と思われた日産コンツェルンの満州移転が決定した瞬間だ。

満州建設とその発展に、鮎川義介という大駒が一枚加わった。

こうして満州開発に関わった、東条英機（関東軍参謀長）、星野直樹（総務庁長官）、松岡洋右（満鉄総裁）、岸信介（総務庁次長）、鮎川義介（満州重工業社長）の五人の枢軸的実力者を「二キ三スケ」と呼ぶようになる。

二キ三スケの語源とそのいきさつについては、星野が戦後になって雑誌に小文を寄せている。

「『二き三すけ』などという言葉が口の端に上ったのも、そのころ（引用者注・日産の満州進出時）である。おそらく満鉄方面から出た言葉であろう。

この言葉は当時満州で事をきめる原動力であるというように用いられ、これらがまた日産進出の責任者であるというニュアンスを含んでいるように用いられた。日産進出については、この五人はそれぞれ立場を異にしていた。松岡さんは、むしろ終始消極的な立場に立っていた。東条さんは、軍の中枢ではあったがこの問題については個人的には受け身の立場に立っていて推進者ではなかった。鮎川氏が考案者であり、実行の中心でもあったことはいうまでもない。

私と岸君は、たえずこれを助け、その達成のために努力した」

（「特集　文藝春秋」昭和三十二年十月号）

満業の満州進出は十二年十二月と決まった。

これまでの長い間、満州で重工業発展の中心にあったのは満鉄である。日産の進出はその地位と権益を奪うことになった。当然、満鉄側は執拗な抵抗を試みたが、すべてはあとの祭りであった。

満鉄総裁の松岡は岸の義理の叔父である。

岸がかつて大いに世話になった佐藤松介叔父のことは第一章で触れた。その松介の妻が松岡の妹というごく近い血族だった。

岸にとっても、松岡にとっても難儀な結末になったことは推測できる。

後年、星野が書いたとおりである。

念のため付け加えておけば、岸の姉は鮎川の従兄弟に嫁しており、長男は鮎川の伯母の孫娘を妻に迎えている。

岸一族の毛細血管が、満州経営全体に浅からず行き渡り、生命を送り込んでいた。

すべてが整うまで、岸は松岡を蚊帳の外におき、表面的には裏切る形になった。

だが、本当に岸は最後まで松岡に秘密にしていたのだろうか、という疑問は残る。

松岡の面子を考えて、表向きは親族の縁を切ったかのごとくに見せかけておき、密かに松岡の耳にだけは入れておいた、とは考えられないだろうか。

岸なら、それくらいの裏技は使いそうだ。

星野直樹は戦後、次のように回想している。

「日産進出については、鮎川氏と松岡氏とは反対の立場に立ち、岸君は満州国当局として、鮎川氏と同じ側に立った。

岸君としては、なかなか難しい立場だと心配する人もあった。だが岸君はそんなことは一向に苦にしない。どしどし仕事を進めてゆくことに努めていた。

その発案に岸君が参画し、その達成に大いに力をつくしたことは疑いのない事実である」

（「特集　文藝春秋」昭和三十二年十月号）

鮎川、星野の助力を得た岸は、産業五ヵ年計画実現に向け、演説会、挨拶状、各種会報などを利用して、各地で精力的な宣伝・広報活動を行っていた。

残存している草稿資料の中からほんの一例を引いておくが、産業計画実現へ向けた岸の並々ならぬ熱意が浮かんでくる（部分略）。

「満州国では極めて豊富な種々の資源開発を中心にして産業五ヵ年計画を樹立し、これを根幹として満州国の建設に大いなる努力を払いつつあることはご承知の通りである。

とりわけ、鉄、石炭、電力については極めて順調に行っている。鉄の如きは暮れに二十五万トン炉二基の完成をみて、予定の百万トン増産計画が完全に実施され、既に一月からフルに動いているのである。

交通・通信の部門に関しては、産業経済の発展に順応する必要と、国防上の必要とが重なって最初の計画よりも遥かに大きなものが完成されつつあるし、どうしてもやらねばならないのである」

（昭和十四年一月、国策研究会での講演趣旨より抜粋。『新国策』第三巻第三号）

カネは濾過して使え

岸は約三年の満州駐在の間に懸案の産業開発五ヵ年計画を軌道に乗せ、満州での重工業発展の道筋を作った。

講演会などでの発言は、誇大ではなく実現されていったのである。

重工業発展のみならず、満映（満州映画協会）の経営がおぼつかないと相談されれば、資本金五百万円をさらに四百万円増資し、政府と満鉄に二百万円ずつ折半させて、蘇生に知恵を貸したりもする。

その際、満映の機構改革や劇場増設にも腐心し、かの甘粕正彦を新理事長に登用したのが岸だったことはあまり知られていない。

甘粕は、憲兵大尉だった大正十二年九月、大杉栄、伊藤野枝らを扼殺《やくさつ》したとして軍法会議にかけられたが、のち、満州へ渡り、協和会の総務部長などをしていた。

岸は「甘粕を満映に入れたのは僕だよ」とやや自慢げに語った上で、「甘粕について印象深いのは、彼はなかなかおしゃれでスタイリストであったことです。例の甘粕事件の後、フランスに一時亡命したせいもあって、満州の協和会服でも、ほかの連中と違って彼の服は東京で作らせているとみえていいスタイルなんだ。それで食べ物がなかなか贅沢で、時々うまいシナ料理を作らせ、親しい人を呼んで食べたことがある」(『岸信介の回想』)などと偲んでいる。

だが、岸と甘粕を結ぶ糸は単に満映のような文化事業だけでは語れない。甘粕の懐に入るカネのスケールは桁違いに大きかったといわれる。

なおかつ岸と甘粕は親密な関係にあった。

岸が満州を去ったあと、後任の総務庁次長に就く古海《ふるみ》忠之は昭和九年、星野とともに最初に大蔵省から派遣された九人組のひとりだった。

その古海が言うには、

「アヘンについては、支那とか満州で一手にやっていた里見甫《はじめ》という男がいた。彼は私の親友だったが、関東軍の戦費捻出を託されていた私は、アヘンの漸減政策を実施する一方で、必要上から熱河省産のアヘンの売りさばきなどを里見に託した」

（『忘れ得ぬ満洲国』）

という証言を残している。

里見から古海へ、そして甘粕、岸へと流れたアヘンのカネが満州国や関東軍を支えていたことは今日ではほぼ知られているが、いずれにも確たる証拠はない。

そのひとり甘粕正彦は、昭和二十年八月、敗戦とともに満映内の自室において青酸カリで自決している。

岸にとって幸運だったのは、十二年七月に勃発した盧溝橋事件と、その後の戦線拡大によって重工業が特需に見舞われ、予想外に拡大し戦費が膨大に膨らんだことだ。

日中戦争の生産拡大の中で、日産の業績も飛躍する。

潤沢な鮎川の資金を、さまざまな政治資金や裏工作に使ったであろうことは想像できる。

本当のカネの流れは今でも闇の中だが、鮎川から出る資金や関東軍のためのアヘンの軍資金はどんな裏ガネであっても、岸は一旦濾過されたものしか手を付けなかった。

ナマな現金が動くような稚拙な操作は、岸がもっとも嫌うところだ。

しばしばいわれたことだが、東条に流れたとか、だれそれに流れたといわれても、証拠を残すようなへまな使い方は考えられない。

あるのは、極東国際軍事裁判（以下、東京裁判）における星野直樹の証言や、断片的な傍証だけである。

断片の一例を挙げておこう。

近衛文麿の女婿で近衛首相秘書官も務めた細川護貞《もりさだ》は、日記の中で次のように記し、アヘンをめぐる当時の指導者層の一面を語っている。

「朝、川崎豊（引用者注・帝国火災保険取締役支配人）君を訪問、談たまたま東条に及びたるに、彼は昨年中華航空にて現金を輸送せるを憲兵隊に挙げられたるも、直に重役以下釈放となりたることあり、是はその金が東条のものなりしを以《もっ》てなりとのことにて、以前より里見某なるアヘン密売者が、東条に屢々《しばしば》金品を送りたるを知り居るも、恐らく是ならんと」

（『細川日記』昭和十九年十月十六日）

アヘンのカネが岸から東条に流れ、東条が豪邸を建てた、といったような噂は幾度も流されたが、どうも根拠は薄い。

一ヵ月前の同日記には、伊沢多喜男の情報として、

「岸は在任中、数千万円、少し誇大に云へば億を以て数へる金を受とりたる由、然もその参謀は皆鮎川にて、星野も是に参画しあり」（『細川日記』昭和十九年九月四日）

との記述まである。

本人はこれに対しても次のようにきっぱり否定している。

「どういう根拠で言っているのか、訳がわからないですね。東條さんとの関係においても、金銭的に東條さんを援助したこともぜんぜんありませんし、また、東條さんから、金をもらったこともありませんしね」（『岸信介の回想』）

東条という人は、他人のカネ遣いにも神経質だったが、自らも質素堅実を旨としていた。岸もナマのカネを動かす男ではない。鮎川の資金が岸経由で軍資金に流れたとしても、手が汚れるような愚かなことはしない。

もうひとつ同じ時期に起きた東条とカネをめぐる件で、矢次が語っている逸話を付け加えておこう（部分略）。

「戦時末期に有名だった問題に、東條が、玉川辺に豪邸を新築したという噂が、ぱっと立ち、これが拡がり、評判になったところだ。

たまたま宮中で、五島慶太（当時運輸大臣）と、内田信也（同農相大臣）の二人の閣僚が同席し、天皇に所管事務について報告をしていた。二人の報告が終わったところで、陛下が、軽い雑談のような調子で、

『近頃噂によると、東條が、大きな家を新築したということだが、本当かね』

という意味のお話があったという。このような噂が、すでに陛下のお耳にまで達していたことに、二人とも驚いたそうだが、内田がすぐ、この話を引き取って、

『いや、陛下、噂話は大げさに過ぎます。本当は、ここにいる五島君の玉川の家の物置程度に過ぎません』

とお答えした。陛下は、ああ、そうか、でお笑いのうちに、この話は済んだ。

しかるに、どこからこの話が洩れ伝わったものか、この日の翌朝、午前六時頃、五島慶太の玉川邸に、東條首相が突然自動車を乗りつけて来た。

五島邸では、前触れもなく東條が来訪したというので、家人が右往左往するし、五島も慌てて寝床から飛び出して、これは総理、ようこそ、と出迎えたのを、東條は、じろりと見たまま、相手にせず、物置はどこだっ、と大喝しながら歩き回り、間もなく物置を発見し、ふむ、これか、とちょっとの間にらみつけていたそうだが、さっと、身を翻すようにして帰ったという。

内田信也はこの話を私にしながら、

僕はね、陛下の御前であるだけに、東條のために良かれかしと思って、取りつくろったのだが、それが逆に仇になって、五島にこぼされるやら、恨まれるやらで、ひどい目にあったよ、と歎息したものである。

東條の家は、私も一度訪ねたことがあるが、五島の物置は知らず、大した家でも、もちろん豪邸などとは縁遠いものだった」

（『東條英機とその時代』）

満州におけるアヘン資金の流れは藪の中なのだが、岸には独自の金銭哲学があった。

岸がある日、若手官僚に説いたカネにまつわる話を披露しておこう。

場所は関東軍庁舎に近い軍人会館の一室、昭和十四年十月半ば、間もなく岸が日本に召還されるその直前に開かれた送別会の席である。

「諸君が選挙に出ようとすれば、資金がいる。いかにして資金を得るかが問題なのだ。当選して政治家になった後も同様である。政治資金は濾過器を通ったものでなければならない。つまりきれいな金と言うことだ。濾過をよくしてあれば、問題が起こっても、それは濾過のところでとまって、政治家その人には及ばぬのだ。そのようなことを心がけておかねばならん」

（『私と満州国』）

岸は昭和十四年にして、すでに極めて重要な発言を公にしていた。このモットーは、もちろん、戦後にも引き継がれる。

送別会に出席していたひとり、武藤富男は昭和九年に東京地裁の判事から満州国の国務院総務庁弘報所長となり、岸の直属部下として働いた謹厳実直な人物だった。

岸の教えは、いかにして濁り水を清い水にしてから受け取るかが、政治家の必須条件であると説いていた。

清廉潔白こそを金科玉条と心得ていた判事出身の武藤にとっては、生涯忘れられない訓示となった、と自著『私と満州国』に書き残している。その武藤富男は恵泉女学園理事長、東京神学大学理事長などを歴任し、平成十年に亡くなった。

権力と「濾過されたカネ」を手中に収めていた岸は、血気盛んな少壮将校を連れて夜の宴席にも繰り出し、周到な気配りを見せた。

岩見隆夫（元「毎日新聞記者」）は当時の「報知新聞」新京支局長で戦後も岸と近かった小坂正則の言葉として、次のような証言を紹介している。

「酒と女は凄かったな。満州時代の岸さんは自分の家でメシを食ったことがなかったのではないかと思う。毎夜毎夜、芸者をあげて飲んでいた。軍人たちともよく飲むことがあったが、岸さんはおめず臆せずやるんだな。飲み方も非常にうまくて、関東軍との関係は、こうした軍人との酒の交わりでも、随分自信をつけたのではないかと思う」

（『昭和の妖怪　岸信介』）

酒豪とはいえなかった岸が、軍人たちと料亭でうまくつき合ったというのは、頭の回転や、座持ちの良さに加えて、学生時代から身に覚えがあった寄席通いの成果なども助けになったのではあるまいか。

新聞記者に限らず、当時の役人仲間や商工省の先輩吉野信次（満州重工業副総裁を務めた）なども、酒席のあしらいのうまさは並ではない、その後の政界進出を狙ってのことだったと思う、と語っている。

ただし女性との個人的な遊びを新京で、という危ないことはしなかった、という証言もある。

アヘンのカネが里見を介して関東軍へ流れていたと証言した古海忠之が、今度は岸と女の流れについて裏話を語る。

星野とともにいち早く大蔵省から派遣されてきた逸材は、カネと女の管理が主務だったかのように、なんでも喋った。

「岸さんは満洲時代から酒を飲むのは好きな人だった。新京で彼がよく出入りしていたのは『八千代』という店だ。『桃園』とか『曙』という店もあったが、ほとんど『八千代』だった。女遊びもよくやっていたが、新京でやるのはまずいということで、私を連れて列車に乗ってはるばると大連に出掛けていった。日帰りは無理だから、日曜日とか祭日によく行ったな」

（『忘れ得ぬ満洲国』）

潔癖、厳格を絵に描いたような星野と、仕事にも遊びにもヘンな倫理観を持たなかった岸との違いは対照的だったと、古海は言う。

かつての岸側近のひとりで、里見甫との縁も深かったといわれる福家俊一《ふけとしいち》（池田内閣で運輸政務次官、福田派の参謀格）は、「岸さんは、同じ長州人の高杉晋作に知性をつけたような人物だ。帝国大学の恩賜の銀時計（首席）をぶら下げたような晋作ということだ」（『昭和の妖怪　岸信介』）とうまいことを言っている。

ときに危険視されるアヘン密売者とのつき合いや満州浪人風情《ふぜい》との飲食や、芸者遊びも気にしない剛胆なところが、高杉晋作そっくりだったのは間違いないところだろう。

タフに接し、しかし証拠を残さない。

新京ばかりか大連でも岸が昼にも負けず、夜も派手に振る舞っていて「岸さんはとてもお元気です」との評判が留守宅の耳に入れば、良子もじっとしてはいられない。

新京からの出張は、関東軍の航空機を使えば、新京―立川間を数時間で行き来できる。良子の勘は特別鋭く、養子の岸はそれでなくてもとかく妻には頭が上がらない。出張だと言って自宅に寄る本当の理由は、良子への「アリバイ証明」の発行という側面もあった。

商工省の文書課長から工務局長あたりに昇級したころからだろうか、夫の待合通いがめっきり増え、良子も気をもんだものだ。

なにしろ役所の場所が木挽町六丁目（現銀座六丁目）にあって、新橋演舞場の目の前なのだから、気にするな、という方が無理だ。

掘り割りを挟んで有名な待合がずらりと軒を並べる場所で、喫茶店に入るような気分で料亭に入れる地域だった。

近くの新橋だけとは限らない。赤坂の待合へもよく通った。

ついでに余談をもうひとつ。商工省が戦後になって消滅したその場所に、なんと鮎川の日産本社がそっくり入ったのである。

現在では日産本社は横浜に移り、東銀座の旧日産ビルには読売新聞社が大手町の新社屋完成までの間、仮住まいをしている（平成二十四年現在）。

商工省から日産本社、さらに読売新聞と、旧木挽町ビルの変遷にも興味が尽きない。

「のぶさん、夜ふけまで随分とお忙しそうですのね」

「なに、うるさい軍務局や上司のつき合いで、ナニしないと法案も通らないからな」

などと言い逃れていたが、良子は夫の新橋での芸者遊びに、それとなく感づいていた。

満州への単身赴任となれば、何といってもその点が気がかりだった。

「岸さんは養子サンだからなあ、奥さんに気を遣って、よくこっちに呼んでいたようだね」

と、役人仲間は蔭で噂もする。

良子だけを新京へ呼ぶときは航空機の手配をしたようだが、子供たちが一緒のときは船旅だった。夏休みは長期滞在だ。

長女の洋子が語ってくれた遠い日の思い出である。

洋子は白百合学園の小学校四年から五年にかけて、二度ほど新京までの長旅を体験している。

「そうです、ふた夏続けてかしら、母と兄の三人で一ヵ月ほど満州へ行ったものです。

母だけのときには、私たちはお留守番で祖母（引用者注・岸チヨ）が兄妹の面倒をみてくれていました。その祖母の躾がとっても厳しかったんです。お婆ちゃんは昔の女子師範学校出で、脱いだ着物のたたみ方から何から、それはもうきっちりしていました。

母の躾が厳しかったのも祖母のせいでしょうね。祖母は長生きして、八十四歳でしたかしら、南平台で亡くなったんです。

満州へはね、そのころ神戸から船に乗って門司を経由して大連までの長旅でした。旅順で伯父の佐藤市郎が司令官をしていた時期だったので、旅順にも寄って。

新京の家は官舎ではなかったと思いますが、前が広い公園でゆったりとして。父は行けばすごく喜んで、ハルビンまで初めて飛行機で旅をしたりね。

ハルビンのレストランなんかで白系ロシア人のダンサーが踊っているのを見たり、一緒にテーブルに来て食事をしたり異国情緒を楽しんだものです。

ええ、母はいつも着物でした」

岸は五ヵ年計画実行と夜の宴会と家族旅行を見事にあしらいながら、三年をあっという間に消化してしまった。

五ヵ年計画は紛れもなくソ連の第一次、第二次に及ぶ五ヵ年計画に強い影響を受けたものだ。

当時の陸軍が仮想敵国をまだソ連に据えていた時期で、その経済計画がそっくり社会主義的であったことは、昭和の歴史を考える上で極めて重要なポイントといえそうだ。

時代の仮想敵はソ連から、やがて英米に向かうのだが、岸が主唱した計画経済が国家の基本理念でなければアジア・太平洋戦争は戦えなかった。

いや、ますます統制経済が重要性を増していた。

満州での業績をひっさげて、岸が東京へ戻るのは、昭和十四年十月中旬である。

帰国の途に就いた岸はもはや満州に着任したときの岸ではなかった。赴任時は商工省随一の逸材ではあったが、一介の官僚だった。

しかし、帰国する岸は一商工省を離れた日本を代表する気鋭の政治家に変貌していた。先に紹介した政治家の心得を聞けば、すでに岸が目指す目標は視界に入っていた。産業界だけではなく、満州に来たために広く各方面の人材と交誼を結んだが、とりわけ見逃せないのは異分子との交流だった。

ときに危険視されるアヘン密売者とのつき合いや満州浪人風情との飲食も気にしない剛胆なところが岸には備わっていた。

彼らにもタフに接し、しかも証拠を残さない。政治家としての条件が満州で完成していたともいえるし、言い換えれば、すでに官僚の領域を外れていた。

岸自身、認めて次のように語っている。以降の岸の政治家としての本質を見事に自分でえぐって見せている点でも記憶に価《あたい》しよう。

「確かに満州では、単純なる官僚的な基準あるいは官吏道というものは外れていたね。しかし、政治というのは、いかに動機がよくとも結果が悪ければ駄目だと思うんだ。場合によっては動機が悪くても結果がよければいいんだと思う。これが政治の本質じゃないかと思うんです」（『岸信介証言録』）

満州で働いたのが三年だった。

満州から帰って、近衛内閣の商工次官一年と東条内閣の国務大臣二年で合わせて三年、そして巣鴨拘置所に三年、さらに安保改定に向けて総理を三年余――岸の大きな節目は、この先もなぜか三年ずつやってくる。

第三章　東条英機との相剋

——悪運は強いほどいい

怪物・矢次一夫

農商務省からスタートして、満州に赴任した岸は、刮目《かつもく》すべき業績を残し昭和十四年秋帰国の途に就いた。

念願の政治家としての出発点に、いよいよ立ったわけである。

阿部信行内閣の商工次官に召還された岸は、「満州は私が描いた作品」と記者団に豪語しながら「作品」をあとにして、戦時体制下の内地に活躍の場を移す。

商工次官に着任する岸を待っていたかのように、俊敏に動き出した男がいた。

矢次一夫である。

矢次をひと言で言うのは難しいが、軍部と官僚、政治家、それに労働運動界を包括する総合商社のような人物、とでも言ったらいいだろうか。

この間の内外情勢の変動は極めて目まぐるしい。

一年半ほど前、昭和十三年五月には、関東軍参謀長の板垣征四郎が内地へ呼び戻されて第一次近衛内閣の陸相に就任し、後任の東条英機も陸軍次官として召還されていた。

十二年七月の盧溝橋事件に端を発した日中戦争が全面展開され、欧州状勢も逼迫するという国内外の緊迫した軍事情勢が背景にあった。

これを機に満州で腕前を試され、業績を残した者が順次内地の要路に立つ、という図式ができたともいえる。

十四年五月から九月にかけては、国境線をめぐってノモンハン事件が勃発、日ソ間に激しい局地戦が展開された。

わが国はそのころイタリア、ドイツとの防共協定を進展させた三国同盟を模索していたが、十四年八月、ヒトラーは突如、犬猿の仲と思われていたソ連との不可侵条約を締結し、世界を驚愕させた。

内閣は第一次近衛内閣から平沼騏《き》一郎《いちろう》内閣に替わっていたが、平沼はこの欧州状勢に衝撃を受けて総辞職、阿部信行内閣になった。

岸の帰国はそういう時期にあたっていた。

岸は傍目にも極めて政治的な官僚であったが、満州での人間関係から見れば、軍事的官僚といっても過言ではない。

万事、経済と軍事を目の両端に置きながら仕事を進めてきたからだ。

逆に、東条などは官僚的軍人として能吏だった、といえようか。几帳面さでは人後に落ちない。

その岸に目を付けたのが矢次だった。軍部と岸の接着剤がこれで一層強力になった、と周囲の者は感じただろう。

矢次がまず出向いた先は、陸軍省軍務局長武藤章の部屋だった。いかつい体躯にムッソリーニに似たサイヅチ頭を載せた男が、局長室の扉を威勢良く開けた。

永田鉄山惨殺事件以来、軍務局長室前の警備は厳重になっていたが、矢次だけは木戸御免だった。

矢次と武藤の会談に入る前に、ひととおり矢次について述べておこう。

略歴は彼の著作物などによれば、明治三十二年佐賀県に生まれる。大正十四年、労働事情調査所を設立、昭和八年、国策研究会を創立、昭和十二年以降、企画院委員、陸軍省嘱託、大政翼賛会参与その他を歴任。戦後、公職追放解除後は二十八年に国策研究会を再建し、台湾、韓国との交流のために尽力する――。

ということになっているが、評論家大宅壮一はそのような公式経歴をほとんど信用していない。

彼がかつて書いた「昭和最大の怪物・矢次一夫」(「特集　文藝春秋」昭和三十二年十月号)という一文からは、矢次の尋常ならざる横顔が浮かび上がってくる。

一介の労働者から身を起こし、昭和初期に続出した有名な労働争議の調停に片端から辣腕を振るい名を成す。

さらに、人脈は軍部中央に及び、実質的に陸軍省軍務局を動かし、いくたびかの政変を企図、演出した男——。

大宅本人が「昭和最大の怪物」と称するゆえんからまず耳を傾けよう（部分略）。

「馬鹿では怪物になれないが、悧巧《りこう》すぎてもいけない。複雑怪奇で、割り切ることができないばかりでなく、分母も分子も大きくなければならない。具体的にいうと、行動半径が大きくて、振幅の広いことを必要とする。

——この中で私は、もう一つ重要な〝怪物〟の条件を見落としていた。それは身分経歴がはっきりしないことである。

これまで私はしばしば怪物論を書いたけれど、今の日本には、スケールの雄大な、怪物らしい怪物はいないし、これからも生まれそうにないとあきらめていた。

ところが、実は一人の超怪物を見落としていることに気がついた。それがこれからのべようとする矢次一夫である」

怪物をそのように定義した大宅壮一は、かつて自分は三木武吉や久原房之助《くはらふさのすけ》を一応の怪物と見てきたが、矢次はその比ではないという。

三木は愛人の数を誇るという剛胆さをさらけだしながらも、鳩山内閣を誕生させ、保守合同の悲願を遂げたのち倒れた。

久原は戦前、田中義一内閣のスポンサーともなった鉱山王で、義兄の鮎川義介(最初の妻が鮎川の妹)とともに「政界のフィクサー」と呼ばれた。東京・白金の八芳園は自邸だった。

だが、スケールの点では矢次に勝る者はないと大宅は断言する。

共同印刷、野田醬油、日本楽器などの戦前の大争議を収め、さらに戦前、戦中と彼ほど軍部を手玉にとった者はいない。

中には矢次の人柄に傾倒した海軍特攻隊の生みの親、大西滝治郎中将のような人物もいた。

とにかく矢次の生涯を語ることは、そのまま日本の右翼、左翼、軍部、財界、学会の裏街道記となるというのだから、怪物ぶりも分かるというものだろう。

それでいて出自がはっきりしない。それも怪物の必要条件だと大宅は言う。

学歴のない青二才が丁稚奉公から身を立て、争議調停の天才と呼ばれるようになったのが『太陽のない街』(徳永直《すなお》著)で知れ渡った共同印刷の争議解決だった。

このとき、藤原銀次郎や石山賢吉とも昵懇《じっこん》になった。

その矢次が次に食い込んだのが、陸軍省軍務局だった。

昭和八年、永田鉄山の下で軍務課にいた武藤章に呼ばれ、熱海で「総合国策」なるものを合作するが、そのあたりが軍務局に深入りするきっかけとなったようだ。

昭和十二年、陸軍の嘱託になった矢次は、軍務課長影佐《かげさ》禎昭《さだあき》（最終階級中将）と親交を結び、歴代の軍務課長、軍務局長と一層の親交を深める。

余談ながらのちに汪兆銘《おうちょうめい》脱出のための工作に参謀本部から派遣された影佐禎昭の孫に、谷垣禎一（衆議院議員）がいる。

さらに矢次は、官庁と軍部横断で同志的な結合を目標とする組織を作り上げ、結束を図ろうとする。

その会合は「月曜会」と命名され、矢次自身が世話人となった。

こうしたグループを世間では「革新官僚」と呼んだが、近衛文麿を軸に進められていた「昭和研究会」と人脈が重なるのが特徴である。

この流れは、やがてマルクス主義者、あるいは転向左翼の危険人物との嫌疑をかけられ、「企画院事件」へと発展する。

まずはその端緒たる「月曜会」と岸、矢次の関係を見ておこう。

昭和十三年から十五年にかけて、日本は転向左翼も転向右翼も入り乱れたまま、天皇制社会主義の色彩ばかりが濃くなり、物情騒然としていた。

「月曜会」

中国大陸の戦線が拡大し、一方では満州の建設が進められる。

この段階では陸海軍といえどもまだ米英戦争をやろうとは考えていなかったが、国防国家を建設しよう、そのためには貿易の管理や経済統制が必須条件だ、ということで、矢次が同志の結集を画策した。

同志連合の発足当時を振り返って矢次は概略、次のような発言をしている。

「国防国家が全体的な国策にはなっていなかったが、そういうグループはありました。

当時の企画院の秋永月三、毛里《もうり》英於菟《ひでおと》や迫水久常《さこみずひさつね》といった、いわゆる革新官僚たちです。

彼らは岸さんが帰ってきたというので、歓呼して迎えた。

それと十四年の秋には陸軍の武藤章が北支参謀副長から軍務局長になって帰国している。

そこで岸さんを中心に何かやろうではないかというので、秋永とか、陸軍省の軍事課長岩《いわ》畔豪雄《くろひでお》、大蔵省の谷口恒二、農林省の重政誠之、鉄道省の柏原兵太郎といった連中が十数人集まって、月曜会という革新官僚の会を作った。

ここで月曜日に政策論議がたたかわされ、翌火曜日が閣議の日なのです。あるものはストレートに閣議の席に出て、だいぶ問題を起こしたことがある」（『岸信介の回想』）

こうして昭和十四年十月中旬に結成された「月曜会」は、矢次が世話役となって毎週月曜日の正午から二時まで開催されるようになった。矢次が武藤の部屋を訪れた理由はその打ち合わせだった。

矢次が書き記している主要メンバーは次のとおりである。

陸軍省　武藤章、河村参郎、岩畔豪雄
商工省　岸信介、椎名悦三郎、美濃部洋次
大蔵省　谷口恒二、迫水久常
鉄道省　柏原兵太郎
逓信省　奥村喜和男
企画院　秋永月三、毛里英於菟

岸と谷口は次官、武藤、秋永が少将、あとは局長、課長級だが、いずれも革新官僚といわれる代表的な顔ぶれだった。

いつも会合に利用していた陸軍御用達の店「宝亭」の二階で、河村参郎大佐のシンガポール出征壮行会が催された。

その一夜のことを、岸はよく記憶している。

仲間内の将校数名も加わってにぎやかな壮行会の座になった。

河村は軍務局でよく武藤を補佐して、苦労が多かったが、「これで、さっぱり死ねます」とばかりにお別れに歌を歌いたいという。

岸も矢次も、いまさら軍歌なんかご免だよと手を振って断ったが、どうしても聞いてくれとせがむ。

酒席の浴衣を尻ぱしょりして河村は歌い、踊った。


よその畑にちょいと鍬入れて、あとで手を焼く　やっこらさのさ

河村はどんちゃん騒ぎをして酔いつぶれたまま出征したが、シンガポールで戦後、戦犯として絞首刑の悲運に会した。

岸が会うことは二度とかなわなかった。

官僚や軍人にして「月曜会」は極めて政治的な影響力を行使し、「裏の内閣幕僚会議」（矢

次の言葉）のような役割を演じて気炎を上げていた。

阿部内閣をはじめ、次々と短期で終わった内閣は、彼らの横やりで潰されたようなものだったと、矢次は言う。

平沼騏一郎が七ヵ月、阿部信行が四ヵ月、あとを襲った米内光政は重臣や天皇からの覚えもめでたく、安定政権かと思われたが半年の命だった。

そこで、第二次近衛内閣への国民的待望論が熱し、西園寺公あたりからの推薦もあって、大命が降下した。昭和十五年七月二十二日である。

ここまで、岸は阿部内閣の商工次官に引き続いて、米内内閣でも藤原銀次郎の下で次官を務め、今回も近衛文麿から大臣入閣を要請された。

組閣会議は近衛の自邸荻外荘《てきがいそう》で行われ、外相に松岡洋右、陸相に東条英機、海相は吉田善吾と順次決定されていった。

松岡は岸の自宅を訪ね、「近衛さんはお前を企画院総裁にして国務大臣にするというんだが、受けないか」と言ってきた。

松岡は元来が新聞記者を派手に連れ歩き、派手に書かれるのを嫌わない質《たち》だった。中野の小さな岸の家は、記者でごった返す騒動だった。

だが、岸は「それは星野さんのほうが適任だ」として辞退する。

それではと翌日再び松岡が使者に立って、「商工大臣ならどうだ」と請われたが、これも辞退してしまう。

岸は言う。

「私がいま商工大臣になれば、あたかも抜き身をひっさげて舞台に登場したような感じを財界に与えてしまうだろう。自分は事務次官として残りたい」

実際に岸が腕を振るっていた国家統制経済、つまり戦時体制の強化策に対して財界は一斉に反発する危惧があった。

岸は実業界の反発を十分に感じていたので、「戦争でも始まった、というのなら別だろうが、今はまだそういう時期ではないだろう」と叔父の説得をやんわりと断っている。

ついには近衛から荻外荘に呼び出しがあって、「君にやってもらいたいと思ったが、では、誰がいいだろうか。小林君ではどうか」と聞かれたので、「小林さんのことは存じませんが、特に異存もありません」と岸は答えた。

そういういきさつで、商工大臣には阪急電鉄や宝塚劇場などの興業界で成功し、自由主義経済の旗手でもあった小林一三《いちぞう》が就任した。

岸は表には立たず、三度目の商工事務次官に就き、これでコトは収まったかに見えた。

だが、小林一三と岸の破綻は思いのほか早く訪れる。

国防国家施策をめぐって、ふたりの亀裂は収拾がつかないほど深まってゆく。

企画院事件

「岸の企画案はアカである」

小林は就任して間もないある日、工業倶楽部で講演をし、いきなりそう切り出し、岸を「アカの官僚」と断定した。

関係者の狼狽《ろうばい》もさることながら、岸も黙って見逃すわけにはいかなくなった。

これがきっかけでいわゆる企画院事件に発展するのだが、コトの発端から振り返っておこう。

商工大臣の椅子に座ったばかりの小林一三は、岸がこれまですでに上官と幾度も喧嘩をしては、相当に荒っぽい統制経済政策を通してきた話を聞き込んでいた。

その小林は関西財界を中心に「岸をやっつけろ」と気合いを入れられてきたせいか、初対面の日から、いきなりこう切り出したという。

「岸君、世間では僕と君とは性格が同じようだからケンカするだろうといわれているが、僕は決して君とはケンカはしないよ。僕は若いときからケンカの名人で、いかなる場合でもケンカで負けたことはない。

君と僕がケンカをして勝ってみたところで、あんな小僧と大臣がケンカしたといわれるだけでちっとも分がない。負けることはないけど、勝っても得がないケンカはやらないよ」


（『岸信介の回想』『巨魁　岸信介研究』）


次官を呼んでの初めての挨拶がこうだった、と、岸は笑いながら矢次に話した。

「私もそれは大変結構な話で、そういうことなら仲よくやりましょう」と答えておいた、という。

この対面の直後、小林は蘭印（現インドネシア）への経済使節団訪問のため出張で留守になった。

その間に、岸は産業統制に関する「経済新体制確立要綱」という案を企画院でまとめ上げてしまう。

その要綱も、もとはといえば近衛新体制の骨格で、大蔵省や商工省、企画院が中心になってまとめて提出したものである。

ところが、帰国した小林がこれを見て、「ワシの考えとは大違いだ」と激怒して、工業倶楽部での「岸はアカ」の発言につながった、という次第である。

「アカ」呼ばわりされて、黙っている岸ではない。

だが、その前に企画院についての説明が必要だ。


企画院についてその実態を仔細に解明し始めれば、ほぼ戦前の日本の国家体制を解析するのに等しい大事業となってしまうかもしれない。

岸が是非総裁に、とまで一度は言われた企画院とはいったいどんな役所なのか、簡略ながら見ておこう。

その前身は昭和十（一九三五）年に設置された内閣調査局に始まり、「重要産業統制法」などを通じて調査局の権限が強化されてきた。

二・二六事件などによる陸軍統制派の支配力もあり、十二年十月には内閣資源局と統合されて企画院として独立する。

盧溝橋事件、支那事変の拡大に伴う重要政策の企画立案、軍事物資の供給、動員を担う役所として、各省庁に統制経済を実施させるおおもととなったのである。

さらに大東亜戦争が激しさを増す昭和十八（一九四三）年十一月になると、商工省の大半が吸収され軍需省に一本化される。

つまり、戦争遂行のための経済頭脳集団と考えていい。

初代大臣には東条英機が首相と兼任、そして次官には岸信介が国務大臣で就任した。

役人、軍人の出入りは激しいが、主力人材には東条、岸以外にはこれまでも満州建設で名を馳せた椎名悦三郎、美濃部洋次、毛里英於菟、星野直樹、さらに迫水久常、植村甲午《こうご》郎《ろう》、周《す》東《とう》英雄、竹本孫一、高橋亀吉、軍部からは武藤章、鈴木貞一といった革新官僚、幕僚が挙げられよう。

企画院にはもともと各省から選りすぐられた気鋭の少壮官僚が集められたが、中にはソ連の五ヵ年計画に強い影響を受けた者、学生時代からロシア革命に教化されたまま入省したエリート官僚、またはその転向者などが集っていたことが、やがて事件の引き金ともなったことは事実だろう。

陸軍中将で開戦時に企画院総裁となった鈴木貞一は岸との個人的な親交が深かったこともあり、戦後の保守政治界の「ご意見番」と目されていた。

企画院は昭和二十年の敗戦とともに廃止されるが、大蔵省や通産省、経済企画庁などに主力が分散され、戦後経済の復興プロデューサーとして生き残ってきた歴史がある。

さて、小林一三に「アカ」呼ばわりされ、怒った岸が小林に詰め寄った。

上司にはめっぽう強く、人には頭を下げないのが岸の流儀だ。

「アカの思想とはどういうことだ。一私人小林一三がアカの思想だといわれようと何といわれようと問題はない。が、あなたは商工大臣だ。国務大臣として民間にそういう発言をされるとなるとこれは大変だ。一体、アカの思想の根拠は何で、誰がアカなのか。あの決定をしたのがアカだというのなら、それは企画院でただでは納まりませんよ」

（『岸信介の回想』）

小林はあれこれと相談相手に知恵を借り、岸に辞職を迫る決意をした。

ちょうど岸が風邪をひいたとして役所を休んだ日に、小林は中野の岸邸まで足を運び、「辞表を出してくれ」と迫った。

だが、岸は顔を出さず、応接間と寝室の間でしばらく筆談のやりとりをした揚げ句、遂に岸は玄関払いを食らわせた。

「宝塚のお嬢ちゃんじゃあるまいし、人を馬鹿にしやがって」

岸は憤懣やるかたなかったが、任命者でもある近衛に電話をかけて裁断を仰いだ。

発端が十五年八月のことであり、秋も過ぎ、困り果てていた近衛は、岸にこう言った。

「そうですね、大臣と次官が喧嘩をしてもらっては困りますから、そういう場合には、やはり次官に辞めてもらうほかないでしょうね」

これには岸も落胆し、馬鹿馬鹿しくもなってすぐに辞表を提出したのである。十五年十二月二十八日の御用納めに辞表提出、依願免職は御用始めの十六年一月四日付である。

さっぱりした性格の岸は、天下晴れて浪人となった身の軽さから、年末年始を伊豆・川奈ホテルに滞在、ゴルフ三昧で過ごす。

さらにせっかくの自由時間を無駄にしたくないと、満州旅行を思いつき、実行した。以下、岸が巣鴨獄中にあって書き留めた記録から藉《か》りたい（部分略）。

「四月出発、中支より北支満蒙疆《きょう》（引用者注・疆は現新疆ウイグル自治区）の視察に出掛けることにした。独り旅の日程に縛られぬ、又、特別の目的もなき遊山旅行で、すこぶる愉快であった。

また、満洲は昭和十四年秋在満三年の思ひ出を以て大連埠頭に別れてから一年半ぶりの再遊である」

（『岸信介の回想』、資料9「断想録」）

辞任事件が突発的だったためだろうか、実はこの旅行前から中野を引き払い、新居建築のプランが立てられていた。

近衛内閣の商工次官と決まってすぐに決めたことかもしれないが、広壮な新邸建築が主の留守中に進められたのだ。

岸が満蒙旅行中のことである。自由主義経済の聖域を死守した小林一三は、十六年に入ると間もなく、企画院内部の大掃除に入った。

先に企画院が発表した「経済新体制確立要綱」が小林商工相をはじめ、財界から共産主義思想の産物として攻撃され、治安維持法違反容疑で多くの検挙者が企画院内部から出た。原案の作成に加わった高級官僚、稲葉秀三、正木千冬、佐多忠隆、和田博雄、勝間田清一、和田耕作ら十七名が検挙された事件に発展するが、一般的にはこれを企画院事件と呼ぶ。矢次は、周辺逮捕で終わったが、「本当の狙いは岸の逮捕ではなかったか」と語っている。

「企画院事件は狙いは新経済体制で、元凶は岸だというので、岸さんを引っ張ろうとする計画が確かにあった。美濃部、迫水といった諸君が何かの口実で警視庁に呼ばれ、当時私は両君から聞いた」

（『政変昭和秘史』下）

この騒動でここまで積み上げてきた統制経済の地盤が崩壊して、もっとも頭を痛めたのは軍部だった。

おそらく軍務局長の武藤章が動いたのだろう、矢次一夫に処置を頼んで小林一三を追い落とす算段を講じた。

そのいきさつについても、大宅壮一が裏事情に詳しい。


「軍としては、このままておいたのではせっかく軍の傘下に吸収した新官僚がソッポをむくというので、小林一三を内閣から追い出すことになった。

まず近衛にせまって小林をやめさせようとしたが、小林はやめるといわない。そこで、この仕事を買って出たのが矢次である。

たまたま、やはり企画院新官僚の和田博雄の主催する『木曜会』という経済研究会でつくったソ連式の統制経済案が、工業倶楽部でプリントして極秘に配られていた。

その出所を調べたところ、小林が渡辺銕蔵《てつぞう》（統制経済反対論の財界人、戦後、東宝社長など）にもらしたことがわかったので、〝国家秘密の漏洩〟ということで小山亮《りょう》代議士をつかって国会で小林を追及し、ついにツメ腹を切らせたのだが、この膳立はすべて矢次がやってのけた」

（「特集　文藝春秋」昭和三十二年十月号）

盟友岸の憤怒に矢次がひと役買って出たようにも見えるが、実は小山代議士は岸とはかねてより気脈が通じた仲であり、岸と矢次、武藤の三者による小林追放劇だった。

東条首相の秘書官だった赤松貞雄が記した『東条秘書官機密日誌』にも同様の記述が見られ、大宅の言い分が裏付けられる。

上役にはめっぽう強い岸があらためて認識された事件でもあった。

小林一三は辞任直後、「大臣落第記」という一文を雑誌「中央公論」（昭和十六年五月号）に発表し、鬱憤を晴らしている。

だが、「ケンカの名人」対「上司に強い」両者の決着は、岸に軍配が上がったようである。

松岡洋右の一分

昭和十六年の八月はひときわ暑い夏を迎えていた。

淀橋区柏木（現新宿区北新宿）に建築していた屋敷が、岸の留守中に完成していた。浪人中に家の新築というのも剛毅である。

家ができたら家族と自分の荷物だけは先に中野から転居させ、岸自身は満州から帰国した七月初旬、身ひとつで旅装のまま新居入りしたのである。

正式な地番は柏木町三丁目四二九番と記載がある。戦前は淀橋第七小学校裏手にあたる、広大な角地で、神田川も近い。

庭には広い芝生が生い茂り、刈っても一週間もすればまた伸びた。

芝生を囲むように各種の樹木が植え込まれていたが、陽当たりのいい庭の芝はすぐに伸びる。

岸はひとしきり芝刈りに汗を流すのを、むしろ楽しみとしていた。

大正十二年の震災直前に初めて自分の家を持ったのが、中野だった。

良子とお披露目のための祝言を挙げ、四年目にはささやかな家を持ち、一男一女に恵まれ、その家から満州へ赴任したのだった。

小林一三との一騎打ちを終え、役所を辞したあと、春になるのを待って中国大陸奥地への視察旅行に出て、気分は一新していた。

娘の洋子は芝刈りを楽しむ父の姿を今でもよく覚えている。

「そうなんです、やっと広い家に住めるようになったので芝を植えましてね。お役所に出かける前や、休みの日にはランニング姿になってひとりで黙々と芝を刈っていました。

重い園芸用のハサミでぱちぱちと刈るんですが、今思うと何か時局のことでも考えながらやっていたんでしょうかしら」

そうだった。岸の頭の中にはこの半年あまりの日本をめぐる情勢が目まぐるしく思い起こされて、じっとしてはいられなかった。

せめて、芝刈りに精を出していたかった。

無役になってみれば楽かといえばそういうものでもない。

岸はハサミの手を休めて汗を拭いながら思いをまとめていた。

昨年秋に三国同盟が締結されたあと、叔父の松岡外相はモスクワに寄ってスターリンと肩を抱き合って意気投合してきたと、自慢げに話していたものだ。

その結果、日ソ中立条約が調印されたのはついこの四月のことだ。

「うまくすれば、三国同盟は四国同盟になって、アメリカが参戦することはありえなくなるさ」

だが、叔父が帰国したときに、日米交渉はすでに困難を極めていた。

野村吉三郎海軍大将が大使として赴任、ハル国務長官と昨年来の懸案だった「日米諒解案」を検討していたが、一進一退、目新しい進捗は見られない。

野村の希望もあって応援として陸軍省軍事課長の岩畔《いわくろ》豪雄《ひでお》大佐を米国入りさせて交渉にあたらせていたが、松岡外相は交渉内容自体に強硬な反対意見を吐いていた。

そんな折りから、一度は独ソ不可侵条約を結び手を握ったはずのドイツとソ連の間で戦争が始まってしまった。ヒトラーによる奇襲攻撃である。

それが二ヵ月ほど前の六月末だった。

加えて七月には南部仏印（現ベトナム）への進駐が決定され、米国は鉄屑の禁輸に加え、石油の全面禁輸に踏み切った。

松岡外相の当初の見込みとはまったく反対の方向に事態は動いていた。

だが、松岡は動じなかった。

「おい、信介な、オレは大本営政府連絡会議で言ったのだが、今こそ南方にいる兵を反転させて、断乎《だんこ》ソ連を攻撃すべきだとな。お前はどう思うか知らないが、ことここに至って南進論は国を滅ぼす、北進してソ連をドイツと挟殺すればいいのだ」

ちょっと前には中立条約を結んできて、胸を張っていた叔父が、いきなりソ連を討てと言いだしたのだから、さぞかし閣僚たちも驚いたことだろうと岸は思ってみた。

南進論を譲るはずのない東条陸相などは、松岡の頭が狂ったのではないかと言ったと、岸の耳にまで入っていた。

だが、叔父は最後になって、素晴らしい発案をしたのかもしれない、と岸も気にはなっていた。

もしもあのときに、松岡の言うように反転ソ連を討てば日独でソ連を倒せた可能性は高かった。

少なくとも表向きには反共を掲げているアメリカは戦争目的を失ったのではなかったか、と。

もう遅いが、アメリカの条件だった「太平洋の平和の保証」と「仏印進駐の撤退」を呑んで満州国境へすべての軍を移せばよかったのだ。「支那大陸からの撤兵」だって、ソ連と戦争となれば南支那なんかにはいられないから、問題は解決する。

東条の面子も十分立てた上で、こんな名案はなかったように思えるが、「歴史には、もしもはないからな。松岡の叔父の提案は国難を救ったかもしれないがあの性格だからなあ、長州人の血だ」と呟くように言って額の汗を拭いた。

甥の岸から見れば、松岡にも一分《いちぶん》の理はあったと言いたかった。

「あの性格」——実際、妥協のない松岡のソ連挟殺案は周囲からは奇矯扱いされた。

独ソ開戦直後、松岡は天皇にいきなり単独拝謁し、「今こそ日本はドイツと協力してソ連を討つべしです」と奏上したのである。

天皇は大いに驚き、「松岡のやり方では果たして統帥部と政府と一致するかどうか。国力から考えて果たして妥当であるかどうか」と憂慮した。

松岡の弱点は、あくまでもドイツの一方的勝利を前提にし過ぎていたことと、人の意見を聞かないで喋りまくるというややエキセントリックな性癖にあった。

近衛はもとより、東条すらも松岡には頭を悩ませ、最後は松岡を切るために総辞職を敢行する。

近衛は第三次近衛内閣を組閣、豊田貞次郎（海軍大将）を外相に充てた。野村駐米大使（海軍大将）との連携を考え、外務省以外から選んだものの、補強策にはほど遠かった。

九月六日に「帝国国策遂行要領」を議案にして御前会議が開かれた。

日米の外交交渉を最後まで続け日本の要求貫徹に努めるが、「十月上旬」になっても目途なき場合には「対米英蘭開戦の決意」をする——骨子を煎じ詰めればそういう内容であった。

東条陸相自身は対米戦争も辞さない、との主戦論者だったが、いったんは外交交渉の結論を待つこととなった。

近衛首相はおそらく生涯でもっとも精魂を込めて対米交渉に当たったと思われたが、希望をつないだルーズベルト大統領との直接会談は遂に成立しなかった。

今日から考えてみれば、ハル国務長官の側近にはハリー・デクスター・ホワイトを筆頭にしたコミンテルンの影響下の諜報部員が多数潜り込んでいたわけだから、首脳会談がセットされるはずがなかった。

そのホワイトがいわゆる「ハル・ノート」の原案を書いた人物だった事実が分かったのも、ごく近年になってからのことだ。

一方で、中国大陸からの撤兵という米側の条件を、東条陸相もかたくなに拒絶した。

東条陸相は近衛首相に、

「人間、ときには清水の舞台から目をつぶって飛び降りることも必要だ」（『近衛日記』）と言ったが、「乾坤一擲《けんこんいってき》とか国運を賭してとか、壮快は壮快だが、前途の見通しも付かぬ戦争など始めることは軽々にできることではない」（同書）として、近衛は辞職の腹をくくった。

昭和十六年十月十六日は朝から夕刻近くまで、官邸の日本間で近衛が個別に閣僚を呼び込み、辞表をとりまとめていた。

午後五時、近衛は参内し、「重責を全うすること能《あた》わず恐懼《きょうく》の至りに堪えず」と天皇に辞表を捧呈した。

東条内閣

近衛が退陣したあとをどうすればいいのか、この難局を乗り越える内閣については議論百出だった。

なかには東久邇《ひがしくに》稔彦《なるひこ》王などの皇族内閣をいただかなければ国難打開は無理ではないか、との声まで上がった。

最後の元老西園寺公望《きんもち》が前年昭和十五年末に没しているので、次の首相を推挙する手続きは、重臣会議を経た上で、内大臣木戸幸一が天皇に上奏するのが手順となっていた。

木戸は昭和四年、商工省から近衛文麿の抜擢で内大臣府に移籍、秘書官長に昇った。その後は文部、厚生、内務各大臣などを歴任したあと、十五年、内大臣に抜擢され、天皇の側近として宮中政治の実権を握っていた。

内大臣とは天皇の「御璽《ぎょじ》」を保管するのが主務だが、人事のための内奏もしばしば伴う重職である。

九月六日の御前会議の内容を熟知していて、なおかつ陸軍からの反発を抑えられる人物——木戸はその条件にかなうのは東条ひとりしかいないという腹づもりでいた。


十月十七日午後一時、宮中西溜の間で重臣会議が開かれ、岡田啓介と若槻礼次郎だけが東条に反対し、進行役の木戸内府の東条推挙を軸に、もめるまでもなく決まった。木戸の役割は小さくはなかった。

重臣会議とは内閣総理大臣経験者と枢密院議長の構成とされており、この日は、若槻礼次郎、岡田啓介、広田弘毅、阿部信行、米内光政、林銑十郎、清浦奎吾《けいご》ら元首相七名（近衛文麿は東条で諒解と文書回答）と原嘉道（枢密院議長）が出席した。

東条本人はだいぶ驚いた様子だったというが、陸軍省は意気盛んだった。

そこでいよいよ組閣開始となった。

自宅にいた岸のところに東条から電話がかかってきた。ふたりのやりとりはおおむね次のようなものだった。


「岸君に商工大臣になってもらいたい」

「日米関係が困難になっているし、商工省は軍需産業に関係しているので、できるだけ戦争を回避するとか、そのご方針を聞かないとお引き受けできない。これからうかがいましょうか」

「私は組閣で忙しいから、待ってくれ。君の心配については最後まで戦争をしないつもりで日米関係を調整するつもりだ。

だから、いま君が戦争になるということを前提にして商工大臣を引き受ける必要はない。

しかし、情勢でどういうことになるかわからない。そのときはそのときで、君も商工大臣になった以上は、情勢が変わったらその覚悟をしてもらわなけりゃいかんが――」

官邸の組閣本部との電話のやりとりはそんな具合だったと、岸は語っている（『岸信介の回想』）。

ほぼ同じ時刻、陸軍省軍務局長の武藤章（十六年、中将に昇格）は組閣名簿を作成し東条に差し出していた。

名簿作りの参謀は矢次一夫だった。

矢次が明かす組閣の鍵は、岸を内閣書記官長に据える一点にあった。

東条に名簿を提出したものの、武藤は却下されて帰って来た。

武藤から説明を聞いた矢次の談である。

「軍務局長の提出した名簿では、岸さんは内閣書記官長になっていた。それを東条に持っていったけれど、軍務局長は陸相の幕僚長ではあるけれど総理大臣の幕僚ではない、という東条流の理由で却下された。

満州国総務庁長官の星野を書記官長、組閣本部長にするといって聞かなかった。

このとき武藤は、陸軍省としては星野には絶対反対であると強硬に言ったらしい。もともと武藤は三国同盟にも消極的で、日米開戦にはもっと反対という立場だったから、この一件で東条との関係を悪化させ、やがて追い出される原因となった」

組閣直前、矢次は武藤軍務局長、佐藤軍務課長らと組んで東条新内閣のための戦略を立てた。

その詳細に関しては、このあと「東条と岸」の項でさらに述べるが、とにかく初動段階で岸書記官長案は相手にされず、東条は星野一本に絞って譲らなかった。

星野直樹はあらためて説明するまでもないが、大蔵省から「第一の人物」として早くから満州へ派遣され、行政のトップに就いて満州の行政全般を統括した実績を持つ。几帳面で抜群の記憶力の持ち主だったため、在満時代から東条はひときわ目をかけていた。なにしろ東条はメモ魔で、手帳なしには話ができない、と陰口を叩かれるほどだったから、メモがいらない記憶力抜群の星野ほど心強い助っ人はいなかっただろう。

生年は岸より四年ほど早い生まれの明治二十五年で、東京帝国大学法学部卒、大蔵省入省という、エリート官僚の表舞台を歩いてきた。

満州から帰国後は、東条内閣の書記官長として東条退任に至るまで側近として尽くしたのち、戦争終結に伴い、A級戦犯容疑者として逮捕、起訴され終身刑を宣告された。「二キ三スケ」の一角を占め、とかく岸と比較される経歴を辿ったのは運命のいたずらだろうか。

釈放後は東京ヒルトン副社長、東急電鉄取締役、ダイヤモンド社会長などを歴任したものの、岸との縁が薄かったのはふたりの関係が必ずしもウマが合うとはいかなかったせいだといわれる。

木戸は十七日午後になって奏上のため参内し、「東条が大多数の支持を得、反対論はなく議論は尽くされた」と重臣会議の模様を天皇に奏上した。

星野を書記官長として組閣を完了させた東条は、九月十八日、天皇からのお召しを受け大命降下、「東条陸相を現役に止むるの件と、大将に昇任の件」が下されたのである。

東条が内閣総理大臣と陸軍大臣、内務大臣を兼任するという権力集中型の内閣となった。また、陸軍中将の任期がまだ多少残っていたが、臨時措置として繰り上げ大将となった。海軍大臣の島田繁太郎が大将であることを踏まえた措置でもある。

以下、東条内閣の主要閣僚を列挙しておこう（昭和十六年十月十八日〜十九年七月二十二日）。

総理大臣　東条英機
外務大臣　東郷茂徳↓谷正之↓重光葵
内務大臣　東条英機↓湯沢三千男↓安藤紀三郎
大蔵大臣　賀屋《かや》興宣《おきのり》↓石渡荘太郎
陸軍大臣　東条英機
海軍大臣　嶋田繁太郎↓野村直邦

商工大臣　岸信介→東条英機
農林大臣　井野碩哉《いのひろや》→山崎達之輔
軍需大臣　東条英機（十八年十月十八日〜十九年七月二十二日）
国務大臣　岸信介（十八年十月十八日〜十九年七月二十二日）
内閣書記官長　星野直樹
（軍需省は昭和十八年に商工省の大部分と企画院を統合する形で設置された。大臣は東条内閣終了時まで東条が兼務、次官には岸が国務大臣のまま就任。その間、商工相は東条が兼務）

悍馬の商工大臣

岸は初入閣で、しかも最年少の閣僚だった。

十月十八日、四十五歳の誕生日を約一ヵ月後に控えた、四十四歳での入閣の朝、親任式に臨むために自邸を出る岸を見送る家族の写真がある。

岸はモーニング姿にシルクハット。やや緊張気味に唇を固く結んでいる。

すぐ横に義母のチヨが、威儀を正し毅然とした表情で立っているのは、いかにも「これにて岸家の面目もようやく立った」と言っているようにも見える。

午後四時、親任式を無事終了した閣僚たちが、官邸で軍服姿の東条を中心に記念写真に収まっているが、表情は全員が硬い。

難航する日米交渉と、同時進行せざるを得ない開戦準備を思えば、緊張の糸がほぐれないままの出陣式もやむを得ない。

親任式の翌朝十九日は、快晴の日曜日だった。

庭下駄を履いて芝を踏みしめていた岸は、秋の日差しが長く差し込む和室で文机に向かう洋子を認め、目を細めた。

洋子は硯と墨を卓の横に置き、書道に集中していた。

硯石は岸が新京から土産に買って帰った端渓の逸品だ。自らも書が好きで、暇さえあれば満州でも漢詩を書いて愉しんだものだった。

いま、娘が見よう見まねとはいえ書に熱中してくれるのは、父親にとっては何ものにも代え難い至福に思われた。

「おい、みんなで記念写真を撮ろう」

岸は洋子の背中に声を掛けると、次いで、秘書たちに応接間で全員の記念写真を撮る準備をさせた。

女たちはみなが着物を着て正装で集まった。洋子は祖母が手伝って振り袖を着せたせいか、十三歳という年より一段とあでやかに見える。

信和は来年京都大学を受ける受験勉強中で、学生服姿、岸も着物だ。

岸、良子、義母のチヨ、信和、洋子の五人が、みなにこやかな笑顔で揃った写真は珍しい。

しかし、この柏木の新築の家には、間もなく終戦となる昭和二十年五月には空襲で焼け落ちる運命が待っていたのだ。

木戸幸一は明くる二十日（月曜日）朝、出勤してから始まった感動を次のように記した。

「午前九時　岸（信介）商相挨拶に来訪、面談。十時四十五分より十一時半迄、拝謁す。内閣更迭につき余の尽力に対し優渥《ゆうあく》（引用者注・ねんごろな）なる御言葉を拝し、真に恐懼《きょうく》す。

今回の内閣の更迭は真に一歩を誤れば不用意に戦争に突入することとなる虞《おそ》れあり、熟慮の結果、之が唯一の打開策と信じたるが故に奏請したる旨を詳細言上す。

極めて宜《よろ》しく御諒解あり、所謂《いわゆる》虎穴に入らずんば虎児を得ずと云ふことだねと仰せあり、感激す」

（『木戸幸一日記』下）

この「木戸日記」を自ら進んで後年、東京裁判に提供した木戸の心中には「熟慮の結果、之が唯一の打開策」であり、しかも、天皇ひとりの責任とはならない証拠になり得る、と判断したからに相違ない。

東条に決定したいきさつは、日記を通じて連合国側に理解され、自分の役割はほんの小さなものに過ぎなかったと分かるだろうと。

いくつもの難題を抱えて、ともかくも東条内閣は動き出した。

岸が大臣になってまず手始めにやったことは、省内人事の若返りだった。

何しろ岸はまだ四十五歳、たいがいの局長よりは若い。そこで局長以上を集めて、開口一番、岸は言い放った。

「今は非常時である。自分は死を決して大臣を引き受けた。私の先輩もあるいは同僚の人も、私のそういう面を助けてやろうという気持はあるだろうけれど、私の方から言えば、どうしても先輩や同僚には遠慮が出てしまう。だから、そういう人には全部やめてもらって、後輩だけで遠慮なく命令できる体制を作りたい」

東条内閣には四十代の閣僚が岸以外にも、賀屋興宣、井野碩哉（農相）がいたが、このような剛胆な人事はない。

後日、岸が語った真の理由とは、先輩を排除するのは二の次の目的で、何としても実現したかったのは子飼いの椎名悦三郎を次官に抜擢したかったからだという。

椎名を次官にして、思う存分仕事をやらせるには大胆な入れ替えしかなかったのだ。

椎名以外には、神田暹《こうだすすむ》を総務局長、豊田雅孝を振興部長、美濃部洋次を総務課長、そして菱沼勇を貿易局長官にするという具合に主要ポストを岸人脈で押さえてしまう。

世にいう「革新官僚」の勢揃いだった。

こういうときの岸の決断と実行力は、あたかも悍馬《かんば》をみるような気性だった。

後年、弟の佐藤栄作が「人事の佐藤」と呼ばれるようになるが、それは人心の掌握術に長け、政権の求心力を維持し続ける術をそう評されたもので、兄とは違う。

将来の総裁候補者だった田中角栄、福田赳夫、中曽根康弘、三木武夫、大平正芳、宮沢喜一、竹下登といった幹部を適当に要職に就けては乗りこなしていた。

それから見ると、岸の人事はときに牛刀で鶏を切るように非情かつ遠慮会釈もないように見える。冷淡といってもいい。

一方で、椎名をはじめ満州時代から苦楽をともにした美濃部洋次やかつての商工省仲間を岸は軍需省にまで連れてゆき、面倒を見た。

岸に備わった両面性については、前にも述べたとおりである。

アメリカ国務省は先にも述べたように、対日交渉を本気で解決する気はなかったといってよい。

十一月二十六日になると、それを決定づけるような文書「ハル・ノート」が手交された。いわば最後通牒としか読めない文書を出すことで、アメリカは日本を挑発し、到底呑めない案を出してきた。

支那大陸と仏印からの全面撤退、三国同盟の破棄などが盛り込まれた「ハル・ノート」の処理をめぐって数日が費やされた。

十二月一日に開かれた御前会議の議題は「対米英蘭開戦の件」であった。

国務大臣の全員、統帥部両総長と両次長、枢密院議長、内閣書記官長、陸海軍の両軍務局長が御前会議に列席して、開戦が決定された。

戦時経済に向けて、ここまでにもさまざまな法案が通過し、重要産業の組織統制が図られてきた。

岸がやらねばならないことは、産業経済のあらゆる分野で総力戦態勢の確立と強化であった。

たとえば「重要物資管理営団法」によって物資の貯蔵、配給、管理の統制が行われた。

さらに「重要産業団体令」という法案も成立し、各種の統制会を組織化する国民運動が発揚されていた。

これらを統括するのは岸の責任であり、軍部による軍事作戦と並行した戦略として位置付けられていた。

こうした一連の統制経済は、大東亜共栄圏内での自給自足を促し、圏内相互の経済的な結合体を組織して持久戦に備える態勢作りでもあった。

岸が構築した経済産業の統制化運動は、いわば、岸自身が軍服を着ないまま軍事物資の補給、動員などの軍事分野に手を突っ込んだようなものだった。

陸軍省軍務局長は武藤章（十月に中将進級）で、矢次一夫との関係は深いし、岸を書記官長に推挙したのも武藤だった。

このころから東条と武藤の間にすきま風が吹き始めた。

武藤が三国同盟に消極的だった件や、日米開戦にも東条ほどの主戦論者ではなかったことなどはふたりの関係を悪化させたであろう。

かつては東条陸相の最大の理解者で補佐役だった武藤軍務局長が、東条内閣成立以降、微妙に感情のズレが表面化するようになったままスタートした、というのが実情だった。

それが、開戦直後の快進撃のさなかである。

十七年三月、東南アジアを視察一巡して羽田に戻った武藤は、「近衛第二師団長（引用者注・スマトラ島メダン）に栄転の命」を受けることになる。師団長は栄転ともいえるが、ていよく中央から追われたのだ。

赴任先の北スマトラからさらに転進、最後は山下奉文第十四方面軍司令官の参謀長としてマニラ郊外に赴任、東京裁判で絞首刑を言い渡される運命の原因となった。

星野を推さなかった一件をきっかけとして、東条はきっぱりと武藤を斬り捨てた。

武藤のあとには軍務課長だった佐藤賢了が就き、そのまま東条側近として最後まで仕える。

武藤が絞首刑となり、佐藤賢了は終身刑だったという東京裁判の判決結果にはもとより理解しにくい面があるが、佐藤は開戦の詔書に署名していない、あるいは、開戦時の軍務局長ではなかった、などの理由は考えられる。

また、武藤がマニラで山下奉文を支えたことがマッカーサーの逆鱗に触れたとの解釈もあろう。

話を岸に戻せば、そうした軍務局長間の問題がある中で、岸のやった「軍事物資補給活動」は、背広姿で堂々たる軍務局長の役割を果たしていたことになる。

企画院総裁の鈴木貞一中将がしばしば「背広を着た軍人」と呼ばれていた例にならえば、

岸は肩章こそないものの背広の軍務局長だった、といっても過言ではない。

軍務局長は通常少将で就任する。

次官が肩章の星二つの中将格、大臣といえば星三つの大将だから、何かにつけて遠慮はない。

その岸は演説会などをフル活用して統制経済論をぶった。

十六年秋に行われた「鉄鋼統制会」の責任者が集う席上での講演から、その要旨のみ引いておこう。

「重要産業統制法」成立によって、とりわけ鉄鋼や石炭、自動車などの主産業は統制の核心とされた。演題からして熱気が違う。

「国士たる経済人たれ

鉄鋼統制の運営がその宜しきを得るや否やということは、一に懸って指導者たる鉄鋼統制会会長の統率如何に在りというも過言ではないのである。要するに会長、会員及び事務当局員の一人一人が真に国士的経済人たるの自覚に基づき、公益優先の理念に徹してこそ初めて鉄鋼統制会の使命が達成せられるのであることを銘記して戴きたいのである」

（昭和十六年十一月二十日、鉄鋼統制会創立総会挨拶より）

こうした談話の例はほんの一部に過ぎないが、岸の目指した統制国家の思想を突き詰めれば、「天皇親権の国家社会主義」を標榜した北一輝にまでたどり着く。

そして、スターリンが標榜したソ連建設の「第一次五ヵ年計画」のあの驚異的な発想にも繋がっていた。

戦時国家の若き指導者として、気迫に溢れた活動を展開する岸商工相は、大臣として天皇にも拝謁し、現状報告をする機会が増えてきた。

製鉄とエネルギー源の石炭の増産、陸海軍への分担など課題は山積していたが、天皇はそうした細部にも精通し、関心が深かったという。

岸が上奏したさまざまな体験から、思い出の一部を拾っておこう（部分略）。

「一番覚えているのは、私が中小企業を整理して、ご報告申しあげたときに、なにしろ情勢が非情な厳しさを要求したわけで、事業を辞めた人たちの生活確保についてはかなり突っ込んだ話がありましたよ。

陛下は畏《おそ》れおおい話なんですが、我々と違ってつまらないことには耳をかされない。従って大事なことについては非常に記憶がいいんです。

ご下問に突然困ることもある。例えば『農薬によって害虫が死ぬのはともかく、いい虫も死ぬだろうが、それは一体どうしているんだ』とおっしゃられ、『いろいろ考慮してしかるべく処置を致します』などといって、逆に陛下がお笑いになるという風にね」

（『岸信介の回想』）

上奏に際して岸は、比較的リラックスして説明できた、と述べているが、反対に頻繁に上奏の機会があった東条の場合は、常に緊張し、直立不動の姿勢でご下問に答えたという。

東条と岸の性格の相違についても興味は尽きない。

東条と岸

先の大戦下の東条内閣を理解するためには、東条首相本人の人物像をよく知り、その上で好敵手でもあった岸をそこに重ね、鳥瞰《ちょうかん》するような見方も欠かせない。

岸信介の生い立ちと血族、ならびにその父祖たちの活躍ぶりは第一章で詳しく紹介したとおりだ。

佐藤家、岸家ともに幕末以来、長州藩士として別格の実績と自負を湛《たた》えた血脈によって形成されてきた事実に、もはや付け加える説明はいらないだろう。

東条英機はどうだったのか。冗長にならない範囲で見ておきたい。

戦時中もだが、戦後になって刑死して何十年という時間が経っても東条への内外からの激しい批判はなかなか消えない。

日本歴史上初にして最大の「敗北」の責任を負った彼は、批判は生前から十分に意識していた。

戦争裁判の最中に絞首刑の判決を受けたときにも、「国民から八つ裂きにされても然るべきところ」と同じ巣鴨プリズンにいた佐藤賢了に語っている。

東条の家系は江戸中期、南部盛岡藩に能楽師範として仕えていた室生英生が東条姓を名乗るようになったところから始まる。

その孫にあたる英教《ひでのり》が若くして維新変革期に遭遇、陸軍軍人の道を歩んだ。

東条英教は陸大の一期生（同期に秋山好古など）を首席卒業し、ドイツ式の兵学を習得した上で、日清戦争、日露戦争に従軍、中将に昇進している。

明治陸軍の俊才と目されながら五十三歳で予備役に回され大将になれなかったのは、長州閥に睨まれたからだと英教は生涯恨みに思っていた。

その時代の長州を代表する陸軍の総帥は山県有朋である。

戊辰戦争で佐幕派として奥羽越列藩同盟に参加した南部藩が、そのために責めを負った苦悩を、英教は息子英機に語り伝えた。

東条英機の生まれは明治十七（一八八四）年で、岸信介より十二歳年長であることはこれまで繰り返し確認してきたが、この十二年の差は、長州支配が頂点を極めた時間に匹敵する。英機は実際には三男として生まれたが、長男、次男が夭折《ようせつ》したため事実上長男として扱われた。

父親の無念の思いを胸に染み込ませたまま、東条英機は陸軍幼年学校から士官学校（十七期）へ進み、明治四十（一九〇七）年十二月、歩兵中尉に昇進する。

仲間には小畑敏四郎、岡村寧次《やすじ》、永田鉄山（いずれも陸士十六期）といった俊英たちがいたが、東条だけが二年続けて陸軍大学校入試に落ちた。

東条の落胆を見かねた仲間三人は、こぞって東条のために小畑の家に集まり、陸大合格の特訓をやったほどだった。

その甲斐あって東条は三度目で陸大に合格、大正八年には駐在武官（少佐）としてスイスに赴任、続いて大正十年にはドイツに駐在している。

大正十年夏、小畑、岡村、永田たちは南ドイツの保養地バーデン・バーデンに集い、軍備の改革や長州閥打倒などの盟約を結んだ。

これを「バーデン・バーデンの密約」と呼ぶほどに、若手将校たちの間に反長州の機運は高まっていた。

「東条がベルリンにいるそうだから、彼も呼んで仲間に入れよう」

陸大合格の面倒を見てもらった東条も三人の会に参加、反薩長運動と陸軍の改革を誓い合ったのだった。

当時の陸軍の首脳は山県有朋の強い影響下にある田中義一が陸相、その分身ともいえる山梨半造が田中のあと陸相を長期務め、次官には尾野実信《おのみのぶ》、軍務局長に菅野尚一《すがのひさいち》、参謀総長に上原勇作、参謀次長は菊池慎之助、教育総監には秋山好古が就くという布陣だった。

全員が薩長出身ではないものの、強力な薩長閥の傘下にあったことは事実だ。

この間、東条は父祖の代の苦難を覆すべく、大正末期から昭和初期にかけて、密かに期するものをもって軍務に励んでいた。

負けず嫌いの東条の性格は、東北小藩から出た父が没するとともに激しさを増したようだ。

幼いころから並外れて喧嘩早く、自信過剰な面があった。売られた喧嘩は必ず買い、友人に助けを乞うこともせず、常に全力を尽くして敢闘するという少年だった。

家系や出自の差を除くと、岸との共通性がないわけではない。

決断力、俊敏さ、剛毅さなどは似ているが、東条には他人に対してやや愛憎好悪の念が激しすぎた面がある。

岸の持つ柔軟性、包容力が東条には欠けていた。

戊辰戦争の無念を生々しく受け継いだ世代だけが持つ傷跡なのだろうか。

連合艦隊司令長官として散った山本五十六も父祖の代、山県有朋に苦汁をなめさせられた。彼の負けず嫌いも東条に似ていよう。

ふたりとも日露戦争世代で、岸より十二歳年長だが、三人は大東亜戦争開戦とともにそれぞれの最前線で戦争を戦っている。

陸の東条、海の山本、そして彼らに軍事物資を供給する岸である。

この三人に違いがあるとすれば、山本と岸には言いたいことを言い合える友人や信頼に足る部下が傍にいたことだ。

山本には堀悌吉《ていきち》が、岸には椎名悦三郎がいたように。

残念ながら東条には友人や満足な部下も欠けていた。能吏な官僚はいたが、参謀がいなかった。

東条はその意味で、気の毒な孤独の人だった。

孤独は不安を募らせる。

「東条内閣」の項で矢次と武藤が「岸を書記官長に推す」という一件を述べた。

矢次、武藤が気に病んでいたのは、孤独癖のある東条には、官僚ではなく実戦向きの側近参謀を付けないと応用が利くまい、という一点にあった。

話は組閣前夜に戻る。

剛毅で鳴る武藤は矢次の後ろ盾もあって、あくまでも岸を官長（内閣書記官長）とし、星野を商工相として入れ替えさせようとねばった。

どうしても岸の官長に反対ならば、官長は余人をもって代えてもいいが、星野の官長だけは絶対に不可と言い張って譲らなかった。

武藤は東条と星野のコンビは勝手としても、それでは星野と武藤のコンビは断じて通用しない、とまで言った。

つまり、陸軍内部は岸ならいいが、星野では通用しない、という意味だ。

東条はそこまで言われて、さすがにもてあましたのか、

「よし、既に星野に官長の件は承諾を取ってあるのでしばらく時間をくれ。君の言うように不適合と分かったら、そのときは岸と代える」

（『東條英機とその時代』）

と譲歩の姿勢を見せ、武藤を下がらせた。

仏頂面で戻ってきた武藤は、「東条がそこまで言うんじゃ、仕方なかった」と言ってその晩は矢次と飲み明かしたという。

星野直樹を優等官僚としては認めていても、官長としては不適、としていたのは多くの満州組の共通認識だったようだ。

満州組のひとり、椎名悦三郎は星野のことを「ノロのような男だ」と評していた。「ノロ」というのは、満州の長白山麓に棲む動物で、臆病で警戒本能だけが無闇に強く、しかも逃げ足が速いというのだ。

満州で岸と同じく星野国務院総務長官の下で働いた椎名ならではの人物評だった。

そういう星野の人柄を知っていた矢次は、切れ味では滅多なことではひけをとらない知恵袋に岸がいれば、と武藤に言った。

「うーむ、広く各界と連絡もとれ、総合企画もできて、実行力のある知恵者――そう、昔流にいえば秀吉における竹中半兵衛のような軍師を東条に付けたいんだよ。岸を官長にすれば、竹中半兵衛になったろうに」

が、このプランは最後まで実現することはなかった。逆に、十七年四月に武藤はスマトラへ送られ、岸が再会するのは巣鴨拘置所内でのこととなる。

昭和十七（一九四二）年四月、第二十一回衆議院議員総選挙、一般的には翼賛選挙といわれた極めて評判のよろしくない総選挙が行われた。

官僚出身の現職大臣である岸は、国民の付託を受けていない、との理由からこの選挙に立つ決意をした。

山口二区から翼賛体制推薦候補となって当選を果たしたが、「戦後の民主的な選挙とは違って政策の公約をすることもなく、草の根選挙運動もなかったですから、家族としては傍観するだけでした」と洋子は語っている。

多くの政党が自発的に解散して、翼賛政治体制協議会（会長は阿部信行元首相）に大同団結することで軍部と一体になって戦争遂行を支えよう、という趣旨の選挙だった。

戦争一色の時代背景を反映したものではあるが、議会政治を無視した選挙という意味では批判にさらされた。

軍部の方針に異論のある候補者は推薦されず、立候補すれば選挙妨害にあい、資金調達にも難儀を強いられるという案配だ。

とにかく衆議院議員選挙に初当選した岸は、政治家としての第一歩を踏み出す。

それにひきかえ、翼賛選挙での非推薦候補の戦いは難儀を極めた。

たとえば、国粋大衆党という右翼団体の総裁笹川良一などは推薦されない。

すると、大阪の笹川演説会場では憲兵が張り付いて見張られ、ポスター破りなど選挙妨害が公然と行われたという。

それでも当選を果たした笹川は国会の予算委員会の場で、東条首相に対し翼賛選挙の非を責め立てる質問をして大いに名を上げた。

体制側候補の筆頭ともいえる岸の方は、「翼賛選挙であるなしにかかわらず」と、余裕の発言である。

「私は官僚出身であるけれど、東条内閣の大臣になった当時から、政治家というのは国民の信頼を受けなければいけないと思っていた。それで、翼賛選挙であるなしにかかわらず、政治家としてやってゆくには、どうしても選挙に出なければならないと考えていた」

（『岸信介の回想』）

戦争とその後の巣鴨拘置所収容生活、そして公職追放（昭和二十七年四月解除）などをはさみ、岸が二回目の衆議院議員総選挙に当選するのは、それから十一年後の昭和二十八年四月のことになる。

戦況悪化

昭和十六（一九四一）年十二月八日の真珠湾奇襲攻撃成功以降の快進撃は、十七年六月ころまで半年ほど続いた。

戦況をざっと述べれば以下のような状況である。

十六年十二月十日　マレー沖海戦。英戦艦「プリンス・オブ・ウェールズ」「レパルス」撃沈

十七年二月十五日　シンガポール英軍降伏

三月九日　ジャワのオランダ軍降伏

四月五日　セイロン島コロンボ爆撃

四月十一日　フィリピンのバターン半島占領、マッカーサー将軍は三月末、オーストラリアに脱出

四月十八日　米軍機、東京、名古屋、神戸を空襲

五月三日　珊瑚海海戦ツラギ空襲。空母「レキシントン」大破自沈、「ヨークタウン」中破

五月七日　フィリピンのコレヒドール島の米軍降伏

六月五日　ミッドウェー海戦。機動部隊主力の空母「赤城」「加賀」「蒼龍」「飛龍」沈没

八月七日（～十八年二月）　米軍ガダルカナル島上陸。日本軍は壊滅的打撃を受け撤退

以上で分かるように、十七年五月の珊瑚海での空母同士の海戦に始まり、ガダルカナルで

の補給作戦が不能となり多数の餓死者を出したのを境に日本軍の敗走が始まる。

　とりわけ六月のミッドウェー海戦における連合艦隊の壊滅的損傷は、補給物資を司る岸や鈴木貞一にとっては大きな誤算となった。

　十八年四月にブーゲンビル島上空で連合艦隊司令長官の山本五十六が米軍機の攻撃で戦死したという情報は、戦争指導者ばかりでなく、一般国民にも計り知れない衝撃を与えた。

　国民の戦意喪失をもっとも恐れた東条は、配給制度の厳しさを耐えさせるために、さまざまな標語や戦意向上のポスター作戦を日常に取り入れ始めた。

　昭和十八年の夏には、飯米に麦、甘藷《かんしょ》、大豆、玉ねぎ、ジャガイモなどが混合配給され、主要食糧とするよう通達された。

米に大豆や芋が混入するのではない。大豆や芋に米が混じっているのが主食となったのだ。衣料の配給にも苦難の色がにじむ。

　十八年六月一日には、「高級織物制限、帯地の長さ、幅の短縮、染色は地味に、仕立ては繊維量を節約」といった細部条項まで決定されるありさまだった。

「戦力増強企業整備基本要綱」という閣議決定によるものである。

　柏木の岸の自宅とて例外ではない。

　良子にも洋子にも「皇国婦人、皇国女学生にふさわしい質実質素」が求められていた。

日曜日になると岸は良子の愚痴を聞かされて閉口したが、閣議決定だから仕方ない。

「のぶさん、あたしだってパーマネントくらいは隣組への気遣いもあるから我慢するわよ。でもね、バケツを提げて連日の防火訓練や防空壕掘りの手伝い、それに洋子だって工場挺身隊ですって。

つまりは、本物の空襲がきたら命がけってことでしょ。国民防衛隊が編制されて、竹槍訓練も始まるって噂よ。町内会の国防婦人会も救護演習を開始するそうだし、あなた、この先いったいあたしたち、どうなるのかしら」

良子に難詰された岸にも、もはやこの先の戦況は読めなかった。

五月末にはアッツ島の守備隊が玉砕、六月に学徒戦時動員体制決定（いわゆる学徒動員は十月の「在学徴集延期臨時特例」による）、九月にはイタリアが無条件降伏、さらに九月三十日の御前会議では、マリアナ諸島、カロリン諸島のラインが最終防衛線と決定され、大本営はこれを絶対国防圏として死守することとした。もはや国家非常事態宣言である。

その防衛圏の中核はサイパン島であった。

岸が妻子を安心させられる話題はなかった。

各種の国民生活への強い制限は、先に行われた第八十一議会で各種の法案が通った結果だった。

とりわけ生産増強のためには、「あらゆる障害を排し円滑に遂行すべし」とされ、戦時経済協議会という機関が設置された。

この機関の会長には東条自身が就き、企業整備、船舶、航空機産業への超重点生産増強が図られていったのである。

そうした中で戦争指導強化のために作られたのが軍需省だった。昭和十八（一九四三）年十一月一日、商工省の大部分と企画院が統合され、軍需省が発足するまでは先に述べた。

文官が掌握すべき省庁とはいえ、軍部と密接に関わる行政だったことから、軍需大臣には東条首相自身が兼務で座り、次官には商工大臣から岸が異動した。

軍需次官は代議士を兼務することができない、というので岸は議員を辞職せざるを得なくなった。

このままでは、議席がない上に大臣から次官への降格となるため、国務大臣兼任の次官という措置が図られた。

十九年に入ってからは、自宅での岸が重苦しい表情で過ごす日が多くなった、と洋子は記憶している。

「父が国務大臣兼軍需次官になりますと、その立場は微妙なものに変わってきたようです。

父は絶対に人の悪口は言わない性格でしたから、なにも直接に聞かされたことはありませんが、そのビリビリと殺気だった表情から、なにかとてつもない事態に直面し、大変な決意を秘めていることがわたくしたちにもおぼろげながら察せられました」

軍需省には東条はめったに顔を出さなかった。

二月十七、十八日に、連合艦隊司令部が置かれていたトラック島陥落を聞いた東条は、これまでの首相、陸相、軍需相に加えて、ついに参謀総長の兼任を決意する。

つまり、統帥権を一元化するというのである。

深夜十時に木戸内大臣を訪ねた東条は、概略以下のような報告をして、翌日の天皇への上奏の手はずを整えた。以下は木戸のメモである。

「杉山元《はじめ》参謀総長の辞任を求め、東條首相陸軍大臣の資格に於て兼任せむとす。軍令部総長の問題には直には触れず、海軍大臣に其の意図を予《あらかじ》め話すに止む。但《ただ》し更迭は寧《むし》ろ歓迎するところなり」

（『木戸幸一日記』下）

軍令部総長は永野修身《おさみ》であり、結局陸海ともに統帥部の最高責任者は同時に更迭され、海軍の軍令部総長には、もとより東条のイエスマンとまでいわれていた海軍大臣の嶋田繁太郎が兼務する、と決定された。

翌朝、東条の上奏を聞いた天皇は「それでは憲法に触れはしまいか」と驚愕、「統帥権の確立に影響はないか」とのご下問があったものの、「思し召しは十分考慮し、軍政と軍令、すなわち統帥は区別して取り扱うので弊害はありません」と奉答して退下した(前掲書)。

要するに、東条というひとりの人格が、ときに陸相として、ときに参謀総長として執務を区分するから安心して欲しい、というわけである。

一極集中が極まった状況に、宮中、重臣、現役政治家の中にも不安が広がったが、不安の炎に油をそそいだのは、軍需産業の生産力不足だった。

軍需省でいくら計画を立てても生産は思いどおりにはかどらない。

参謀総長まで兼務した東条はますます岸と顔を合わせる機会が減り、逆に思いどおりに上がらない生産力に苛立ちを見せるようになった。

石炭が思うように採掘されない、製鉄の量が不足して造船に支障を来す、といった事態が起きるのは必然的なものと思われたが、あせる東条は無闇に人事を操り、軍需省内を混乱させてしまう。

岸は東条が勝手に動かす軍需省人事に辟易とし始め、こんなやりとりまでが東条・岸間で交わされた、とまず岸は言う。

「軍需省内においてですよ、鉄だけについて次官のほかに鉄管理の大臣を作るなどと東条さんが言い出して、藤原銀次郎さんをそれに充てるとね。そりゃあ、ナンですよ、ひとつの役所に大臣の資格者が二人も三人もおったんじゃ、とてもやってゆけない。藤原さんを軍需大臣になさい、私は辞めさせていただきますよ、と言った」

　すると、東条もイライラして言い返す。

「あなたは開戦の際に陛下の前で、将来の軍需生産に対しては全力を挙げてご奉公すると申しあげたじゃないか。それを途中で逃げ出すとはけしからん」

　東条は岸の挑戦的な言辞をはねのけ、辞職を認めなかった。

　だが、それから何ヵ月も経たないうちに、東条の方から岸に辞職を迫る、という矛盾した事態が出来《しゅったい》する。

　東条と岸の意見衝突は、遂に東条内閣の崩壊にまで突き進むのだが、その重大なポイントはサイパン島の攻防にかかっていた。

　六月十五日、米軍が総力を結集したサイパン上陸作戦が開始された。

サイパン陥落

　岸はサイパン戦を前にして、次のように語っている。

「サイパンにいよいよ米軍が上陸するというときに、ぼくが総理に進言したのは、『自分は軍需次官として日本の軍需生産を預かってる責任から言えば、もしサイパンをとられたら、日本内地が、B29の爆撃範囲に入って、日本の軍需工場は、全部やられてしまう。

そこで、サイパンで民族の運命を賭けた戦争をやれ。ここは日本にとって天王山だ。

参謀本部や軍部は、まだレイテでやるとか、フィリピンでやるんだ、と言っているが、そんなことじゃ駄目だ』と強くぼくが主張したら、これが東条さんの気に入らなくて、『きみの言う議論は国務と統帥を混同しとる。そういうことは、統帥の問題であって、国務大臣の言うことじゃない』と言った。

ぼくは憲法論だの、国務と統帥がどうとかいう、形式論じゃないんで、国の運命を賭している際だから、ということを言ったのが、東条さんとの衝突の原因だった」

（『天皇・嵐の中の五十年』）

そもそもサイパンは第一次世界大戦にイギリスの要請（日英同盟）から日本も参戦し、赤道以北のドイツ領を日本軍が占領（大正三年十月）した結果、南洋委任統治領として日本領となっていた島である。

三万人の日本人が主にサトウキビ工場などに従事しながら、開戦まで居住していたが、兵員輸送の帰り船を利用して婦女子を中心に約一万人ほどが米軍上陸前に帰国した。

こうした島民の多くは沖縄出身者で、帰国しても結局沖縄戦に遭遇する悲運が待っていた。

サイパン戦については、簡単な経緯を述べておかねばならないだろう。

六月十五日、米軍が総力を結集したサイパン上陸作戦が開始された。

まず、早朝から八千人の海兵隊が上陸用装軌車《LVT》で上陸を敢行、日没までには二万人以上の上陸が完了し橋頭堡《きょうとうほ》を築いた。

その一方で十九、二十日にはマリアナ沖に米海軍の大部隊が結集し、日本海軍は生き残りを賭けて決死の海戦を挑んでいた。

連合艦隊司令長官豊田副武（海軍大将）は、瀬戸内海の柱島錨地《びょうち》にあって、小沢治三郎（海軍中将）率いる第一機動艦隊宛てに決戦発動を送っていた。

このマリアナ沖海戦は、日本海軍が総力を挙げて米軍の攻撃を迎撃する最後の試みだったが、日本海軍機動部隊は壊滅的な敗北を喫したのである。

これにより、西部太平洋における絶対国防圏の制海権と制空権は完全に米軍の手に落ちた。

つまり、マリアナ海域が連合軍の手に落ちた中で、サイパンは六月十五日から七月九日まで孤立無援の戦いを強いられ、玉砕の選択以外なかったのである。

そもそも防備は、米軍のマリアナ侵攻が差し迫ったと分かった十九年初頭になってようやくサイパンの防衛強化が図られた。

陸軍は本土からの輸送によって、斎藤義次中将を師団長とする第四十三師団と独立混成第四十七師団（岡芳郎大佐指揮）ほかが派遣された。

海軍は中部太平洋方面艦隊司令官南雲忠一中将、第六艦隊司令長官高木武雄中将以下の将兵が派遣された。

陸海合わせた日本軍は総勢三万二千人、ほかに居住していた日本人入植者と島民が約二万人残っていた。それに対して、米兵の総数は約六万六千人に及んだ。

しかし、主力の斎藤師団の到着は米軍上陸の二十日前というありさまで、これでは塹壕《ざんごう》を築く時間がようやっと、という態勢だった。

二月二十五日になって陸軍はマリアナ海域とカロリン諸島防衛のために第三十一軍（連合艦隊司令長官の指揮下）が編制され、小畑英良中将（最終階級大将）が司令官となった。

第三十一軍はサイパンに司令部を置いたものの、司令官小畑英良は運悪く五月末からパラオへ作戦指導のため出張中だった。

結局、米軍の激しい攻撃にさらされた小畑はサイパンには帰還できず、グアム島に上陸したまま玉砕戦で戦死する。

すべては戦後になって分かることだが、それだけ米軍のマリアナ、サイパン攻撃は日本側の予測をはるかに上回った戦略的奇襲攻撃だった。

開戦当初から、ホランド・スミス中将指揮下の米第二海兵師団、第四海兵師団などの主力部隊はサイパンの西海岸に兵員の損傷を最小限に抑えたまま上陸を完了させた。

海岸線でこれを阻止しようと水際作戦を展開した日本軍は、著しい消耗を強いられた。見晴らしのよい海岸線での白兵戦は容赦ない空と海からの砲撃にさらされた。

やや余談を加えれば、この教訓は硫黄島の守備隊長となった栗林忠道中将（最終階級大将）によって生かされることになる。

栗林は水際陣地の構築には強硬に反対し、堅牢な地下壕陣地の構築を急がせた。

その結果、持久戦とゲリラ戦の展開によって長期抵抗作戦が成功、結果として長期にわたって米軍を釘付けにすることができた。

サイパンが早くから持久戦に備えた硫黄島方式をとっていれば、戦局自体も膠着した可能性がのちに指摘されている。

援軍を送ることが不可能と予測できなかった以上、早くから堅牢な珊瑚礁を利用した地下壕を掘れば、艦砲射撃にも堪えられ、結果、米軍の北上を遅らせられたのではないか、というものだ。

岸は東条に早くからそうしたプランを進言したが、「統帥のことは文官には分からない」と拒絶されていた。

ただ、東条側にも多少の理由がないわけではない。

当時のわが国の戦力、補給力から考えて、もはやサイパンへそれだけの工兵や資材輸送などは考えられず、また、仮に持久戦を仕掛けても米軍得意の飛び石作戦をされて、さっと引き揚げられたのでは無意味になる。

一連のマリアナ沖海戦とサイパン戦の指揮権は、組織上は海軍の連合艦隊司令部にあったとはいうものの、大本営の責任者、東条陸相兼参謀総長は結局、持久戦を選ばなかった。

六月二十四日には、マリアナ沖海戦の敗北もあり、大本営はサイパンの放棄を決定する。

軍部中枢にはサイパン救援、奪回を求める意見もあったが、サイパンまでの行動能力を要する航空機も艦船ももはや皆無に近かったため、救援派遣は不能とされた（服部卓四郎『大東亜戦争全史』ほか）。

それでも残った日本兵は徹底抗戦を続け、米軍側の損傷は多大なものとなった。

最後に追い詰められた日本人居住民は、内地にもっとも近い島の最北端の岬（のちに「バンザイクリフ」といわれる）から絶海への投身、あるいはスーサイドクリフでの自決という壮絶な最期を迎えたのである。

七月六日、陸海の司令官斎藤義次中将、南雲忠一中将、高木武雄中将が相次いで自決。翌七日、残った三千名の残存部隊は米軍に総攻撃を敢行、陸海軍によるバンザイ突撃をもって日本軍は壊滅した。

実に三万人に及ぶ将兵の玉砕であった。


山田風太郎《ふうたろう》（本名・誠也）は、肋膜炎を患っていたお蔭で徴兵されず、東京医学専門学校（現東京医科大学）に通いながら、サイパン陥落のニュースを聞いていたひとりだ。

徴兵検査で不合格となって、いわば「例外者」扱いされた戦時体験は、のちの忍法帖シリーズなどの文学作品や死生観にも大きな影響を残したと思われる。

そのようなニヒリズムが漂う彼の日記の一節を引いてみよう。

「七月六日
雨なので登校。生理学、条件反射の話。十時ごろ空碧く晴れて来たので南千住にゆく。
みな、メッチェンだのザーメンだのと騒いでいる連中ばかりなので、ドイツもコイツも話をする気になれない。（中略）

みなサイパンのことばかりを話している。

『日本の海軍にはアイソがつきたよ。アメリカ艦隊に手も足も出ず、頭をかかえてちじみ上っているんだよ』

この憎々しげな声の裏から溢れる海軍への愛と憂いの叫びをきけ」

（『戦中派虫けら日記』）

ニヒリズムとは対極にあるかと思われる柏木の岸家の思いも、大差はなかった。

この日まで新聞記事は、「マリアナ沖で敵艦隊とわが機動部隊が激闘」とか、「サイパンの血戦、重大時期に」とか、「無念、上空に敵機の大群」といった内容で抑えられていた。あらゆる戦局報道がそうであったように、サイパン陥落はとりわけ大本営にとっては極秘扱いだった。

サイパン戦が極めて危機的だとは分かっていても、望みをつないでいた国民が絶望のどん底に落とされたのは、実際の陥落から十二日が過ぎた朝の発表を知ってのことだった。

良子は端整な面持ちの目元を曇らせながら夫に問いかけた。

「のぶさん、新聞が書いているとおりなんですか。大本営はサイパンが玉砕したといってますよ、明日から、東京も空襲にやられるんじゃないですか」

「まあ、ナンだな、ぼくが言ったとおりになってしまった。サイパン戦をやる場合には、もう日本民族の運命を賭けるくらいな気持でやらなければ駄目だと言ったんだ。早くに兵站《へいたん》を確保して、塹壕作戦で敵を引き付けろと東条さんには言ったんだがね。これで国民は地獄に堕ちるよ」

岸は良子にそれだけ言うと、黙り込んで庭へ降りてゆき、芝刈りを始めた。

良子は久留米絣《がすり》のもんぺの紐を締め直すと、夫の背中を黙って見ていた。これ以上、言葉を掛ければ、さらに悪いことが起きそうな気がしたからだ。

その日の「朝日新聞」は一面トップに「大本営発表」記事を掲載していた。十九年七月十九日の朝である。

良子や洋子が呆然としながら目にした見出しは次のようなものだった。

「サイパンの我部隊　全員壮烈な戦死
　在留邦人も概ね運命を共に」
「挺進、敵陣へ突撃　傷兵三千は自決す」（「朝日新聞」昭和十九年七月十九日付）

伸びた芝を刈りながら、岸は怒っていた。

ハサミを動かしながら、しかし、心はこの三年間の思い出に引きずられている。戦争開始はまあ、やむにやまれぬものだった。東条さんだって、いくら陸軍とはいえ好きこのんで対米戦争をがむしゃらにやるほど馬鹿じゃない。あのままでは、石油も鉄屑もやられてジリ貧になってしまうから、もはや自衛の戦争だった。それはいい。だけど、インパールまで攻めていく必要なんかなかったんだ。シンガポール陥落あたりで、ナンだなあ、停戦の働きがなぜできなかったのかな――国務大臣だから開戦の詔書に副書はしているから、責任はある。

これでもし日本が負けるようなことになれば、国民への敗戦の責任は自分にも当然ある。だが、開戦自体は日本人が生き残るためにやむを得ぬものだった。

本当に戦争に勝つ、というのなら真珠湾あたりで止めるんじゃなくて、アメリカ西海岸に上陸し、それからワシントンのホワイトハウスに日の丸を翩翻《へんぽん》と翻さなければ勝ったとは言えまい。

いったい、内閣と軍部のうちで誰が本気でそんなことを考えていたというんだ――。

岸はそう胸の中で呟きながら、芝刈りの手を休めた。

岸が本当に怒っていたのは、サイパン陥落そのことではなかった。

サイパンがいよいよ打つ手なしとなってから、東条首相が最後の手段として内閣改造で立ち直りを図ろうとした動きに、岸は怒りを露わにした。

東条内閣崩壊

サイパン戦の結末が見えたとき、東条は内閣改造をもってこの危機を収拾しようと図った。七月十二日から十七日まで、一週間のできごとである。

高松宮や近衛文麿、吉田茂といった従来から活発に動いていた反東条グループは言うに及ばず、岡田啓介（海軍大将、元首相）を軸とした重臣たちの批判も一段と厳しくなっていた。「東条を産んだ」木戸内大臣自身も、ここに至って退陣を進言したが、納得させられなかった。

天皇の心情を間接的に伝えたかった木戸の意見を、東条自身はそれが自分への不信任とはとらず、ひたすら「ご奉公する」改造案で逃げ切ろうと図った。

代わりに東条が示した天皇への上奏の素案メモは、

「この際、サイパン失陥の責任問題はしばらくご容赦を願い、戦争完遂に邁進することと決意せり」（『木戸幸一日記』下）といった内容で、いわば開き直りとも読めるものだった。

大幅な内閣改造案も出されたが、最終的には、腹心といわれた嶋田繁太郎海相を更迭し、野村直邦（横須賀鎮守府司令長官、海軍大将）とする、軍需相に専任を置くこと、東条の参謀総長兼任を解くこと、そして、岸軍需次官兼国務相を退任させ、藤原銀次郎国務相を充てる案、などが盛られていた。

ここに至って、遂に東条は岸に辞職を迫ったのである。

岸辞任の使者に立ったのは、かつては満州で「二キ三スケ」の中で上司だった内閣書記官長星野直樹だった。

時間は切迫していた。

七月十六日は日曜日だったが、東条は深夜になって星野を使者に出した（『東條内閣総理大臣機密記録』）。

そのいきさつを星野は詳細に書き残している（部分引用）。

「岸氏の家を訪ねたのは二時ごろであったろう。私は東條氏の心持を率直に伝えた。岸君は以前から、私たちにひそかにやめたいという意思をもらしていた。東條さんはそれを知ったうえで、頼み込んで続けてもらっていたのである。が、今度は自分が軍需相を辞することとなった。これ以上、岸君に次官（兼国務相）の仕事を続けてくれとは頼めない。今までの骨折りに感謝しつつ、この際辞めてもらう」

（『東條英機』）

岸は星野の辞任要求を突っぱね、東条との「抱き合い心中」を密かに図っていた。

ここが岸の持ち前である「上にはめっぽう強い」本領の発揮だった。

当時の内閣制では、首相に閣僚を罷免する権限はなく、辞表が出されなければ内閣不一致で総辞職ということになる。

そのときの切羽詰まった模様を、のちに矢次一夫相手に語った岸の談話で見てみよう（部分引用）。


「私の東條さんへの進言にしても、私も殺気立っていただろうから、東條さんも神経にさわったことだろうと思う。戦争の形勢が不利になっていらいらしているときに、私が言うことをきかないから、内閣を改造するつもりで、私に辞めろと言われたのに対して、あなたは三、四ヵ月前に途中で辞めるとは何ごとかと叱ったではないか、だから私は最後までやめませんよ、ということで私は（星野の説得にも）頑張ったわけですからね。

おかげでわたしはずいぶん東京憲兵隊に付け回された。

最後には大臣の官邸に四方憲兵隊長がやってきて、軍刀を立てて、東條総理が右向け右、左向け左と言えば、閣僚はそれに従うべきではないか。それを総理の意見に反対するとは何事かと言う」

（『岸信介の回想』）

四方諒二憲兵隊長は岸と同年生まれで、憲兵一筋で生きてきた男だ。特に東条が関東軍憲兵司令官の時代に副官を務め、側近となったいきさつがあった。

東条との話し合いが決裂した直後の大臣官邸へ、おそらく東条には黙って乗り込んだものと推測される。

四方の脅しは岸も自宅へ帰ってから家族に話していたようで、洋子は今でもよく記憶している。

「父はそれに対して、だまれ、兵隊！　なにを言うか。お前みたいなのがいるから、このごろ東条さんは評判が悪いのだ。日本において右向け右、左向け左という力を持っているのは、天皇陛下だけではないか。下がれ！　と一喝して追い返したそうです」

と述べる。

憲兵隊長は岸に怒鳴られ、「覚えておれ」と言って出て行った、というが、軍刀の切れ味は背広の中に縫い込んである岸の方が、一枚上手だった。

「閣内不一致」、その一本で東条の首を取った岸には、やはり軍師竹中半兵衛並の知謀と度胸があったと見るべきだろう。

だが、十八日朝九時半、参内する東条はまだ一縷《いちる》の望みを託していた。

天皇に辞意を奏上しよう、そうすれば御上は慰留の御言葉を下されるやもしれない、と。

いつものように直立不動の姿勢で拝謁した東条は、総辞職を奏上したが、天皇はこれには特に言葉を挟まず、「そうか」と短く答えるにとどまったという。

東条の望みは絶たれ、ここに内閣総辞職が決まった。

午後四時、後継首班奏請のための重臣会議が開かれ、延々とあれこれ候補が挙がった揚げ句に最終的には朝鮮総督の小磯国昭（陸軍大将）を奏上する案で決着をみた。

東条が退任して予備役となり、用賀の自邸へ戻ってひとときの安息を得ていた七月二十日、ドイツではヒトラー暗殺未遂事件が起きていた。

日本国内でも東条暗殺計画はいくつかあったが、思いもよらぬ岸信介の辞任拒否のため一挙に東条内閣は崩壊し、暗殺計画も闇に流れた。

悪運は強いほどいい

案じていたとおり、日本本土はサイパン、テニヤンから飛来するB29の無差別爆撃に昼夜さらされる羽目になった。

爆撃は兵器工場、鉄道などに限らず、市街地や民家も焼き払われ、やがて三月十日の東京大空襲を迎える。

三月九日の日付が変わった直後だった。

十日午前零時七分ごろ、暗夜の闇を突いたB29編隊による低空爆撃が、東京下町一帯を襲った。

サイパンを飛び立った大型爆撃機によるこの夜の空襲は、初めから非戦闘員を標的としたもので、同時に京浜地区から城東地区全域の中小企業や町工場を無差別に破壊する目的を持っていた。

岸がもっとも恐れていた事態が出来《しゅったい》した。

警視庁の調査によれば、この大空襲による死者は八万三七九三人、負傷者は四万九一八人に及び、民間調査など（「東京空襲を記録する会」）では死者十万人としている。

この十日深夜の空襲は、淀橋方面までは及ばなかったので、岸邸は焼失をまぬがれた。

だが、その前後にも連日のように昼夜たがわず下町方面への空襲はあり、長女の洋子は命からがらだった空襲体験を忘れることはないという。

飯田橋にある白百合高等女学校を卒業する直前、十六歳だった洋子の思い出話に耳を傾けてみたい。

「当時は学校へはほとんど行かず、日本橋にある藤倉ゴムの工場で落下傘を作る勤労動員に連日出されていたんです。

柏木の家から大久保駅へ向かって歩いていたら、警戒警報が鳴りましたけど電車は動いていたんで工場まで行きました。

着いたらすぐに空襲警報に変わってね、地下室に避難して、電気は消えるし、遠くで焼夷《しょうい》弾《だん》の落ちる音は聞こえるし。女子ばかりですから、みんな泣き出したりで大変な思いもしました。

夕方、ようやく警報解除になったので、帰りました。ええ、もちろんもんぺ穿《は》いて防空頭巾かぶってね」


三月の空襲で危険を感じた洋子、祖母・チヨ、母・良子の三人がまず山口県の田布施に疎開することになった。

浪人となった岸自身は二週間ほど遅れて田布施に引き揚げたが、重なった疲労からか、重い座骨神経痛に悩まされるようになり、神経痛の湯治場として知られる俵山温泉（現山口県長門市）に滞在した。

三月末から沖縄諸島の先島に攻撃を仕掛けていた米軍艦隊は、四月一日、沖縄本島に上陸を開始。

日本軍は第三十二軍を編制し、牛島満中将（戦死後大将）が司令官に就き、日米間で壮絶な地上戦が展開されたが、六月二十三日をもって日本軍は全滅した。

太平洋戦争最大の沖縄地上戦は、日本軍守備隊約九万人が戦死、非戦闘員十五万人の死をもって敗北に終わった。

沖縄戦が始まった四月七日、小磯内閣は鈴木貫太郎内閣に交替したが、いよいよ戦局は国民の誰が見ても終焉が近いことをうかがわせていた。

五月二十五日には、東京は二回目の大空襲に襲われ、今度は山の手地区全体が火の海となった。

柏木の留守宅には、縁戚の者数人が起居しており、その面倒を佐藤寛子が単身で見ていた。佐藤栄作は十九年から大阪鉄道局長として大阪赴任中で、寛子が義兄の家に住んで責任者のような恰好になっていた。

長男・竜太郎（元JR西日本役員）はたまたま大阪にいて留守だったが、次男・信二（現参議院議員）は十三歳の中学生で母と一緒だった。

必死になって消火に努めたが、火焔《かえん》の回りはとても消せるようなものではなかった。

岸家の家財道具一切は焼失し、寛子たちはバケツの水を頭からかぶりながら身ひとつで屋敷を棄てて生き延びるのが精一杯だった。

広い庭のある岸邸には近所の人々が多数逃げ込み防空壕に入ったが、それがかえって仇となり多くの死者を出したという。

寛子は信二と手を取り合って東京駅に無我夢中でたどり着くと、大阪行きの列車の出るのを待ってようやく乗った。

そのころ、岸が湯治場で保養していると聞いた鈴木内閣から、内務大臣安倍源基を通じて俵山温泉まで電話がかかってきた。

「座骨神経痛くらいで温泉につかっているのなら、非常時だ、ひとつ地方管区の長官くらいはやってくれ」

安倍源基とは郷里が一緒、年は安倍の方が二歳上だったが、東大でまた一緒になった懇意の仲である。

地方管区の候補地として福岡、愛媛、広島、大阪など西日本から何ヵ所か挙げられたが、

「分かった、君が言うなら引き受けるが、場所は広島にさせてくれないか」

というのが、岸の条件だった。

それにはわけがあった。

かつて満州赴任のきっかけを作ったともいえる畏友、秋永月三中将がブーゲンビルで命拾いをして帰還、広島の軍管理局でついこの間まで体を休め、久闊《きゅうかつ》を叙したばかりという事情があった。

秋永はその後、上京し内閣総合計画局長官として赴任したが、岸は郷里にも近い広島を望んだ。

それにはもうひとつ理由があった。

表舞台から身を引いた岸は、「尊攘同志会」という地方の政治組織を結成した。

広島、岡山、山口方面で本土決戦に備えようという気迫を込めた結社だった。

内務省の広島管区なら引き受けよう、と答えたところ、安倍から詫びの電話が入った。

「誠にすまんが、ほかのどこでもいいのだが、広島だけは昨夜内務省の大先輩、大塚惟精《いせい》に頼んで決めたばかりだ。広島は困る」

広島赴任をまぬがれた岸は、そのお蔭で命拾いをした。

広島へ行っていれば、当然原爆に遭遇していたであろう。

この話をすると、人にはよく、「岸さんは運がいいですね」と言われる。

だが、岸はこう言い返す。

「ナニ、ただの運じゃ駄目なんだ。悪運が強くないと政治家は駄目なんだ、運が七分さ」

と言って、周囲を笑わせていた（『岸信介の回想』）。

話を先取りするようだがこれから五ヵ月後、岸は巣鴨拘置所に収監されるが、不起訴となって昭和二十三年暮れに釈放された。

東条内閣を倒したということもあって、首の皮一枚繋がって釈放されたようなものさ、と世間は噂した。

このときにも同じことを言われた。

「岸さんは、本当に運が強いですね」

すると、すかさず岸はこう返して、呵々《かか》と笑った。

「ナンだなあ、悪運というのは強いほどいいものなんですよ」

代議士を辞職して浪人中の岸は、新しく結成された「護国同志会」に参加し実質的な指導者として動くなど、積極的な政治活動を開始した。

護国同志会の委員長は東条内閣の農相だった井野碩哉が請け負っていたが、実際に組織を動かしていたのは船田中（元衆議院議長）だった。

ほかに赤城宗徳、笹川良一、下村海南（本名は宏）、太田正孝、三宅正一などなかなかの演説名人が揃っていたという。

大蔵官僚上がりの太田や、歌人で内閣情報局総裁もやり、玉音放送前後のアナウンスを担当した下村海南の放送は名人芸だったという。

「ラジオ放送というのは、四畳半で女を口説くような気持で話さなくてはダメ。全国のやつが聞いていると思って力むのは大間違いだと、彼らは言うんだ」と岸の保証つきである。

岸本人は護国同志会の表には出ないもののいわば黒幕で、次代の岸新党を皆で支える組織だったが、後年、本当に岸内閣ができたときには、彼ら全員が何らかの形で参加している。

そこへ加えて、山口では「防長尊攘同志会」という団体が結成されていた。

この組織に加わり、積極的に活動していたのが安倍寛《かん》だった。安倍はすでに衆議院議員として国政でも活躍していた。

昭和十九年九月、故郷の同志たちと写した記念写真には、岸の隣に国民服を着た、やや痩せ型、面長な安倍寛が並んでいる。

安倍寛の長男が晋太郎で、のちに岸は長女・洋子を嫁がせ岸家――安倍家の血族が生まれるのだが、その逸話はのちの章にゆずる。

やがて、八月十五日を迎えた。

岸は故郷田布施で、半ば野心を抱き、半ば蟄居の構えのまま床に伏せって玉音放送を聞いていた。

元来病弱だった岸は、座骨神経痛がよくなったと思ったら、八月は猩紅熱《しょうこうねつ》に罹ったままラジオに耳を傾けた。

「戦争はやめなきゃならんと思っておったけれども、ああいう全面降伏、そして陛下からああいうお言葉を賜ったということで、ほんとうに魂が抜け出たような気持でした」

（『岸信介の回想』）

玉音放送を聞いたときの岸の感想である。

岸の本心には、昭和十四年十月、満州から帰国する大連港で居並ぶ記者団に向かって吐いた言葉が八月十五日に消滅したとは思えない。

「出来ばえの巧拙は別にして、ともかく満州国の産業開発は私の描いた作品である」

そう言わせるに足るだけ岸は満州に君臨し、短期間のうちに軍事物資生産の体制基盤を整備した。

だが、その満州は十三年で崩壊を迎えた。

第四章　巣鴨拘置所での覚悟
——「踊る宗教」北村サヨの予言

A級戦犯容疑者

田布施の自宅で玉音放送を聞きながら岸は伏せったまま思案していた。あと四ヵ月で四十九歳、厳密には四十八歳八ヵ月の夏だった。

「自分は開戦当時の国務大臣であって、生きながらえるべきか、自決すべきかを本当に煩悶した」(『天皇・嵐の中の五十年』)と語っているのは本心と見てよさそうだ。

同じ日、かつて東京帝国大学法学部で一年後輩だった大佛次郎は、鎌倉の自邸で気鬱と憤怒に明け暮れていた。

大佛は日本の敗戦記憶を自らの手で記録すべしと、昭和十九年九月以来、突如日記を付け始めた。

大学卒業後、大佛は外務省嘱託として勤務するが、関東大震災以降、期するところあってか文筆業に入り、いきなり『鞍馬天狗』(一九二四年〜一九六五年)が大ヒット、流行作家となっていた。

かつて、吉野作造の演説会を聞いて感動していた青年は、今、鎌倉文士である(部分引用)。

「八月十五日
晴。朝、正午に陛下自《みず》ら放送せらるると予告。予告せられたる十二時のニュウス、君ヶ代の吹奏あり主上親《みずか》らの大詔放送、次いでポツダムの提議、カイロかいだんの諸条件を公表す。台湾も満洲も朝鮮も奪われ、暫《しばらく》なりとも敵軍の本土の支配を許すなり。覚悟しおりしことなるもそこまでの感切なるものあり。

床に入りてやはり眠れぬなり。未曾有の革命的危険たるのみならず、この屈辱に多血の日本人殊に軍人中の一途の少壮が耐え得るや否やを思う。大部分の者が専門の軍人も含めて戦争の大局を知らず、自分に与えられし任務のみに目がくらみいるように指導せられ来たりしことにて、まだ勝てると信じおるならば一層事は困難なるらし。

特に敵が上陸し来たり軍事施設を接収する場合は如何？」

「八月十六日
晴。依然敵数機入り来り高射砲鳴る。小川真吉が小林秀雄と前後し訊ね来たる。昨日の渋谷駅などプラットフォームの人が新聞をひらいてしんとせしものなりしと。小林も涙が出て困ったと話す。朝鮮人の乱暴食糧奪取の危機などに人は怯えているらし。

市中は平静、靖国神社の前に立ちて泣きいる学徒が多いと云う。悲痛のことである。

驚いてよいことは軍人が一番作戦の失敗について責任を感ぜず、不臣の罪を知らざるが如く見えることである。電車の中で見たところでも軍人は悄然としているのと、反って人をへい睨《げい》しているのと二色あるそうである。東条など何をしているのかと思う。レイテ、ルソン、硫黄島、沖縄の失策を現地軍の玉砕で申訳が立つように考えているのなら死者に申訳ない話である。人間中最も卑怯なのが彼らなのだ」　（『大佛次郎敗戦日記』）

大佛の怒りとも絶望ともいえる書き付けの筆は、長州と縁の深い禁門の変に登場する勤王の志士、鞍馬天狗像と重複する。

「杉作、日本の夜明けが来るのだよ」

は、昭和初期も、また今この敗戦時にも民衆の共感を呼ぶ決め台詞となった。

地唄舞の名手武原はんが青山二郎（装丁家、美術評論家）と離婚のあと、長年にわたって大佛と熱愛関係にあった、という逸話は知る人ぞ知るところだが、これは余談。

大佛のような知識人であろうがなかろうが、戦争指導者の責任感については、岸とて思うところに変わりなかっただろう。

鈴木貫太郎内閣の陸相だった阿南惟幾（陸軍大将）が十五日未明に自決。

特攻生みの親ともいわれた大西滝治郎（海軍中将）が十六日、自決。

そうした報せは岸のもとにもすぐに届き、知るところとなっていた。

しばらくは悶々としたものの、自分は生き残って、必ず行われるだろう軍事裁判に出廷し、戦争に踏み切らざるを得なかった理由を明白にしなければならない、と決意を固めていた。

玉音放送で切れ切れにではあるが耳に届いた「時運の赴く所、堪え難きを堪え、忍び難きを忍び、もって万世の為に太平を開かんと欲す」の下りを思えばこその結論であった。

八月三十日、連合国軍最高司令官マッカーサー元帥は厚木飛行場に降りたったが、その後の行動の迅速さは驚くべきものだった。

彼は上陸三日目の九月二日には、東京湾沖に停泊させた戦艦「ミズーリ」甲板上で降伏調印式を行う。

続いて民間諜報局《CIS》の対敵諜報部《CIC》長ソープ准将に命じて、東条英機以下の戦争犯罪人の綿密なリストを作成し、必要に応じて速やかに逮捕するよう命じた。

戦争責任者を逮捕し、裁判に掛けることが、着任した元帥のもっとも重要な任務のひとつだった。

もうひとつの重要課題は、日本の戦後処理問題で、非軍事化、民主化、皇族・華族制度改革をふくむ膨大な戦後政策である。

連合国（アメリカ、イギリス、ソ連、カナダ、中華民国、オーストラリア、ニュージーランド、オランダなど十一ヵ国）は、これまでに戦争中を通じて戦争犯罪に関する情報を相当量収拾済みだった。

わが国では八月十五日が敗戦記念日とされているが、正式には降伏文書調印式が行われた九月二日である。

その二日から旬日も経ない九月十一日、山口県田布施の片田舎にいた岸信介に逮捕状が発令された。

GHQ（連合国軍最高司令官総司令部）は戦争犯罪を「A級戦犯」と「BC級戦犯」とに分類して裁判を行ったが、厳密に言えばABCの間に犯罪の軽重や上下関係があるわけではない。

A級とは「平和に対する罪」、B級は「通常の戦争犯罪」、C級は「人道に対する罪」というカテゴリーを戦勝国が勝手に作ったもので、しかも戦時中までは国際的には存在していない。

事後法概念をいきなり適用したものである。

とはいうものの、何を言っても始まらない日本側はただ黙然と逮捕状に従うのみだった。

九月十一日、岸と同時に総計三十九名に逮捕状が発せられた。

主な氏名は以下のとおりだが、まずは手っ取り早く東条内閣の閣僚への拘束命令が目立った（主要役職、元を含む）。

東条英機（開戦時の首相、陸相）、東郷茂徳（開戦、終戦時の外相）、嶋田繁太郎（開戦時の海相）、賀屋興宣（開戦時の蔵相）、岸信介（開戦時の商工相）、鈴木貞一（開戦時の企画院総裁）、寺島健（開戦時の逓信相）、井野碩哉（開戦時の農相）、小泉親彦（開戦時の厚相・自決）、橋田邦彦（開戦時の文相・自決）、本間雅晴（陸軍中将、開戦時の比島方面軍司令官）ほか。

この日以降、十一月十九日発令、十二月二日発令や外地にいたままの逮捕者など、翌年の昭和二十一年四月二十九日に至るまでにA級戦犯容疑者は総計百名を超えた。

そうした第二次以降（海外逮捕者を含む）の逮捕状発令の中から、主な氏名のみ列挙しておけば、概略以下のとおりである。

荒木貞夫（陸軍大将、陸相）、本庄繁（満州事変時の関東軍司令官、侍従部官長、発令後自決）、小磯国昭（陸軍大将、首相）、久原房之助（元政友会総裁）、葛生能久《くずうよしひさ》（元黒龍会主幹）、松岡洋右（外相）、松井石根《いわね》（陸軍大将、中支那方面軍兼上海派遣軍司令官）、真

崎甚三郎（陸軍大将）、南次郎（陸軍大将、満州事変時の陸相）、平沼騏一郎（枢密院議長、首相）、杉山元（陸軍元帥、参謀総長、発令前に自決）、鮎川義介（日産コンツェルン創業者）、藤原銀次郎（王子製紙社長、商工相）、広田弘毅（首相、外相）、池田成彬《しげあき》（日銀総裁、蔵相）、石原広一郎《ひろいちろう》（石原産業社長）、正力松太郎（読売新聞社長）、児玉誉士夫（右翼活動家）、畑俊六（陸軍元帥、支那派遣軍総司令官）、牟田口廉也（陸軍中将、インパール作戦時の第十五軍司令官）、梨本宮守正殿下（皇族、陸軍元帥）、徳富猪一郎（筆名・蘇峰、言論人）、大川周明（国家主義思想家）、笹川良一（国粋党党首）、豊田副武《そえむ》（海軍大将、軍令部総長）、佐藤賢了（陸軍中将、陸軍省軍務局長）、近衛文麿（公爵、首相、発令後自決）、木戸幸一（内大臣）、永野修身（海軍元帥、開戦時の軍令部総長）、岡敬純《たかずみ》（海軍中将、開戦時の海軍省軍務局長）、重光葵《まもる》（外相、駐イギリス大使）、梅津美治郎（陸軍大将、参謀総長）、武藤章（陸軍中将、開戦時の陸軍省軍務局長）、板垣征四郎（陸軍大将、支那派遣軍参謀長）、土肥原賢二（陸軍大将、在満特務機関長）、木村兵太郎（陸軍大将、開戦時の陸軍次官）（なお、マニラ降伏時に捕虜となった山下奉文［陸軍大将］はただちに裁判にかけられ死刑となったため名簿にはない）。

リストのうち、大川周明は精神異常と診断されたため、裁判から除外され、松岡洋右、永野修身が裁判中に死去している。

岸は自分の逮捕状発令を十二日の昼のラジオ放送で知った、という。

そうか、それじゃ行くか、と起き上がったとたん、ラジオは続けて東条英機が自決したという。

もちろん、東条の生死はこの段階では誰にも不明なわけだが、岸の衝撃は小さくなかった。

その後、小泉親彦厚生大臣、橋田邦彦文部大臣の自決も伝わってくる。

いずれも開戦時の東条内閣の閣僚ではあったが、直接大きな責任があるとは思えない厚生、文部両大臣の自決には岸もさすがに神経に応え、弱った。

弱ったがアメリカ側が聞くか聞かないかは別にして、どうしても開戦の事情だけははっきりさせておかねばならん、という初期の決意に変わりはない。

開戦に日本側の責任はない、あるとすれば、敗戦したための国民への責任だけだ、という一点だけが痛恨事として、岸の胸に突き刺さっていた。

一高時代の恩師で、郷土の先輩でもある杉敏助から、そのころ、岸の手許に「惜名」と題した歌が短冊で送られてきた。

二つなき命にかへて惜しけるは

千歳に朽ちぬ名にこそあれ

吉田松陰の作といわれている歌だ。

松陰の教えを知っている者なら命を惜しんで名を汚すより死を選べ、という意味であろう。

恩師の言葉ではあったが、岸の裁判への闘志は変わらないので、次のような歌を返した。

名にかへてこのみいくさの正しさを
　来世までも語り伝へん

日本の正当防衛をあくまで立証したいというのが、岸の覚悟だった。

十三日、山口県の特高警察が、出頭するようにと自宅へ来た。

東条が自決に失敗して、大森の旧陸軍捕虜収容所に入れられたことも知った。

「これから汽車で横浜の監獄まで、護衛を付けて連行します」と特高課長が事務的に宣告する。

準備もあるから、十五日朝に郷里を発ちたい、と岸は返答した。

特高が帰ると、ちょうど夏休みで帰郷していた京都大学在学中だった長男・信和が、

「国が破れた以上、もはや生きていても仕方がない。いさぎよく死ぬべきだ」

と思い詰めたように、父親に言った。

それを聞いた岸は、珍しく声を荒らげて怒鳴った。

「ナニを言うか。国の将来を思うならば、ここを生き延びる勇気を持て」

自裁の道だけは選ばず、結果はどうあれマッカーサーと対決するしか選択肢はないと諭した。

だが、剛胆をもって鳴る岸であっても、故郷を出て戦犯になると決めたときは、さすがに生きて帰れるとは思っていない。

あとは、家族と水盃をして、この古めかしい家の門を出るだけだった。

「踊る宗教」北村サヨ

義母チヨ、良子、信和、洋子をはじめ主だった親族や近隣の者も集まって、庭先の縁台に水盃の用意が調《ととの》ったのは昭和二十年九月十五日の朝である。

終戦の詔勅からまだ一ヵ月、出征するわけではないから、元気に送り出すという空気は微塵もない。

門の前では女たちが泣き崩れていた。

岸はそれでも気を取り直して、「それでは頑張って行って参ります」と言って水盃を交わそうとした、その瞬間の出来事だった。

黒い上着にもんぺ姿の百姓身なりの女が生け垣をくぐり抜けて縁先まで入って来た。そして女は、いきなり杖の先で盃を突き飛ばすと、こう大声で呼ばわったのである。

「お前ら、何をしおたれているか。岸は三年ぐらいしたら必ず帰ってくる。日本を再建するのに絶対必要な男だから、神様は殺しはしない。マッカーサーが何をしようが、岸は必ず帰ってくるから、留守中、元気に力を合わせて、オレのところにお参りせよ」

無我の境地に達したような口調でそう唱える女の脇には、数人の女性信者が手足を思い思いのままに動かして踊っていた。

神のお告げだと口承する女は、名を北村サヨという。

同じ田布施の、それも岸の家からほど近いところに住む百姓の女房である。


この日の模様を後年聞いている安倍晋三が、議員会館で話を付け加えてくれた。

「北村サヨさんに私もかつて祖父と一緒に会いに行ったことがあるんですがね。この人にやられるとみんなウジ虫になっちゃうんですね。出掛ける朝、サヨさんがやって来ましてね、『ウジ虫ども、ナニをやっているんだ。岸は必ず十年以内に総理大臣になって帰ってくるんだ』って言われたと祖父から聞きました。

そのときにね、『キチガイ婆ア、出て行け』って怒鳴った人がいたんだそうですがね。そしたらサヨさんが『お前、そんなことを言っていると三年以内に死ぬぞ』って言われて、本当に死んじゃった」

サヨをじっと見入っていた岸は、その一団を追い払うわけでもなく、落ち着いて聞き終わると、一礼して憲兵とともに田布施駅に向かった。

岸が驚かなかったのにはそれなりのわけがあった。

玉音放送のおよそ一ヵ月ほど前のことである。

猩紅熱で寝込んでいた岸の玄関先に北村サヨの代理だという信者がやって来て、こう告げた。

「岸先生、大神様がおっしゃることをお伝えします。

『お前らウジ虫どもよ、ラジオをよく直しておけ。八月十五日にはお前ら虫けらどもが聞いたこともないような放送があるからな』

とのことです」

サヨの予言はぴたりと当たり、近隣の噂は噂を呼んでいた。

サヨは「ウジ虫」あるいは「ウジの乞食」という言葉をしばしば使った。私利私欲や自分の我欲にとらわれた者を指して使う独自の用語だ。

「ウジ虫」呼ばわりをされはしたが、サヨが言うとおり岸の巣鴨収監は三年で終わったうえ、「日本を再建するのに絶対必要な男」となったことも間違いなかった。

北村サヨという女は、いったいどういう素性で、その後どのような予言布教活動をしたのか、興味は尽きない。

一般的に北村サヨは「踊る宗教」と戦後呼ばれるようになったが、正式には「天照皇大神《てんしょうこうたいじん》宮《ぐう》教」教祖北村サヨという。

ついでながら、作家の高橋和巳は『邪宗門』の中で、サヨと教団を好意的に描いているが、ほかにも深沢七郎や藤島泰輔も興味を持って取材している。

サヨは明治三十三（一九〇〇）年一月、山口県柳井市の比較的裕福な農家に生まれた。母親は浄土真宗の信者で、信心深い女性だったという。

岸より四歳年下だが、二十歳のときに嫁いだ先が岸家にも近い北村清之進という農家だったことから岸家との地縁が生まれた。

サヨは尋常小学校を出ただけの学歴で、田植えで頑張ることだけが役割であるかのように生まれてきた農家の嫁だった。少なくとも昭和十九年までは。

かつて「踊る宗教」を取材した上之郷利昭（ノンフィクション作家）の『教祖誕生』によれば、次のようなエピソードを経て、サヨの体内に神が降りてきたのだという。

きっかけは、自宅離れの納屋が不審火から焼失したことに始まる。

責任を感じたサヨが隣村の祈禱師を訪ねると、「火事は放火だ。犯人はあんたがこれから一年間、月参りをされたら出てくる」と告げられた。

信心深かったサヨは、祈禱師にいわれたとおり毎日水垢離《みずごり》を行い、氏神様にも祈り続けたが、犯人は発見されなかった。

しかし、サヨ自身が語ったところによれば、この祈願を機に何者かが彼女の体内に入り、彼女と対話をして、命令を下すようになった。

命令に従わないと、体内に入った何者かが予言するとおり、腹部や頭がはち切れ、割れるように痛み始めるのだという。

命令に従えば、嘘のようにおさまってしまうのだと。

神様が体内に入って語りかけ、命令をし始めたという日付は、昭和十九年五月四日だとされている。

このころから周辺村落で辻説法などを始めてはいたが、覚悟を決めて本格的に説法を開始したのが昭和二十年七月二十二日だった。

岸家に使いが来て、「ラジオをよく直しておけ」と伝えたところに符合する。

「踊る宗教」と名付けたのは大宅壮一である。

教祖以下、信者たちが無我の境地で踊るような恰好を見せるところからそう命名し、「口の中に入れ歯が光っていて、獅子舞のようである」と評している。

概して新興宗教に厳しかった大宅も、北村サヨが信仰による金儲けを目指していなかったことを指して「ノン・プロ主義」と呼び、その点を評価したようだ、と宗教学者の島田裕巳は述べている（『日本の10大新宗教』）。

老婆のように見えたのはその異彩を放つもんぺ姿からであろうが、実際の年齢は戦後すぐなら四十代の終わりから五十代初めである。

昭和二十一年、サヨは主食の米の供出を拒否したという理由から、食糧緊急措置令違反に問われ、山口地裁から懲役八ヵ月、執行猶予三年の有罪判決を受けている。

食糧難を極めていた時代に、サヨは自分が農作業で作った米はもちろん、同志（信者をそう呼ぶ）に対しても、供出拒否を要求した。

「神に近づく努力もせず、私利私欲に固まった〝ウジ虫ども〟に食わせる米はない」というのが、その理由だ。

教祖は法廷で歌と踊りの説法を行い、無我の舞を披露し、居並ぶ判事たちを驚愕させている。

サヨの行動が一躍戦後混乱期の巷を揺るがせたのは、なんといっても昭和二十三年九月に上京した際、新聞に写真入りで報道されてからであろう。

「朝日新聞」は「街の真中で〝踊る〟新宗教」と見出しを付け、踊る北村サヨとその信者たちの模様を伝えた。

「八日東京のドマン中の数寄屋橋公園まで例の〝オドル宗教〟が進出、ナニワ節みたいでもあり、筑前ビワのごときところもある奇妙なフシ回しで老若男女とりまぜて二十名ばかり、無念無想の面持ちよろしく踊りまくる図には銀座マンも笑っていいのか、カナシンでいいのかポカンと口を開けての人だかり──」（「朝日新聞」昭和二十三年九月九日付）

この騒ぎはさらに発展した。

数寄屋橋に続いて、神田の共立講堂で催したサヨの説法会は四時間にも及び、その熱狂ぶりは信者以外の一般大衆も大神様に酔いしれたと伝えられた。

「ウジの乞食よ、目を覚ませ！」というつもの出だしに始まるサヨの歌説法は、大衆には敗戦日本を覚醒させ、また風刺を込めた一瞬の演劇行為に思えたのではなかろうか。

説法の内容はおおむね次のようなものだった。

「ウジの乞食よ、目を覚ませ。天の岩戸は開けたぞ。早く真人間にたち帰れ。神の御国はいま来る。真心持ちほど馬鹿をみる。思うた時代ははや済んだ。崩れた世の中、おしまいですよ。敗戦国の乞食らよ、早う目を覚ませ。お目々覚めたら、神の国。居眠りしておりゃ、乞食の世界」

といった内容が、独特の表情やリズムでエネルギッシュに口からほとばしる。

岸が巣鴨へ入っている間、サヨは岸の実家によく野菜などを届けていたという。

洋子は、「岸は将来、日本の役に立つ大切な人だから、絶対にアメリカなんぞに渡してはならん。オレが隠してやると言って、父の留守中は無事を祈ってくれたり、野菜を届けてくれたり、いろいろ尽くしてもらったようです」と語っている。

サヨの側近だった崎山了知を取材した上之郷利昭によれば、岸が総理大臣になったとき、真っ先に首相官邸に乗り込んでいったサヨは岸を大いに励ました、という。

「昭和三十二年、岸さんが総理大臣になられた時のことです。例によって、米から味噌から、野菜までじぇーんぶ持って上京しましてね、黒い上着に、黒のズボンというでたちで官邸へ、岸さんにお目にかかりに行ったわけです。私は大神様が飲まれる水を入れた水筒を腰にぶら下げて、ついて行った。

岸さんが出て来られましたよ。そしたら、大神様は、『どうだ、岸、オレが言うた通りになっちゃろうがア』とおっしゃいましてね。

岸さんは、お蔭をもちまして、なんて言っておられましたなあ」　（『教祖誕生』）

十一年前、サヨは「巣鴨へ三年ほど行ってこい。魂を磨いたら、総理大臣として使ってやるわい」と言い放ち、しょげかえった家族、村人を仰天させたものだった。

サヨの予言は、的中した。

岸も、選挙区での票まとめが胸中にないではないから、信者にはならなかったものの、サヨには常に一目置いていた。

総理をつかまえて「オイ、岸！　どうじゃ」で通していたサヨには頭が上がらなかっただけではなく、何か感じるところがあったのではないだろうか。

サヨは昭和四十三年十二月、すべての体力を使い果たしたかのように六十八年の生涯を閉じ、いよいよ神のもとに帰った。

岸は葬儀にも出席し、ねんごろに弔っている。

寛子の握り飯

横浜刑務所から大森の捕虜収容所を経て、岸はその年の十二月八日、巣鴨拘置所に移送された。

巣鴨に移されたのが開戦記念日だったこともあり、岸はその因縁に米軍の怨念を感じ「これはダメか」と感じたという。

「それまで『イエス・サー』付で応対していた看守が、巣鴨へ来たらまるで違う。まずまっ裸にされて検査を受け、DDTをぶっかけられたんですから」（『岸信介の回想』）。

ガチャンという鉄扉の閉まる音が、わずかな希望をも捨てさせるように響いた。

房の隅に身を横たえると、最後に汽車の窓から手を差し伸べてくれた佐藤寛子の顔が瞼の裏に浮かんできた。

東海道線の護送途中、大阪駅のホームで出会った寛子の涙に濡れた顔を呆然と瞼に浮かべながら、やがて望郷の思いで眠りに落ちた。

寛子は繰り返すまでもないが、岸とは従兄妹であり、義妹でもある。

世話になった松介叔父の忘れ形見で、まだ三歳ほどの寛子を背におぶった記憶までがなぜか蘇ってくる。

大阪駅のホームに寛子が駆けつけるまでには、寛子にも再三の戦災に見舞われ続けた三ヵ月半ほどの苦闘があった。

昭和二十年五月二十五日夜の大空襲で、柏木の岸邸に仮住まいしていて焼け出されたところまでは述べた。


「火災がますます激しくなり、木片や石が飛んでき、防空ずきんはボロボロにこげてしまう。手足は火傷《やけど》をする。鉄カブトがわりにバケツをかぶって、やみくもに走るだけ――元気な信二と再びめぐり会えたのは翌未明、大久保駅近くの焼け跡でした」

（『佐藤寛子の「宰相夫人秘録」』）


住む家を失った寛子たちは大阪鉄道局の官舎で、佐藤栄作と一緒に暮らし始めた。

だが六月十日、その官舎がまた大空襲に見舞われた。引っ越して二週間足らずである。

大都市では危険と思い、寛子は栄作と別れて福知山線の小さな町、古市へ疎開したのだが、今度は栄作が急病だという。

「局長さんが重病です。奥様、鉄道病院で看《み》てもらったのですが、空襲で病院も危ないというのでそちらにお連れします」

と鉄道局からの連絡で、栄作が部下に担がれ、四十度の高熱があり息も絶え絶え、気息奄々《えんえん》で運ばれてきた。

それから間もなく、栄作の意識がおぼろに回復したころ、八月十五日を迎えたのだった。玉音放送は夫には聞かせないようにしていたが、やはり周囲の空気から栄作はすべてを察したようだった。

いったん回復しかけた容体が再び悪化し、危篤状態に陥ったというところへ、義兄・岸信介が戦犯容疑で逮捕との報せが伝わった。

栄作には黙ったまま、寛子は田布施から護送される信介の列車ダイヤを調べさせた。

そこは鉄道局長の妻だったのが功を奏し、大阪駅の通過時間や、何両目あたりに乗っているかなどが裏情報で調べられた。

寛子はひと晩がかりでおにぎりの包みと、手製のケーキを作ると、風呂敷に抱え急ぎ向かった。

不審がる栄作には、「ちょっとお義兄《にい》さんが東京へ用事で出掛けられるらしいので、大阪であなたの病状だけ報告してきます」とだけ言い残して。

敗戦のどさくさに汚れきった大阪駅ホームに、岸を乗せた列車が入って来た。

五分ほどの停車時間に、寛子は義兄を見つけて包みを渡したい。

「お義兄さーん、お義兄さーん、寛子ですよッ！」

叫びながら必死にホームを駆け、岸が乗っている車輛を見つけた寛子の目に、開襟シャツの首にタオルを巻き付け、目をつむるように座っている義兄の姿が飛び込んできた。

「前や横にMPの米兵。私は半開きの窓に手を掛け、『お義兄さん――』と声を振り絞って叫びました。義兄は私をみとめ、一瞬、にっこり、次の瞬間、大きな目に涙が光っていました。護送中なので停車中も外へ出してもらえません。私は持参のものを窓から差し渡しました。

発車まぎわ、義兄は私の手を固くにぎって、こう言いました。

『あとは栄作しかいないんだよ』

戦犯でつかまれば死刑になるかもしれない、これが最後の別れなのだろうか――私は声がつまりました。

横浜の笹下刑務所の門まで送った大津秘書は私にこう語っていました。

『岸先生は前夜、鎌倉の宿で、奥様の作られたおにぎりとお菓子を腹いっぱい召し上がっていかれました』」

（前掲書）

名にかへてこのみいくさの正しさを
来世までも語り伝へん

どうせ殺されるのなら、名より実をとる、と腹をくくった岸は、獄の門をくぐる前夜、一泊した宿で寛子が作った握り飯を、大津正秘書の報告のとおり、腹一杯食べ、ぐっすり休んだ。

九月十七日、米第八軍憲兵司令部に出頭したあと、横浜の笹下刑務所に連行され、十月に入ると大森の元陸軍捕虜収容所に身柄を移された。

傷がまだ癒えない東条が、病棟に収容されていた時期に重なる。

昔から手紙好きだった岸は、何をおいてもまず家族宛てに一筆認《したた》めた。

大森では初めのうちは巻紙に墨筆の手紙が許された、というからかなりの自由が利いたようだ。

巣鴨に移送されると、便箋は一枚、字数の制限つき、回数など条件が突然厳しくなる。

その大森から「岸洋子」宛に届いた葉書を、今でも洋子は大切に保管していた。

安倍洋子の自宅で葉書を見せてもらうことができた。墨文字ははっきりとよく読めるのだが、岸の流麗な崩し文字は慣れた者でないと判読しにくいほどの達筆だ。

洋子が、気を利かせて自ら読んでくれた。

「二十日付のお手紙ただいま落掌、嬉しく拝見いたしました。ちょうど十九日付の信和君よりの手紙と一緒でした。大津君（引用者注・前出の秘書）に依託したセーター今日手に入りました。マフラー、手袋、足袋も入手しました。秋とはいえ、紅葉もなくただ哀れな菊が二本寂しく秋の風情を語っております。

残菊縷々ひとり秋をいたむ　という句を考えてますが、まだまとまりません。御身が一番若くして未来を持っているのであるから、これからも元気で祖母と母を慰めつつ力づけてください。父より」

葉書の日付は十一月二十七日付となっている。巣鴨に間もなく移動するわけだが、岸は当然ながら行く末のことはさっぱり知らされていない。

読み終わった父の葉書を丁寧に包みながら、「それでね、このあとの手紙はわら半紙みたいな粗悪な紙の便箋でね、鉛筆でした。私宛だけではなく、兄や母宛のもたくさん送られて来ましたけれど、絵葉書のようなものとかね──」と、洋子は話してくれた。

いま、それらの絵葉書、書簡、日記の類いはほとんど郷里の田布施町郷土館に保管されている。

娑婆への執着

洋子宛の葉書を認めてから旬日後、十二月八日、岸は四回目の開戦記念日に巣鴨拘置所の門を護送されてくぐった。

あわただしかったこの数ヵ月を振り返る間もなく、この先の身の処し方に一種名状しがたい不安を感じ始めていた。

ただ、大将、首相級がずらり居並ぶ戦犯の中で岸はかなり若い方だったので、体力的にはほかの老人より自信が持てた。

収容された政治家・軍人で最高齢は平沼騏一郎の七十八歳、最年少は軍人では佐藤賢了が五十歳、政治家では岸が四十九歳であった。

またそのほかでは児玉誉士夫が最年少で三十四歳、笹川良一も次に若く四十六歳だった。

房の外では終戦直後に組閣された東久邇稔彦内閣が二ヵ月足らずの短命で総辞職を遂げ、天皇がアメリカ大使館に住んでいるマッカーサーのもとを表敬訪問したという。

岸が大森の収容所に移送されたときには、幣原喜重郎が組閣を開始したとの報が入ってきた。

昭和初期から満州事変の時代に宥和外交の名で出てきた老人が総理で、外相には外交官を引退したはずの吉田茂が就任、とある。

時計の針が逆さに何回か回されたのか。

岸は混乱した頭をかきむしりながら、連日のように賀屋興宣の房に顔を出しては憤懣をぶつけ、行く末を案じつつ年を越したのだった。

「そう怒るなよ、岸クン。これだけ巣鴨に入れられたら、シャバには老人しかおらんじゃろが。しばらくは吉田さんのおとぼけ英語でマッカーサーとうまくやってもらうほかないよ」

賀屋は東条内閣で席を並べた大蔵大臣で、すでに気心の知れた仲だった。

岸より七歳年上ということもあり、気性がさっぱりして剛胆無比な男っぽいところに、岸はすっかり惚れ込んでいた。

広島出身と故郷が近いことや、賀屋が幼くして大伯父の家に養子に入った境遇が似ていたことも親交を深めるきっかけだった。

巣鴨内の日常は、初めの半年ほどは全員が未決同士で、部屋は一定せず落ち着かないものだった。

誰が、いつ起訴されるのか、が一番の関心事なのだが、なにぶん情報が少ない。

暗黙のうちに互いの腹の探り合いや、些細な情報交換が繰り返され、容疑者たちの神経が疲れ始めたころ、事態が動いた。

第一次起訴はなんと天長節（昭和天皇の誕生日）を選んで、発表された。

のちの話になるが、七名の絞首刑が執行されたのも二十三年十二月二十三日で、この日は当時の皇太子（今上天皇）の誕生日である。マッカーサーがいかに皇室ゆかりの日を政治的復讐に利用したかがよく分かる。

起訴が決まったのは、二十一年四月二十九日だった。

その日から、起訴組とそれ以外の組は棟も別になり、監視や待遇は厳戒態勢に入り、巣鴨の空気もすっかり変わった。

続いて五月三日、ウェッブ裁判長、キーナン首席検察官が見守る中、正式に審理が開始された。

起訴によって一線を引かれたのは、以下の二十八名で、岸の名前はそこにはなかった。

荒木貞夫、土肥原賢二、橋本欣五郎、畑俊六、平沼騏一郎、広田弘毅、星野直樹、板垣征四郎、賀屋興宣、木戸幸一、木村兵太郎、小磯国昭、松井石根、松岡洋右、南次郎、武藤章、永野修身、岡敬純、大川周明、大島浩、佐藤賢了、重光葵、嶋田繁太郎、白鳥敏夫、鈴木貞一、東郷茂徳、東条英機、梅津美治郎

名簿は翌朝、新聞で全員の知るところとなったが、岸の胸の内は太い閂《かんぬき》が架かったように

重く気鬱なものとなった。

とりわけ、キーナン主席検事が出した「今度の起訴状から除かれた者も後日起訴されないとは言えない」という声明文は、不起訴組の胸中を波立たせた。

年が明けてから次々にA級戦犯容疑者への尋問が開始されたが、岸は、自分に対する尋問がさっぱり行われる気配がないことに、かえって闇夜に置き去りにされたような不安感を覚えていた。

とりわけ木戸幸一は自ら進んで日記を提出したこともあって、天皇をめぐるさまざまな問題、御前会議の内容、東条を推した理由など、検事側にとっては極めて魅力的な話題の提供者となっていた。

これらの記述は『国際検察局《IPS》尋問調書』の第2、3巻に詳しい。

満州事変の勃発についても、木戸は「事変の拡大を画策したのは、関東軍の参謀将校たちでした」と答え、具体的には「石原という名の参謀が非常に強硬な態度でした」と裏付けのない指摘をしたり、大川周明の名を挙げ、政府の不拡大方針に反対した民間右翼人であると答えている。

その後、武藤章や佐藤賢了の役割が焦点となり、松岡洋右の「過激な立場」や歴代の陸軍軍務局長への悪印象を述べたりした。

木戸の証言はほかの被告、とりわけ旧軍人たちのはらわたを煮え返らせるに十分だった。

加えて、検察側証人として証人席に立った田中隆吉（陸軍少将、陸軍省兵務局長）は、威風堂々と現れ、昔の仲間を死刑台に送るような証言を次々と繰り出し、東条以下、被告たちを唖然呆然とさせた。

田中隆吉に関する背景の問題点は看過できないところがあるが、本書の主題から離れるのでほかの研究書に譲って省略したい。

少なくとも木戸は田中とは違い、自身の生命がかかった被告である。

当然、自分の命をどう守るかを熟慮した上で、かつ、天皇をどう守り抜くかという立場で、責任の矛先を決めたフシがある。

軍人以外の文官の役割として、松岡の責任を必要以上に大きく説明したのもそのひとつと言えよう。

だが、岸に関してはその逆だった。

第二次近衛内閣で商工次官だった岸の役割に検察は興味を持ったが、木戸は「彼は非常に優秀な官僚のひとりだ」とし、検事（FBI出身のサケット中佐）の「岸は保守的なグループに分類可能か」という誘導的な質問にも「彼は政府の役人としては大変進歩的であった。岸と東条は古い友人ではなく、満州で役人をしていたので、東条と知り合うようになった」

と説明している。

サケットの「岸は膨張主義者ではないか」との問にも、木戸は「南方資源の獲得に関して、岸は武力によらずに目的を達するべきだという立場だった」と岸を擁護している。

国際検察局による三月までのこうした調査で、岸は木戸尋問などを通じて多少とも有利な立場に置かれていたと見ていいだろう。

さらに、サイパン陥落後の東条内閣打倒工作では、東条を追い込んだ岸と、生みの親ながら遂に見放した木戸の立場は一致し、側面から「終戦を早めた」同志として検察の前で振る舞うことができたのである。

それもこれも、内大臣への忠誠を貫いていた岸を木戸が評価したためと思われる。

ただし、こうした木戸への尋問内容をまったく知るよしもない岸は、不安な日々を過ごしていた。

岸が検事に呼ばれたのは、ようやく三月七日になってからだった。

『国際検察局《IPS》尋問調書』第14巻によれば、岸は昭和二十一（一九四六）年三月七日、十四日、二十日になって急に呼ばれてはいるが、内容的にさして重要なものはない。

呼ばれたのが三年間でこの三回だけというのも、考えてみればおかしなことではある。

最初は出身地や学歴といった人定尋問に続いて、近衛新体制における経済問題、小林一三商工相との軋轢で次官を辞任した件、軍需省の設立理由、武藤章との関係、満洲での産業五ヵ年計画、などが主な内容だった。

笑えるのは「二キ三スケというのを知っているか」という岸への質問で、この五人が満州を侵略した元凶だと検察局は思っていたようだ（第14巻「ケース77」）。

東京裁判開廷の最大の理由は、昭和三年に始まる満州への侵略（張作霖爆殺事件）から昭和二十年八月十五日までの日本の戦争犯罪すべて——というものだった。

そうだとすれば満州経営最大の功労者（検事側から見れば侵略者）である「二キ三スケ」を、起訴から外すわけにはいかないだろうな、と岸が覚悟を決めたのは当然の判断だった。

それにしては、訊問時間が少なすぎる。いったい、検察局は何を目論んでいるのか、計りかねるのである。

満州事変の軍事的プロデューサー石原莞爾は起訴もされず、「なんで俺を起訴しないんだ」とアメリカ側検事を嘲《あざけ》ったという。

岸は満州の経済建設の大立て者だ。岸を起訴するなら、石原が起訴されて当然だった。

だが、このふたりは立場こそ違え、ともに東条に反旗を翻している。検察が意図するように東条との共同謀議《コンスピラシイ》を成立させるには、無理が多すぎたのかもしれない。

それから一ヵ月以上が過ぎて、二十八名の起訴された名前が公表されたのだが、岸は「この程度の取り調べで終わるはずがない、必ず二次起訴があるだろう」との不安感にかえって悩まされ、同時にひとりだけ取り残されたような心境にさせられた。

文官で起訴されたのは、広田弘毅、平沼騏一郎、星野直樹、賀屋興宣、松岡洋右、大川周明、重光葵、白鳥敏夫、東郷茂徳の九名である。

岸は自分の置かれた立場を複雑に思い、房の鉄格子越しに空を見上げていた。

松陰の歌を返してまでして故郷をあとにした岸だったが、法廷で満足に主張する機会も与えられていない。

死ぬことより、生きてこの戦争の正義を言いつのりたかった、との思いは増すばかりだ。生きて、生きて、日本人らしく主張しよう、という願いが次第に膨らんでくる。

それは娑婆《しゃば》への執着、というものだろうか。

なぜ、不起訴か

同じ東条内閣の国務大臣のうち、文官の賀屋、東郷、重光、そして親任官ではない星野までが起訴され、自分だけなぜ外れたのか。

岸の疑問は、同じくほかの同囚の疑問点でもあった。

巣鴨の各棟ではそれぞれ時間差をつけ、庭の散歩《エクササイズ》や入浴時間などが決められていたが、そうした折りに触れ岸不起訴は話題になった。

「彼は東条さんと最後は意見が合わず総辞職を引き起こさせたから、それが幸運をもたらしたんだろうよ」

といった、具合である。

不起訴が決まるまでに半年あまり、そのまま釈放されたのなら楽だったが、第二次起訴の不安を抱えたままのあとの二年九ヵ月はむしろ業苦だった。

その心境を岸は比較的率直に語っている（部分略）。

「初めはもちろん、二度と帰ってくるつもりはないし、いろいろのことを考えながら、法廷へ出たときにどういうふうに自分たちの所信を言うか、ということばかりを考えておって、——極刑に処せられて、あるいは、絞首刑になるか、銃殺されるか知らんが、その時に見苦しい態度をとらないようにという心境で一杯だった」

（『天皇・嵐の中の五十年』）

起訴組が決定されるところまでは、そうした清澄な状態が保たれていたというが、一度そこから救われると、もう二度と法廷に立たされるのが嫌になるものだと、素直に答えている。

「四月に、酒井君（引用者注・酒井忠正、貴族院副議長）なんかと一緒に井野君（引用者注・井野碩哉、開戦時の農相）も許された。そういうことになると、われわれも釈放されるだろうという期待を持ち、希望が出てくると、それだけの覚悟を決めておったやつが、こんどは出たくなるんだね。

『俺は、いっぺん死線を通って来たから、どんなことがあっても驚かない』というが、普通のひとはそうじゃないと思う。ぼくも半年ぐらいの間の心境は、そのときは、日本人として恥ずかしいものじゃなかったと思う。しかし、二度とこの世に出て来ないという決意をしておったにもかかわらず、やっぱりそこを通ると、──それがずっと続かないのだな」　（前掲書）

そのころ、松岡洋右は終戦前から患っていた肺結核が悪化し、衰弱が激しくなった。丸刈りにした頭から顔は青黒くむくんで見え、両眼はくぼみ、竹の杖で辛うじて身を支えて法廷に立つのがやっとだった。

まだ四月、松岡が中庭の散歩に出られたときの立ち話で、岸と出くわした松岡が「おまえのお母さんのもよ姉さんは政治家だったなあ」としみじみ述懐した話は第一章で紹介した。その後、東大病院にいったん収容されたが、六月二十七日、六十六歳で死去した。

高齢の戦犯容疑者の多くは体力が弱り、若くても精神的に参っていた者が多い中で、ひときわ気力充実して気を吐いていたのは笹川良一だった。

笹川の観察眼はなかなか興味深く鋭い。さまざまな人物の獄中生活を活写しているが、ここでは岸とのやりとりを引いておきたい（部分引用）。

「岸君は人も知る通り統制派官僚の驍将《ぎょうしょう》で、商工省の新進官僚の大親分として光り輝いた存在であった。

鼻柱も向う気もはなはだ強く、人並みはずれた大きい目と、大きい耳は故羽左衛門《うざえもん》（引用者注・美男子で有名だった十五代目市村羽左衛門）そっくりだが、色男とはどうお世辞にも申されない。

敵にとってははなはだ厄介な、闘志満々珍しく筋金の通った男としての定評を持っていた。巣鴨に来てからも居房が近接していたので、運動場での四方山《よもやま》話は無論のこと、互いに訪問しあってとりとめもない雑談にも興じた。

『笹川君、君はどうだい？　ぼくは下半身の方が元気で困る。まったくこれには自分でももてあます。巣鴨生活最大の苦痛はこいつだ』

と、旺盛なる精力を率直に打ち明け、呵々大笑する岸君であった」（『巣鴨の表情』）

岸の方も笹川とは相性がいいのか、のちにかなり深い縁ができる。

岸が後年会長を務める人口問題の「家族計画国際協力財団」への多額な資金援助も笹川（当時の日本船舶振興会）からだ。

岸は笹川について、「笹川良一君なんかも、まあ、右翼といわれている人だ。笹川君にいわせると、マスコミから悪口をいわれている限りは、君と僕は社会的に影響力をもっているという証拠だよ、と彼はいっている。マスコミが悪口をいわなくなったら、もうお互い終わりだという意味かもしれない。笹川君も世間でいうてるほど変な男じゃないんだがね」（『岸信介証言録』）とかばっている。

笹川の観察では、概して軍人のほうが弱かったと述べているが、確かに悲壮感が漂っているのは軍人たちだった。

かつてはサーベルをガチャつかせ、肩の星の数を誇っていた彼らとて、今では責任感の重圧と周囲からの冷たい視線に耐えなければならなかった。

そんな中で、意外に沈着冷静さを保っていたのは東条英機だと言われている。

逮捕時に試みたピストルでの自決が未遂に終わったことで、周囲から一層冷たい視線を浴びる羽目になったのは不運であった。

横浜本牧の米軍病院へ搬送され、大森の捕虜収容所で静養後、巣鴨へ移されてきた。

中庭散歩でも、声を掛ける昔の仲間は少なく、いつもひとりで淡々と過ごしていた。

起訴された際でも動揺はなく、むしろそれ以来、自分の責任をまっとうしようとする姿勢が尋問や法廷で見られるようになった。

悲壮感が漂う高級軍人の中にあって、東条だけはひときわ背筋が伸びていたと岸は言う。

「起訴された連中が散歩する姿を窓からのぞいてみて、不起訴組の連中がいろんな話をしてたんだ。東条さんの後ろ姿は非常にいいというんだよ、人間的に。その点はみんな一致していた。

総理大臣のときのようなイライラが見えない、なにかもう自分で死を決した人の姿だ、もう一度東条さんを総理にしたらきっと立派な総理となるだろうと話しあったことがあるんだ」

（『岸信介の回想』）

イライラの解消法だったかどうかは分からないが、岸は意外と手先が器用で、支給されたミカンの中身をうまくくり貫いて食べたあと、外側をそっくり蓋付きのミカンの器細工に作り上げた逸品が残されている。

岸家に現在四個保存されているといい、うち一個を洋子の安倍邸で見せてもらうことができた。

「信夫が保存しているのですが、今日お見せしようと思って、持って参りました」

洋子がそう言いながら、布に包まれ小箱に入れられた「芸術品」を取り出した。

散歩《エクササイズ》の折りに、ガラスの破片や金物のかけらをひろってきて道具に使ったものだろう。

ミカンの皮細工には、拡大鏡で判読するほどの文字が刻まれて、銘が打ってある。

ミカンの表に彫られた小文字は「丙戌　信介作　鴨獄」「鈴木貞一」と読めた。

手慰みの作品に獄内同僚の鈴木貞一（企画院総裁）に署名をしてもらった一品だ。ほかに、東条英機の署名入りミカンもある。

「丙戌」とは「ひのえ　いぬ」年の意で、昭和二十一年がその年だった。

この時代、ミカンが支給されるとすれば秋も深まってからのことだったろう。

二十一年の暮れ近くの一夜、岸は房内で何かを忘れるためにか、何か固い決意をするために、黙々とミカン細工に時間を費やしていたのだ。

東条内閣の時代に同時に国政に関与したにもかかわらず、起訴された者とされなかった者との差が出たが、その理由はいつまで経っても法廷では判明しなかった。

自分とほとんど同じ立場にあった星野や賀屋が起訴され、自分が起訴されないままでいるのは「明瞭な不公平」で「数々の不合理や奇怪至極の事」と獄中日記にある（『岸信介』）。

木戸幸一の岸に有利な尋問はあったが、それだけで不起訴になるなどとは到底考えられない。

ほかの東条、星野、松岡、鮎川を木戸が格別に非難した（例えば、近衛文麿については特別に非難した記録がある）という尋問録が岸にはない。

岸を起訴する気があれば、木戸がいくら訊問で岸を誉めようと岸を呼び出し、いくらでも疑問点の拡大や追及は可能なのだ。

実際、そうした例はほかの被告の例では、枚挙にいとまがないほどある。

また、起訴する際のひとつのポイントとして、開戦直前に開かれた大本営政府連絡会議（戦争指導に必要な閣僚と統帥部＝陸軍の参謀本部と海軍の軍令部の各総長、次長、作戦課長などが要員）に出席していたかどうかがあったのだと、岸は矢次に語っている（『岸信介の回想』）。

実際、十六年十一月二十九日のいわば最後の連絡会議に、岸はたまたま出席していなかった。

商工、農林、逓信など各省については鈴木貞一企画院総裁が一手に資料を持って出席したので、岸商工相、井野農林相、寺島逓信相などは出席しなかった、というのだ。

それで起訴をまぬがれたのではないか、と。

逆に、星野書記官長や東郷外相などは出席確認がなされたので起訴となった、というわけである。

岸の臆測はそこまでは間違っていない。

だが、その直後に開かれた御前会議で、花押を捺《お》した件に関して、国際検察局《IPS》はなぜ関心を示さなかったのだろうか。

念のため、会議の順を追って確認しておこう。

十一月二十九日の大本営政府連絡会議は、十二月一日に予定されている戦争決定の御前会議の最終連絡会議だが、岸は出席の必要がなかった。

会議は、「戦争決意に関する御前会議、独伊に対する外交措置、その他開戦決意に伴う国内外に対する措置、について審議検討す」と、まさに十二月八日に向けての最終チェックの会議だったことが、『杉山メモ』（参謀本部編）の冒頭の部分に明記されている。

その連絡会議で確認され、政府と統帥部が諒解した事項をもとに、十二月一日月曜日午後二時、第八回御前会議が宮中で開かれ、全閣僚が出席した。

御前会議の冒頭、外務、陸軍、海軍、内務、大蔵等の大臣から「対米英蘭開戦の件」が発議され、これを受けて東条首相が原案に異議なしと認めると発言した。

そこで天皇が入御され、総理がいま決定した議案を奏請、次いで、全閣僚が書類に花押してすべての手続きが完了したのだった。

十二月一日の御前会議を「開戦決定」とするならば、そのひと月前の十一月五日には「開戦決意」を決めた御前会議（第七回）が開かれ、岸はそこにも出席していた。

十一月二十九日の大本営政府連絡会議出席については矢次に説明しているが、出席した重要な御前会議については触れていない。

岸が起訴されずにすんだ理由は、果たして岸が考える「大本営政府連絡会議に出ていなかった」からだけだったのか。なぜ、検察局は御前会議の出席を重要視しなかったのか。

この謎は、まだ簡単には解けない。

獄の内外

昭和二十三年四月十五日、最終弁論が終了し、東京裁判の審理は幕を閉じた。二十一年五月三日の開廷以来、七百日以上が経過し、公判回数も四百回を超えていたが、それでもまだ判決言い渡しには間があった。

その間、起訴された二十八名のうち、大川周明が五月に法廷で東条英機の頭を叩くなど奇行が目立った上、精神障害が認められて不起訴処分に、松岡洋右がその翌月死去。永野修身も二十二年一月に急性肺炎を起こして死去している。

岸はその長い月日を家族に手紙を書いたり、たまに許される親族との面会を楽しみにし、ときに読書をして過ごしていた。

洋子の著述から当時の獄のようすをうかがってみよう。


「家族の面会は月に一回、一人だけが三十分、許されていました。当時は汽車の切符を手に入れるのもたいへんでしたから、田布施から毎月東京へ出ていくわけにもいかなかったのですが、すでに東京に出て政界入りしていた佐藤の叔父も含めて、だれかが必ず面会に行っておりました。巣鴨では、三重の鉄の網戸越しに対面するのですが、一メートルほどずつについたてで仕切られていて、網戸のまん中に空いた小さな丸い穴から相手の表情を確かめつつ、いろいろと話し合うという形です。父はやつれて見え、脇をひもで結んだ甚平のような獄衣を着て、頭は丸坊主、鼻の下にチョビひげを生やしておりました」

（『わたしの安倍晋太郎』）

この記憶は二十三（一九四八）年秋のことと推察できる。

二十二年二月、運輸次官に昇進した佐藤栄作は一年ほどで次官を依願免職して民主自由党山口県支部長に就き、政界への足がかりを築き始めていた。

ざっと終戦直後の政治の流れを追っておこう。

巣鴨の外の政界は幣原内閣のあと、鳩山一郎の公職追放によって急遽、吉田茂が自由党総裁となって第一次吉田内閣を組閣した。

その後はいくつもの政党間で政争が繰り返され不安定な政局が続く。

二十二年四月の総選挙で、社会党が第一党となったため吉田はさっと降板。

社会党を中心とした社会、民主、国民協同党の片山連立内閣ができたものの、片山内閣は間もなく瓦解。

そのあと芦田均が同じく連立を組んで芦田内閣を成立させたのが二十三年三月だった。

その三月に、吉田茂、芦田均、河野一郎、大野伴睦らを軸にした自由党と、保利茂らの民主党の流れを汲む者が合同して民主自由党を結党し、芦田を首班に立てた。

このとき、佐藤は吉田のこれまでの恩顧に応えるべく運輸次官を辞め、吉田について政界入りしたのである。

その芦田内閣が昭和電工事件に端を発した混乱に耐えられず、二十三年十月七日総辞職、第二次吉田内閣の成立となった。

そうした政局の目まぐるしい動勢は、巣鴨内にいても新聞の回覧が許されていたのですぐに岸にも伝わってきた。

第二次吉田内閣の組閣に伴って、まだ議席もない佐藤がいきなり内閣官房長官に抜擢され吉田の女房役となったニュースには、獄内の岸もど胆を抜かれたが、「なかなかやるじゃないか」という思いも湧いてきた。

獄外の政局があわただしく変動し、獄内では「いよいよ判決か」と噂が出始めたのが二十三年十月ごろだった。

獄外の政局の喧噪はいやが上にも岸の心境を揺さぶるに十分だった。

判決の行方も腹を落ち着かせない。

加えてこれまでの獄内の扱いから、気分は再び反米一色といった感があった。

年端もいかないアメリカ兵の看守にこづき回され、裸にされ、罵声を浴びせかけられる日々がそうさせていたのだ。

傍若無人の粗暴な待遇に、何が人権だ、何がアメリカ民主主義だ、ただの野蛮人ではないかと、岸は怒っていた。

子供のような看守への憤怒の矛先は、なぜかその最高責任者たるマッカーサーに向かう。ひとり、房内で孤独な「反米主義者」として出獄後に備え戦略を練るしか、今の岸にできることはなかった。

「獄中日記」

巣鴨にいた最後の三ヵ月の『獄中日記』から、そんな岸の揺れ動く心模様が浮き出て見えれば貴重な史料となろう。

短歌を詠み、家族と過ごした日を思うなど、努めて平常心で過ごそうとする筆運びには、自らを落ち着かせようとする意思が垣間見える。

なお、『獄中日記』は昭和二十一年三月一日から、出獄前日の二十三年十二月二十三日まで書かれ「田布施町郷土館」に保存されており、最後の三ヵ月分だけが『岸信介の回想』（文藝春秋刊）によって読むことが可能だが、日記自体は現在非公開とされている。

以下、部分略ながら拾い読みしつつ、獄中における不安定な岸の心境に添って進みたい（旧字体は新漢字に改め、句読点、送り仮名などは適宜整理して読みやすく改めた）。

（山口県田布施町「郷土館収集文書」所蔵、「岸信介の回想」資料10より）

［（昭和二十三年）九月二十五日（土）晴］
午前屋外運動
十五日附の良子からの手紙来る。十七日附の洋子からの便りが封入りせられてゐる。十五日と云へば悲痛な気持で家族や親戚知己と別れを告げて出て来た日である。あの時から満三年の月日が流れた。その生々しい思い出を以て書かれた手紙である。

［九月二十八日（火）晴］
午前屋外運動、中庭の日の当たらぬ木陰はいくら歩いても夏衣装では体も暖まらぬ。窓下の日向に目白押しになつて日向ぼつこをやつてゐる。二十五人の連中はいずれも冬のシャツを着てゐる。既決の連中は作業服を重ね着てゐるものが少なくない。ゼーラーやMPもレインコートみたいなものを引っ掛けてゐる。純然たる夏支度の外に何も持たない未決の吾々だけが一番寒い思いをさせられてゐる訳だ。七十以上の老人の居るのに。

［十月一日（金）晴］
東京裁判の判決も本月末には下されるだらうと倫敦ロイター電報が報じてゐる。等々から判断すると、今月には吾々最後の運命も明確になることゝ思はれる。

今日よりは神無月なり吾々の運命《さだめ》の定《き》まる月とぞ思ふ

秋深み後ろの山に栗の実を日毎拾はむ娘らの思ゆ

四年前妻娘と共に茸狩りし山の茸は今出づらんか

［十月七日（木）雨後晴］
昨夜は終夜風の音高く、夜中幾度か夢を驚かされる。午前入浴。日用品の配給今週は未だに行はれない。便所の紙の無いのには閉口である。その他歯磨き粉、石鹸などで困つてゐる者もあり、又用紙が欠乏し物を書くことが出来ない。今後配給量を各人別に制限するといふ示達があつた。

「九月二十五日付」は、下獄以来満三年目にあたる九月十五日付の妻からの手紙を落手し、故郷出発の際のことどもなどがしみじみと去来する様子がうかがえる。
「九月二十八日付」「十月七日付」に見られるように、獄内での処遇は極めて悪かったようだ。寒気到来にもかかわらず夏服のまま放置されている状況や、便所紙にもこと欠く始末から、アメリカに対しては感情的な恨みさえ持つようになったと、別の日に書いている。短歌を何首か紹介したが、このほかにもほぼ連日といってもいいほど歌を詠んでいる。多くは家郷への感傷を込めた内容が目立つが、万葉歌集などを繰り返し読み、諳《そら》んじたというだけの成果は上がったと見受けられる。

［十月九日（土）晴］
荷造りをして午前九時半、第六棟第二室に移転する。新居の部屋は第六棟の東側で日当たりもよく、窓の外は一面の大根畑で遥かに周壁を越えて外界が望まれ、鼻のつまる様な中庭に面すのとは比べ物にならぬ。
ただ、部屋の広さは前と同様だが、畳が六畳しか敷いてなく各人一畳宛てであることが窮屈である。殊に寝るときは布団が重なり合ひ宛然たる雑魚寝の姿である。

［十月十三日（水）晴］
午前三輪君面会に来る。
三輪君は今月の信和に代つて面会に来たもので、先般行はれた訊問の内容等を詳細に連絡し置く。我妻君はじめ同窓の諸君の消息を詳細に聞く。又、政界の現状や昭和電工事件などにつき裏面の消息など語り、またたくまに面会時間が過ぎさりMPに促されて別れる。

［十月十六日（土）晴］
芦田内閣総辞職後の内閣首班の指名に至るまでの醜態を極めし各党の駆け引きも吉田自由党総裁の指名に落ち着き、昨日認証式も行はれ組閣工作に入ったと報ぜられる。
弟は官房長官に内定したと新聞に出てゐる。余との関係で国務大臣になれぬことは遺憾の極みである。他日の大成の為に官房長官の激職に就くことは極めて結構の事である。至嘱《ししょく》、至嘱（引用者注・大いなる希望を抱くこと）。
斎藤瀏《りゅう》氏の『万葉名歌鑑賞』と相馬御風の『雪中佳日』中とにある歌を抄写する。

［十月十七日（日）晴］
十月も残すところ二週間、この間に起訴がなければ釈放といふ噂専らである。今更どさくさ紛れに簡易手続きで裁判させせられることは誰しも嫌なことである。一飛びにこの二週間は過ぎ去ればよいとねがふのも人情である。

［十月十九日（火）晴］

弟宛の手紙を出す。内閣官房長官就任を祝してやる。

明日第三棟二階（独房）へ引越す旨が言い渡される。独房に二人連入れるとのことで、籤《くじ》引きした結果安藤氏と同室することとなる。二畳の独房に二人起居させられることは、入れられぬ今から大恐慌である。同じ畳一畳で宛てではあるが、この部屋には内廊下や片側廊下があるけれども、独房はさういうゆとりが一切ないこと故、相当に苦しいことと思はれる。

［十月三十一日（日）晴］

午前入浴、午後屋外運動。北風強く砂塵をあふりとても散歩はできぬ。風の当らぬ片隅に寄り集まりうずくまつてゐるばかりである。

窓が壊れて閉まらないので、毎日閉めて貰ふことを要求してゐるのに一向に取り合はぬ。古新聞を貼りつけて寒さをしのいでゐるが、今日の様に風がひどいと直ぐにはがれてしまふので、何回も貼つてゐるのだがとても手が付けられぬ。

夜に入り十八日附信和（仲子同封）、二十日附小野儀七郎君、二十二日附寛子、同日附園部君からの葉書来る。信和、仲子共に元気、新所帯の近況を報じてゐる。

「十月十三日付」の「三輪君」とは、東京帝国大学の同級生三輪寿壮で、当時は新人会所属の左翼陣営、岸は上杉慎吉教授が率いる国粋主義グループに属していたが、なぜか気が合い、付き合いは生涯に及んだ。

三輪は戦後弁護士となり、岸の弁護を担当した。

栄作の官房長官就任はことのほか嬉しかったようだ。吉田茂は佐藤を国務大臣で官房長官に押し込もうとしたが、兄がA級戦犯容疑者である以上、どうしてもGHQの了解が取り付けられなかった、と漏らしている。

「十月十六日付」にある斎藤瀏は、元予備役陸軍少将で、歌人将軍として名が高い。斎藤茂吉などとともに戦時中に新聞募集した「愛国百人一首」の選考にあたった。

防人の歌などが載っている『万葉名歌鑑賞』が巣鴨獄中で読めたのは奇跡的ではあるまいか。ひとり娘に歌人の斎藤史《ふみ》がいる。

「十月三十一日付」、長男・信和は二十一年に京都大学を卒業すると宇部興産に就職、二十三年五月に東京で仲子と結婚したばかりであった。

仲子の父・田辺譲が山口県政に重きをなした実力者であることは先にも触れた。

結婚した二ヵ月後、仲子は初めて巣鴨の金網越しに義父との対面を果たした。原彬久のインタビューに、仲子は初めて挨拶する義父が「丸坊主で、痩せていて、歯が出ていた」ことはよく覚えているが、「最後まで義父《ちち》には網がかかっていたような気がします。最初の出会いから、亡くなるベッドの上でさえもつねに〝網越し〟の義父でした」（『岸信介』）と意味深長な表現で義父の印象を語っている。

冷戦を読み解く

［十一月三日（水）曇］

明十一月四日午前九時半より、東京裁判所法廷再開、いよいよ判決の朗読が開始せられると司令部から正式に発表せられてゐる。

キーナン検事も急遽二日の飛行機にて出発、四日午後東京着の予定と報ぜられる。

瀋陽陥落、満洲が完全に中共の手に帰し、更に漢江及び揚子江に向かって其の勢力が及ぼうとして居り、蔣政権の前途極めて悲観すべき状況に立ち到つてゐる。米国の大支政策をいかに打開せむとするか、支那が中共の天下となれば朝鮮はもとより東亜全体の赤化である。米国の極東政策は完全にソ連に屈服することになる。

弗《ドル》と武器とで蔣介石を助けることは焼け石に水であるばかりではなく、中共を援助する結果となる。

米国式装備の軍隊が、続々寝返りを打つてゐる現状を見れば、其の結果は極めて明瞭である。米国が其の軍隊を以て、中共勢力を抑圧せざる限りは退勢《たいせい》を挽回する途はない。然してこの中共に当たるべき米国軍は、日本に於いて義勇兵を募集して之を米国軍隊に編成し米国の装備と其の物資の下に之を当たらしむことが最も有力適切なる方策と考へられる。之を断行するだけの勇気と決断とが果たして米国に出来るや否や。

［十一月十二日（金）晴］
東京裁判の被告の連中が夜に入つて吾々の階の北三分の一に引越して来る。引越して来た際、鉄網のところを通つた人々の中に、東条氏の姿が見えなかつたやうである。嶋田、木戸、星野、東郷、重光、南、畑、平沼、岡、佐藤の諸君は記憶に残つた。どういふ意味の移転か、どうした理由で全部来ないのか判らぬ。

［十一月十三日（土）晴］
昨日東京裁判の判決行はれたるものと思はれ、移転して来ない七名が死刑の判決を受けたものとの推測が期せずして一致する。
来なかつた七名は結局、東条、広田、板垣、松井、土肥原、木村、武藤の諸君といふことになる。新聞が来ないので判決の内容は判らぬ。午後、仏教の礼拝、花山博士から七名死刑、東郷二十年、重光七年、他は全部終身刑の判決が下されたと聞き、一同稍呆然《しょうぼうぜん》たる様子である。

満州事変にしても、支那事変にしても大東亜戦争にしても、これらの事実が起るに至つた国際関係や背景等はすべて之を日本の侵略的意図といふ偏見を以て片付けてしまつてゐる。後世史家を欺かむとしても、各種の客観的事実の検討によつて必ず正しい歴史が闡明《せんめい》（引用者注・道理を明らかにすること）せらるる日があることを疑はない。

今日は余の五十二回目の誕生日である。獄中で迎へた四回目の日である。東京裁判の判決を見ると、余等の起訴せらるる日も遠くあるまい。今年の正月、キーナン検事の談としてA級として起訴しないと新聞に報ぜられてから幾度か釈放の希望を持たされたのであるが、今や其の希望は全くない。

［十一月二十五日（木）晴］

児玉（誉士夫）君来たり、碁を打つ。今日は米国の感謝祭の日である。昨日午前マ元帥東京裁判の判決に対する被告の訴願に対して最後の決定をなす旨昨日の各新聞に掲載せられていたので、今日の新聞が待たれるのに感謝祭のため明日まで新聞を見ることが出来ぬ。

夕方、マ元帥の判定は、原判決をそのまま認める、減刑は一切行わなかつたと伝へられる。マ元帥の最後決定が新聞にある。例の如きペダンチックの声明が掲げられてゐるが読む気もせぬ。

[十二月二十三日（水）曇]

昨日の新聞、夕方にようやく配達せらる。米国大審院訴願却下の決定を為したと報ぜられる。それと共に、今暁零時半から東条氏以下の絞首刑が執行せられたといふ情報が伝へられる。まだ真偽は判らぬけれどもどうもあつたらしい気配である。

『獄中日記』はここで終わっている。

少々長い引用になったが、家郷への思いを除けば岸にとって最大の関心事が第二次起訴への心配からは日毎に解放され、次第にふたつの問題に絞られてゆく様子が読み取れる。

そのひとつは、弟・栄作が吉田内閣の官房長官に就いたことへの関心だ。

岸の祝意は、ごく当たり前な「兄弟愛」に留まるのではなく、自分が解放されたあと始める政治活動への足がかりが閨閥内に一歩築かれた、その満足感にあったのではないか。

ふたつ目は岸の政治嗅覚の鋭さに思わず感心させられる点だ。

岸は獄内で読む新聞の外信記事、とりわけ外国通信社の配信記事を見逃さない。そして、かなり早い時期から東西冷戦の激化についてひときわ強い関心を抱いていた。

「(米ソ冷戦については) 昭和二十一年の二十八人の起訴があったあとぐらいから、冷戦について知ったんです。われわれの非常な関心事であったことは事実だ。この問題に関しては何とかして情報を取ろうとしたんです。米ソ関係がどうなっているのか、ということを聞き出したかった。弁護士の三輪寿壮君や、二世で弁護をやってくれたジョージ・ヤマオカ君などから聞いたものです」

(『岸信介証言録』)

岸は米ソ冷戦が激しくなれば、自分たちへの起訴の可能性はかなり低くなるだろうと考えた。

そのための関心事でもあったが、同時に、中共軍が蔣介石 (国民党) 軍を壊滅状態に追い詰めたという情報には、異常ともいえる構想を日記に記している。

米ソ冷戦の端緒は、さかのぼればヤルタ会談 (一九四五年二月) に始まる。

ルーズベルト、チャーチル、スターリンによって第二次大戦後の欧州分割が決められ、さらに極東分割、すなわち千島列島やサハリン (樺太) 南部をソ連に渡す代わりに、ルーズベルトはソ連の対日参戦を促した。

その「ヤルタ密約」の詳細に分け入る紙幅はないので割愛するが、それからおよそ一年半後の巣鴨獄中で、岸は米ソによる領土分割などの戦後処理に重大な関心を寄せていたことになる。

「十一月三日付」を見れば、岸の共産主義に対する脅威意識が明確に表われる。

蔣介石軍がこのまま敗走するならば中共の天下となり、「東亜全体」が「赤化」すると憂えている。

六〇年安保改定を見据えたかのような東西冷戦構造の先読みは、すでにこのときにその萌芽があったと見ていい。

それまでの「反米」「反マッカーサー」はいったんさておいて、それより「反共」を最優先する彼のしたたかさがここに見られる。

それにしても、日本人による「義勇兵を募集して之を米国軍隊に編成」し、中共軍と戦わせるだけの決断力がアメリカにあるや否や、と飛躍する発想には驚かされる。

冷戦の進行、米ソの敵対構造が進めば、日本の出番が必ずやって来る、そこが勝負どきなのだと、岸は巣鴨で「その時」を早くも予感していたのだ。

判決と出獄

「十一月十三日付」日記が予測しているとおり、十二日午後ウェッブ裁判長から起訴されたA級戦犯容疑者二十五名全員に判決が言い渡された。

判決文の内容は、検察側の起訴状を丸写ししたのではないかと思われるほど、検察寄りのものだった。

言い渡しはアルファベット順で、荒木貞夫に始まり最後の梅津美治郎まで、各被告は名前を呼ばれると日本語訳のヘッドフォンを耳にあてがい被告席の上段中央に立たされた。

この日、梅津美治郎、賀屋興宣、白鳥敏夫の三名は病欠で、弁護士が代わりに聞いた。

以下、刑の重さの順に二十五名の判決を列挙しておこう。

絞首刑　土肥原賢二
同　広田弘毅
同　板垣征四郎
同　木村兵太郎
同　松井石根
同　武藤　章

同　東条英機
終身禁錮刑　荒木貞夫
同　橋本欣五郎
同　畑　俊六
同　平沼騏一郎
同　星野直樹
同　賀屋興宣
同　木戸幸一
同　小磯国昭
同　南　次郎
同　岡　敬純
同　大島　浩
同　佐藤賢了
同　嶋田繁太郎
同　白鳥敏夫
同　鈴木貞一

同　　　　梅津美治郎
禁錮二十年　東郷茂徳
禁錮七年　　重光　葵

絞首刑と決まった七人は宣告が終わると控え室にいったん移された。

武藤章によれば、控え室の隅に東条が寄ってきて、「君を巻き添えに会わして気の毒だ。まさか君を死刑にするとは思わなかった」と言ったという（『比島から巣鴨へ』）。

そのとき、死刑宣告以外の組が入った隣室から壁越しに、嶋田繁太郎の嬉しそうな高笑いが響き、武藤の耳についたという。

岸は矢次を交えて武藤とは肝胆相照らした仲だった。

統制経済を軍服側から支援した実力者だった。確かに開戦時の軍務局長ではあったが、死刑組ただひとりの中将である。

戦時中の大半（十七年四月〜十九年十二月）を軍務局長として過ごした佐藤賢了が終身刑だったことに比べても、岸は思わず悄然として天を仰いだ。

もちろん、逆に自分だけは無罪で、星野直樹や、賀屋興宣が終身刑になったことも理解しにくいところだった。

彼は「十一月十三日付」でこう書いている。

「満州事変にしても、支那事変にしても大東亜戦争にしても、これらの事実が起るに至つた国際関係や背景等はすべて之を日本の侵略的意図といふ偏見を以て片付けてしまつてゐる。後世史家を欺かむとしても、各種の客観的事実の検討によつて必ず正しい歴史が闡明《せんめい》せらるる日があることを疑はない」

この東京裁判への限りない憤怒をたぎらせつつも、後世の史家によって必ず正しい判断が下されることへ期待をつないでいる。

A級戦犯だけで七名、BC級戦犯は実に千名近くが処刑された。

A級、BC級含めた千人の死刑が執行され、御霊の六十年忌法要が済んだころである。

ひとつの重大な事実が明るみに出た。

東京裁判の総指揮を執った連合国軍最高司令官マッカーサー元帥が、実は米議会で「日本の戦争は大部分が自衛のための必要に迫られてのことだった」と証言した文書が公開されたのだ。

米議会の証言は、朝鮮戦争に介入した中国への対処についてのやりとりの中で発言されたのだが、長文なので概略を引けば、おおむね以下のような内容である。

「日本原産の動植物は、蚕をのぞいてはほとんどないも同然である。綿がない、羊毛がない、石油の産出がない、錫《すず》がない、ゴムがない、ほかにもないものばかりだった。そのすべてがアジアの海域に存在していたのである。

もしこれらの原料の供給を絶ち切られたら、一千万人から一千二百万人の失業者が日本で発生するだろうことを彼らは恐れた。したがって、彼らが戦争に駆り立てられた動機は、大部分が安全保障（自衛）の必要に迫られてのことだった」

（「正論」平成十六年一月号「マッカーサー米議会証言録」）

「自衛のための戦争だった」はずの戦犯容疑者たちを、こともあろうに無謀な事後法によって死に追いやった最高責任者はマッカーサーだった。

日本中の惜別の日の丸の小旗に送られて、昭和二十六（一九五一）年四月、元帥は羽田をあとにしたが、岸は最後までマッカーサーを許していない。

それにしても、岸の無罪釈放は各方面から揣摩《しま》憶測《おくそく》を呼んだ。

A級戦犯容疑者が起訴、不起訴になった分岐点の重大な条件のひとつは大本営政府連絡会議や開戦決定を下した十六年十二月一日の御前会議に出席したかどうかであり、国際検察局《IPS》の最大の関心事であった、ということが今日では判明している。

すでに述べたが、岸は十六年十一月二十九日の大本営政府連絡会議には出席していないが、閣僚となって以来、十六年七月二日から十二月一日にいたるすべての御前会議には出席していた。

こうして見れば、岸商工大臣が日米開戦の意思決定に関わっていたことは否定できない。

このほかにも満州での経済五ヵ年計画、その後の軍需次官（国務大臣）としての経歴は、明らかに岸には不利となる条件だ。

仮に組閣当初、矢次や武藤が意図したように書記官長に就いていたら事態はどうなったであろうか。

満州では国務院総務長官、帰国して東条内閣書記官長を務めた星野直樹は終身禁錮刑を言い渡されている（昭和三十三年釈放）。

だが、岸は訴追されず、紙一重の差で奇跡的に無罪釈放された。

それを悪運と呼べば、悪運かもしれない。

背景に何か裏事情があったのか、あるいはただの運だったのか。

いずれにせよ、それらすべてを北村サヨは予見していたという超常現象も重なった。

十二月二十三日、午前零時一分から東条ら七名の死刑が順次粛然と執行された。

翌二十四日午前十時、岸はよれよれの服に着替え、風呂敷包みを提げて巣鴨拘置所の門から解放されたのである。

「悪運は強いほどいい」

岸の名文句だが、果たして悪運だけだったのかどうか、それはこのあとの戦後の歴史が明かすことになる。

第五章　ＣＩＡ秘密工作と保守合同

——冷戦を武器に接近したダレス

「うまい寿司でも食いたい」

「長官はいるか。まずは一服、吸わせてもらえないか」

巣鴨拘置所から米軍のジープに乗せられてやって来た岸は、官房長官公邸に着くや、開口一番煙草を所望した。

だが、異様な風体の見知らぬ男に、公邸の警備員は主《あるじ》に取り次いだものかどうか戸惑っていた。

門衛たちも手伝いの女たちも、誰ひとりその男が岸信介だとは分からない。

戦闘帽に青いよれよれの服、編み上げの靴、痩せた体に目ばかりがぎょろぎょろして、口ひげが伸び、その下から歯が出ている――という風貌から、「ボクは岸だよ、岸。佐藤の兄だ」と言われても、みんな遠巻きにしているだけだった。

折りから閣議の最中だった佐藤栄作が連絡を受けるやあわてて、「やあ兄さん、思ったより早かったなあ。出迎えられずにすまない」と駆けつけたので、一同は大いに驚いた、という次第だった。

昭和二十三（一九四八）年十二月二十三日、第二次吉田内閣の不信任案が衆議院本会議で可決され、吉田はその夜解散に打って出た。

昭電疑獄事件で芦田内閣が倒れ（十月七日）吉田茂があとを襲った直後だった。岸の出所時、そのために佐藤官房長官は臨時閣議の席に縛られていたのだ。

公邸内へ通されると、さっそく佐藤から煙草を渡されライターで火を点けてもらった。

いかにも出所直後を思わせるバリカンで頭を刈り上げた岸が、うまそうに一服吸い込んでいる写真は比較的出回っている。

佐藤は弁護士の三輪寿壮から、出所が間近いのでは、とは聞いていた。

「東条ら七戦犯　絞首刑執行される今暁零時三十五分に終了」（「朝日新聞」）

という記事が報じられたあと、残りのA級容疑者に対しBC級容疑でさらに起訴する処置を総司令部は諦めたようだ、したがって早期釈放も期待される、との情報を三輪たちは摑んだ模様だった。

ただ、それが二十四日の午前中になるとは誰もが予想できなかった。

残っていた十九人のA級容疑者釈放の記事が発表されたのは、翌二十五日の朝刊だった。

その朝、岸と並んで笹川良一、児玉誉士夫、石原広一郎、葛生《くずう》能久《よしひさ》、高橋三吉、安倍源基らの顔写真が一面トップに並んだ。

故郷田布施で出所を待ちわびていた家族には、佐藤からすぐに電話が届いた。

二十七日には帰れると聞いた良子と洋子は、広島駅まで出迎えるため、汽車の切符の手配に走った。

「巣鴨で着せられていたのはアメリカ兵の服だったんだが、出るとき脱がされてね。日本の引き揚げ者が着ていたよれた服にドタ靴を履かされたんだ。ジープで送ってやる、というんで永田町まで送ってもらったのはいいが、いやはや護衛も女中たちも信じない。ようやく昔から顔なじみの護衛がひとりいて、入れてもらった」

そう言いながら、数年前までは星野直樹との連絡で勝手知ったる公邸のソファに岸は腰を落ち着かせ、「ナンだな、うまい寿司でも食いたいな」などとおっしゃる。

さっそくその晩は、池田勇人の親しい女将が経営している「永田倶楽部」というヤミ料理屋に関係者多数が集合して、内輪の出所祝いが催された。

佐藤栄作、椎名悦三郎、池田勇人、岸の妹・敏子の夫で恒光四郎（当時、三和銀行取締役）、それに山地と秋本という秘書など身内の顔が揃った。

このとき、池田勇人は大蔵次官を勇退したばかりで、次期総選挙への出馬準備中だった。

山盛りの刺身皿が用意され、集まった関係者はさぞかし岸が喜んで刺身をつつくだろうと思ったが、岸曰《いわ》く、

「あんまりうまいモノじゃないね、巣鴨で三、四回ふた切れほどのマグロが付いたことがあったが、実にうまかった」

と、口が減らない。

佐藤も苦笑いするだけだったが、そういう言いぐさは、実は佐藤の方が得手で、しばしば物議をかもした例もある。

「それにしても、まずいまずいと言いながら兄さんもよく召し上がりますな。胃腸の方は大丈夫になったようですナ」

元来、胃腸が弱かった兄に佐藤が皮肉を交えて訊ねた。

箸を休めて岸が言うには、

「もともと胃腸が弱くって、ボクは巣鴨でどうなるやらと心配していたんだが、これが規則正しい生活のお蔭ですっかり丈夫になった。

年間を通じて朝は五時半に起き、部屋掃除から、コンクリートの廊下をカネのブラシでこすらされる。重労働だけど、健康にはいい。

腹は八分目、間食なし、酒もなし。夜は八時半に消灯、というわけですっかり胃腸は良くなった。賀屋興宣君なんか、ひどい喘息もちだったのが、獄中で快癒したと言って喜んでいた。体の弱い奴は一度入ってきたらいい、と思うくらいだ。どうだ栄作は」

と舌も絶好調の様子である。

胃腸が弱い素因はどうやら佐藤家の家系にあるようで、孫の晋三も胃腸病との闘いに苦しんだ。

「お玉さん」の覚悟

ゆっくり盃を傾けていた岸の隣へ秘書の秋本健がつと膝を詰めてきた。

酌をしながら岸の耳元で囁くように口を開くと、こう言った。

「実は先生が巣鴨に入られた直後のことですが、わたしゃあね、お玉さんに『ウチの大将はああいう状況だ。元気でお帰りになれるかどうかも分からん。だから、あんたも自活の道を決意されて考えてみてはどうか』と申しあげたんですよ。

そうしたら、お玉さんが言うには『もう私には岸さんしかいません。どんなことがあってもついてゆくつもりなんです』ってね」

「お玉さん」というのは、赤坂の売れっ子芸者だった人で、岸が商工省の課長時代からわりない仲となった。

岸が気鋭の商工官僚だった時代には、まだ半玉だったというが、岸が出世するにしたがってお玉さんの芸者としての格が上がったのも当然だ。

岸が収監された終戦直後、待合の灯もいったんは消えかかった。そのとき秘書の秋本は「身の振り方を考えてみては」と諭したというのだが、お玉さんは「お帰りを信じます」と岸と生涯をともにする覚悟を語ったというのである。

秋本は岸と年齢も同じで、古くからの側近だった関係から、岸にもお玉さんにも信頼されていた。

巣鴨に入っている間にも、お玉さんは親族のすきまを縫って面会に通っていた。

面会は月一回だったから、親族一同や弁護士の合間をぐって面会するのは、お玉さんも苦労だが、調整する岸も大変だったはずだ。

その巣鴨通いのせいもあったのだろうか、岸は友人の進言もあって政治活動を開始したころ、正式に身受けしたという。

赤坂の一等地にお玉さんは置屋を経営するようになり、表に蔭にと彼女の姿が夜の政界の席に出ないことはないとまでいわれる存在となった。

赤坂のお玉さん。置屋の名「玉村」から彼女は蔭でそう呼ばれるようになった。

本名を末広かねという。

お玉さんと岸の関係は、政界、親しい関係者はもとより周知、勘のいい良子もうすうすとはいえ気が付かないはずはなかっただろう。

ただ、ひときわ聡い良子が芸者遊びで夫をいちいち責めるような真似はしなかったのではないか。

また、岸は岸で若くして養子に入って以来身の処し方は十分に心得ており、妻を公式な席でないがしろにするような真似は決してしなかった。あくまで家庭第一主義を貫いた。秋本の囁きをそしらぬ顔つきで聞き流しながら、岸はまたひと切れ刺身をつまんで「落語にあるだろ『目黒のサンマ』って。こっちは『巣鴨のマグロ』だな」

と言いつつ、大笑いをして見せた。

その晩は佐藤も公邸から岸を連れて吉祥寺の自宅に帰った。

その年の三月、運輸省を退職した際の退職金を元手にして買ったばかりの家だった。

佐藤寛子は、その晩の感激を記している。

「二十年九月、逮捕されて護送されていく義兄と大阪駅で別れてから三年三ヵ月ぶりでした。――その間、私は主人のかわりに一度だけ巣鴨へ面会に行きましたが、金網越しで話もろくにできなかったのです。

吉祥寺の玄関で義兄をみとめた瞬間、私は思わず、『おにいさん、ご無事で――』と泣きついたのを覚えています」

（『佐藤寛子の「宰相夫人の秘録」』）

ふた晩を佐藤家で休んだ岸が、家族の待つ山口県の郷里へ帰ったのは十二月二十七日である。

お玉さんへの連絡には、もちろん秋本秘書が代わって立った。

「無事巣鴨から帰還した、年が明けたら必ず上京するから」との伝言が赤坂に伝えられた。

岸事務所開設

昭和二十四（一九四九）年の正月を田布施の家で過ごし、情報収集を重ねると、岸は矢も盾もたまらず上京を急いだ。

「故郷で百姓でもやるか」などと、人には軽口を叩いて帰郷したが、政界復帰への気は急《せ》いていた。

若いと思っていたが、巣鴨で三歳増え、いま五十二歳を迎えていた。

そんな折り、佐藤が麻布に大きな屋敷を借りて転居し、吉祥寺の家が空くことになった。

岸はさっそく家族を引き連れて上京し弟の家を借り受け、かつての政治仲間の後押しを受けながら自分の事務所立ち上げの準備に入った。

銀座にある有名な交詢社《こうじゅんしゃ》ビル別館の七階に手頃な空き部屋を見つけ、「箕山社《きざんしゃ》」と看板を掛け、岸事務所としたのである。

「箕山」とは、田布施からも遠くない小さな山の名からとった。おそらく幼いころによく登ったのだろう。高さ四百メートルあまりの里山である。

手持ちの資金があったわけはない。

岸は満州で莫大な裏金を作り、それを関東軍に渡したり、東条に渡したり、さらには自分の懐に入れたかのような噂が立った。

実際に戦後の議会で野党議員からそうした質問攻めにあってもいるが、

「まったくの言いがかりであります。証拠があるならひとつでも見せて欲しい」とはね付けてケリをつけている。

満州で若手官僚を前にぶった有名な講演が、おそらく岸の本心そのものだろう。

「政治資金は濾過器を通ったものでなければならない。つまり、きれいな金ということだ。それは濾過のところでとまって、政治家その人には及ばぬのだ」

岸の生涯を貫く金銭哲学だった。

事務所設立の資金も、日々の活動資金も、実は巣鴨を出たその翌日には岸の財布に転がり込んできた。

戦前からの盟友だった藤山愛一郎から連絡が入り、藤山が経営する日東化学の監査役に就いてくれまいか、ということで一切の面倒をみてくれる約束が出来上がった。

藤山愛一郎について言えば、彼は藤山雷太が興した藤山コンツェルンの二代目で、大日本製糖社長、日東化学工業（現三菱レイヨン）社長などを務めるとともに、昭和十六年にはすでに日本商工会議所会頭に就いていた。

戦後は、岸内閣が成立するや、民間人のままで外務大臣に就任するなどし、また巨額の私財を政治に投入。最後は資産のすべてを失い「絹のハンカチが雑巾に」とも「最後の井戸塀政治家」とも言われることになる。

だがそれはまだ先の話であり、岸復帰時の藤山はまさに財界の重鎮で、かつ岸の有力な財源だった。

箕山社が株式会社としての正式活動を開始するのは二十四年の暮れだが、それまではここを事務所として昔の同志と組み、裏から人に会ってはうかがっていた。

公職追放の身、自身が表だって政治活動をするのは不可能だったので、その点、追放組の「隠し砦」の役目も兼ねていた。

矢次一夫、椎名悦三郎、山下太郎、永野護、安倍源基、南条憲男、川島正次郎、三輪寿壮、赤城宗徳らの顔がいつも揃っては談論風発。

さぞ不穏な動きでもあるのではと、GHQ民政局が調査したら、昼は碁ばっかりやっている碁会所のようなもので、日が暮れると赤坂の料亭で酒を飲んでいた、との報告書が上がっている。

岸の碁打ちは気合いが入った打ち方で、玄人はだしと言われたが、安保騒動のさなかに孫と遊ぶ姿に重なる部分もある。いざ、というときはかえって泰然自若、悠揚迫らぬ風を装うのが岸の兵法だった。

いわば、討ち入り前の大石内蔵助である。

二十四年一月には、新憲法下初の衆議院総選挙が挙行された。

この選挙で佐藤は山口二区から出馬して衆議員議員初当選を果たす。

選挙結果は前年の三月、吉田が民主党の一部を糾合して立ち上げた民主自由党が圧勝。第三次吉田内閣が二月十六日に組閣された直後に、岸は事務所を銀座に構えた。

まさにこの日から、岸の標的は吉田となる。

一方の佐藤は官房長官を離れ、吉田が昭和二十五（一九五〇）年四月に自由党総裁になった際に、幹事長に就任する。

あくまでも吉田茂の筆頭若頭として筋道を通していた佐藤だが、政治方針をめぐってはほどなく岸との間に溝が生まれる。

いや、佐藤との溝というのは誤りで、正しくは吉田と岸の深い確執と言わねばならない。吉田と岸の間に何が起きようとしているのか。その溝こそが六〇年安保改定に結びついてゆく戦後政治の分岐点となる。

その問題はもう少し先に述べるとして、まずは岸と吉田が抱える「戦後復興」のヴィジョンの温度差に目を向けておかなければならない。

もちろん、そこにはまだGHQとその総司令官マッカーサーが立ちはだかっている。

岸と吉田

岸は体が弱かったので軍隊入りを諦めた、と自分で吐露している。

もし、丈夫だったら陸軍に進んだだろう。

そして、明治二十九年生まれから推して東条内閣当時は陸士二十九期卒、陸大卒を経て陸軍大佐になりたてと想定するのが至当だと、三章で述べた。

繰り返しになるが、ときのカウンター・パートナー東条英機は明治十七年生まれ、陸士十七期卒で、陸軍大将（半年繰り上げではあるが）である。

中佐から大佐になりたての参謀が、大将で首相兼陸相を討ち取ったのである。

そのころ、吉田茂は外務省をすでに退官し、東条内閣の倒閣運動に奔っていた。

無論、吉田も陸軍を目指さなかった。だが、土佐の血を引く吉田が仮に陸軍に進んでいたら、東条内閣当時はすでに陸軍元帥になっていたかもしれない。

明治十一年生まれの吉田は外交官としては広田弘毅と同期入省組だ。

明治十二年生まれの畑俊六が昭和十九年に元帥昇進、十三年生まれの杉山元の元帥昇進が昭和十八年なので、吉田が陸軍を突き進んでいたら東条内閣発足当時、すでに元帥になっていた可能性は否定できない。

ついでに言えば、吉田よりひとつ若かった野村吉三郎は昭和八年に海軍大将となり、外務大臣を経て開戦直前の駐米大使を任じている。

さて仮の話ばかりしたが、それにはわけがあってのことだ。

東条の寝首を掻いた岸が、巣鴨を出て政界復帰を目指そうとしたら、眼前にそびえ立つ先輩はなんと東条よりはるかに日露世代そのものの吉田茂だった。それが終戦直後の現実なのだ。

敗戦は世代間に大混乱を引き起こした。

結果としては、幣原喜重郎（明治五年生まれ）や芦田均（明治二十年生まれ）のような古いタイプの外交官が終戦とともに復活し、さらに親英米派の筆頭で貴族趣味の吉田がそのあとを継いで、したたかな政治手腕を見せていた。

もっとも、戦時中は閑居していて無傷のはずだった鳩山一郎が突然パージされた、という裏事情がもうひとつある。

鳩山追放のいきさつはＧＨＱ内左派を代表するジャーナリスト、マーク・ゲインが著した

『ニッポン日記』に詳しい。

マーク・ゲインが、戦時中上海などで中国共産党と深い関わりを持ったオーウェン・ラティモアやカナダ人外交官で共産主義者だったハーバート・ノーマン（マッカーサーの強い信頼を受けて、ＧＨＱ対敵諜報部分析課長に就いていた）と極めて親密だったことは、鳩山の不幸だった。

岸の幸運は、生年が十年遅かったことだ。彼が昭和十六年時点で、十歳年が上で五十五歳だったら、商工大臣では収まらなかっただろう。

文官で岸の右に出る人物は見渡してもおらず、近衛内閣崩壊のあとを襲い大命が降下したのはひょっとしたら岸で、東条は陸相と参謀総長だけで済んだかもしれない。

木戸内大臣との良好な関係性を考慮すれば、なおさら現実味があろう。

だが、歴史は岸を日露戦争のアプレ世代として生んだために、彼は巣鴨から生きて出られた。

運良く命拾いした岸は、今度は「吉田老元帥」の首を取らなければならない現実を目の当たりにする。

かつて、革新官僚のリーダーと言われた岸である。最も古い官僚、吉田の政治体質を認めるわけにはいかない。

ところで、東条も吉田もよく怒る。佐藤までよく怒った。メディアに対してみな愛想が悪い。

岸はまず怒らない。記者を相手に怒ったという話は聞いたことがない。家族にも友人にも怒らない。

とらえどころのないのが、岸の得意技だと言われるが、まんざら嘘ではない。にこにこ笑いながら、返す刀で上長を斬り捨てる。そこが「強権」と評されるゆえんなのだ。

不思議に思われるかもしれないが、岸は東条の才能も認めていたが、吉田の人柄も尊敬していると随所で語っている。

東条については三章で彼への人物評を紹介済みなので、吉田に関して一例を挙げておこう。

「結局、私が吉田さんに反対して、総理を辞めてもらうような運動を起こすことになったんです。しかし、私が安保改定を進めるについては、大事なことは吉田さんにずっと相談してきました。あの人は礼儀正しい人で、私が大磯を訪問すると、必ず東京へ出てきたときにはわたしの家に名刺をおいていく――。吉田さんは非常に旧式な人だといえるだろうが、しかし、頑迷固陋《がんめいころう》な人じゃないよ」

（『岸信介証言録』）

そう言いながら出獄した翌年には、吉田の追い落としに取りかかるのだから、政治の世界は「一寸先は闇」なのだ。

その岸に戦前からじっと目を付けていたひとりのアメリカ人外交官がいた。

かつて駐日大使だったジョセフ・C・グルーである。

彼がアメリカ国務省内部で仕掛けたある工作はGHQ指導部をゆさぶり、対日政策の転換を迫る新たな運動の誕生を促すことになる。

GHQの内戦

日本占領直後のGHQは、政治犯の釈放、農地改革、財閥解体、新憲法制定、公職追放などいわゆる民主化政策を次々と実施した。

こうした政策推進の責任者は、GHQ内部で当時もっともマッカーサーに近かった民政局《GS》長のホイットニー准将と、課長のケーディス大佐、経済科学局《ESS》長マーカット少将などである。

ニューディール政策と呼ばれる彼らの主張は、確かにアメリカを一九三〇年代の恐慌から救い、さらには第二次世界大戦への参加による戦時特需も加わって勢力を著しく拡大した。

だが、その官僚組織の中には多数の共産主義者も潜入し、中道左派が実権を握るようになっていた。

彼らの主張は「日本の防備は弱体化しておけ」というものだった。

オーウェン・ラティモアやハーバート・ノーマンらを重用したマッカーサーとホイットニーによる「民主化」が進む中で、押され気味だった参謀第二部《Ｇ２》のチャールズ・ウィロビー少将が立ち向かい始めたのは、二十二年になってからのことである。

「いつまでも日本を弱体化しておくだけではまずい」と感じたＧ２の反攻が始まった。

「諜報・保安」を担当するＧ２が、過激なゼネストの中止や容共左派に対してプレッシャーを強めるようになってきた背景には、当然東西冷戦激化の影響があった。

マッカーサーはその両者を都合良く使い分けていたが、吉田茂はホイットニーとは水と油で、いつも喧嘩をしていた。

吉田は「軽武装、経済復興優先」を掲げつつも、反共を掲げるウィロビーと結びつく綱渡りをしていた、というのが実情だ。

ついでながら、イギリスのチャーチル首相がアメリカに招かれた際、「ヨーロッパ大陸を横切る鉄のカーテンが下ろされた」という有名な演説を行ったのは、一九四六（昭和二十一）年三月のことだった。

以来、米ソ冷戦構造は第二次世界大戦後の新たな重要問題となって浮上する。

極東情勢では、中国共産党軍の内戦勝利、不安定な朝鮮半島問題などがGHQ内部の分裂を深め、何がアメリカにとっての国益になるかが国務省内で真剣に問われ始めた。

アメリカ国務省で占領政策の一本化を図っていたひとりに、一九四四（昭和十九）年から終戦直後まで国務次官を務めていた前駐日大使ジョセフ・グルーがいた。

グルーは戦前の十年間（昭和七年～十六年）、駐日大使として東京にいたが、開戦と同時に大使館内に半年近く幽閉された。

グルーについて少し紹介しておけば、彼は一八八〇年にボストンの裕福な家庭に生まれ、ハーバード大学を卒業後外交官となった。

グルーはそもそもジョン・ピアポンド・モルガン（モルガン財閥の創始者。鉄道、銀行、鉄鋼などを経営し、全米の金融業を支配）の従兄弟にあたり、外交官としてもアメリカの財閥、保守派を代表しつつ国務省の実力第一人者として君臨した。

妻のアリスは黒船で名を轟かせたペリー提督の一族につながり、米海軍の英雄のひ孫であり、夫妻はアメリカ東部の超エリートだった。

したがって、グルー夫妻の日本国内における付き合いも、牧野伸顕、吉田茂、西園寺公望、近衛文麿、珍田《ちんだ》捨巳《すてみ》、澤田廉蔵《れんぞう》、樺山愛輔《あいすけ》、松平康昌といった特殊な階層に限られがちだった。

彼の基本方針はルーズベルト政権が日本の中国大陸進出に神経を異常に尖らせていたのに対し、「西側諸国との総力戦になるのを防ぐためには、日本の軍国主義指導者の敵意を煽《あお》ることは避けるべきだ」との宥和策を唱え、戦争回避に努力する点にあった。

グルーにしてみれば、彼の出自、支持層からして当然の外交方針といえた。

開戦後、大使の軟禁状態が四ヵ月も続いている昭和十七年三月末のことである。

デンマーク大使夫人から妻・アリス宛てに一通の手紙が届いた。

書面には「岸がわれわれのために大使館外でゴルフをする手配をとうとう決め、彼自身グルー大使と一緒にゴルフをしたい強い希望を持っている」と書かれていた。

東条内閣の商工相が直接アメリカ大使館と連絡をとるわけにはいかないため、岸は知恵を絞り第三国を通してグルー夫妻とゴルフを隠密裏にやれるよう手配をしたというのだ。

戦争回避の努力をしていたグルーに対する、岸のせめてもの心遣いであった。これまで岸とグルーはゴルフを通じて親交を深めていた。

その報せを読んだグルーの感激は、以下の記録から察せられよう。

グルーからデンマーク大使夫人に宛てた返信を記したグルーの日記である（部分略）。

「米国大使館　東京　一九四二年三月二十九日

親愛なるティリッシュ夫人

アリスは、岸氏が私たちにゴルフをさせる手配をし、その尽力が最後に成功したらしいことを告げました。私は心から彼のなしたことに感銘し、あなたか御夫君公使が私のこの気持をいつか彼にお伝え下さらんことを望みます。岸は日本において私が最も尊重する友人のひとりで、彼に対する私の個人的友情と愛情は、何物もこれを変えることがありません。

彼がゴルフの手配を試みた思いやりと親切は、他人に役立とうという彼の絶え間なき望みの典型的なもので、彼を知った十年間に私ぐらいこれを嬉しく思っている者は他にありません。私は将来いつか、もっと幸福な環境で彼に会い、前と同じように友情を継続することを希望しています」

（『滞日十年』）

特権階級を主とするグルーの交際名簿に、岸信介の名前が加わっていたのは、特筆すべき驚きと言っていい。

軟禁されていたグルーにとっては、またとないチャンスだったが、結果的にグルーは熟慮の末、プレーの誘いを鄭重《ていちょう》に断っている。

敵国の情報当局にあとで「思いやりをもって優遇した」と利用される懸念があるのと、その場合、岸への迷惑を考慮しての判断だった。

アメリカをめぐる安全保障の環境は岸が巣鴨にいる間に大きな変貌を遂げ始めていた。行き過ぎた財閥解体や公職追放の弊害が、対共産主義への盾としての日本の役割を大きく損ね、それが極東の安全保障のネックだと考える一派は、一刻も早く日本国内に同志の連携を作らねばならないと、論文を発表し、メディアで訴えた。

彼らはＧ２のウィロビーたちよりさらに急進的な本国の保守層に支えられていたと考えられる。

グルーが率いる国務省内の保守派の間で緩やかな連合体が組織され始めたのは一九四七年に入ってから間もなくだった。

彼らはアメリカを拠点にした緩いグループの設立が望ましいと考え、提唱したのが「アメリカ対日協議会（ＡＣＪ：アメリカン・カウンシル・オン・ジャパン）」という組織だった。一九四七（昭和二十二）年には、アメリカの対日政策の重点は、日本を反共の砦とする方向に大きく舵が切られていた。

結果としてＧＨＱ内の二派抗争以外に共産主義に対抗する「極東の砦」を一刻も早く構築

せよ、とする強硬派の第三極が誕生したことになる。

ACJは当時のGHQ主流からは、反動という意味を込めて「逆コース」という名で呼ばれていた。

「逆コース」の要、アメリカ対日協議会（ACJ）は、通常「ジャパン・ロビー」とも称され、その事実上の組織者でありボスであったのは、ハリー・F・カーンという「ニューズウィーク」外信部に勤務するジャーナリストだった。

「逆コース」と呼ばれたグループが主客転倒、主流となるのに、さしたる時間はかからなかった。

国務次官を引退したあとでもグルーは、なお国務省内に大きな影響力を保持し続けていたからだ。

彼が唱えていた主張を具体的に組織化したのがハリー・カーンで、彼はまたたく間に国務省首脳とACJ幹部を結びつけることに成功する。

いわゆるジャパン・ロビー、ACJは一九四八年六月、ニューヨークに設立され、活動を開始した。

設立時の主要メンバーには次のような名前が並んでいる（アメリカ・ナショナル・アーカイブス Diplomatic Section 所蔵資料）。

ジョセフ・バランタイン（国務長官特別補佐官）、ウィリアム・キャッスル（元駐日大使、元国務次官）、ユージン・ドゥーマン（元駐日アメリカ大使館参事官）、ジョセフ・グルー（元駐日大使、前国務次官）、ジェームズ・カウフマン（元東京帝国大学教授、法律家）、ハリー・カーン（「ニューズウィーク」外信部長）、コンプトン・パケナム（「ニューズウィーク」東京支局長）、ウィリアム・プラット提督（元海軍司令官）。

このメンバーの中核が国務省内反共の闘士たちで、グルー並びにキャッスル、ドゥーマンたちだったのは岸にとって幸運だった。

彼らは保守の論客であったはずのマッカーサーに正面から論争を挑み、陸軍内にもウィリアム・ドレイパー次官のような味方を増やす努力を重ねた。

岸が「A級」では無論のこと、「BC級」でも追起訴されなかった裏事情の疑問符にひとつの示唆が浮かんでくる。

グルーが日記に書き残した、「私は将来いつか、もっと幸福な環境で彼に会い、前と同じように友情を継続することを希望しています」という言葉が、遂に現実となったと見るのが妥当ではないか。

岸が釈放されいち早く活動を再開できた裏には、いかに本人の類いまれなる才覚があったにせよ、グルーとの巡り合わせがあったことを見逃すわけにはいかない。

彼らは岸を緊急に必要としていたのだ。

それもまた、「悪運」のひとつに数えていいのではないだろうか。

「ニューズウィーク」とパケナム

不思議なことだが、日本国内におけるマッカーサー元帥の人気は非常に高いものがあった。戦争に駆り立てた軍国主義者を逮捕し、処刑し、次々と民主化しアメリカナイズする強引な手法が、新たな英雄に見えたのだろう。

事実、北海道を分割占領しようとしたスターリンの要求を断乎としてはねのけたり、子供への食糧援助を急いだり、なかなか人気取りもうまかった。

「青い目のタイクーン」に羊のように大多数の日本人が従ったのは間違いない。

天皇以外にもうひとり神が現れたような現象を苦々しく思う者もいたはずだが、ほとんどの日本人は従順だった。

いや、天皇自身が占領軍によって、「自分はもう神ではない」と宣言させられた（二十一年一月一日の詔勅）のだから、唯一のゴッドはマッカーサーだったのかもしれない。

昭和二十六年四月、彼がトルーマン大統領に解任され、羽田を発つ日の沿道には二十万人の日本人が見送りに詰めかけ、新聞は感謝の言葉を掲載した。

ところが、本国アメリカではマッカーサーの緩い冷戦認識はすでに過去の遺物だとするグループが日本の占領政策を非難し始めていた。

GHQの政策を変更させるためにグルーのような伝統的保守派が中心になって、アメリカ対日協議会（ACJ）が誕生した経過は述べたとおりである。

彼らは揃って「ニューヨーク・タイムズ」「タイム」などのメディアを活用して日本占領政策の誤りを指摘し始めたが、中でも、もっとも大きな影響力を発揮したのは「ニューズウィーク」だった。

「ニューズウィーク」はアメリカ保守主義を代表する雑誌で、当時はモルガン、ハリマンという大富豪が所有者で支配力も強かった。

同誌がACJのメディア活動の拠点となったのは当然のなりゆきだった。

その「ニューズウィーク」が、一九四六年六月、東京支局長としてイギリス人ジャーナリストのコンプトン・パケナムという人物を送り込んできた。

この人事は、マッカーサーとACJの対決を一段と激しいものとし、マッカーサーをバイパスする裏のチャンネルを生む機会を作った。

パケナムが東京に派遣されたのは、彼の父親が日本の駐在武官だったときに彼が生まれ、幼くして日本語に親しみ、知己も多く日本通という事情があったからだ。

一八九三（明治二十六）年生まれというから岸より三歳年長で、終戦直後に派遣されたときにはすでに五十三歳である。

彼は一九四一（昭和十六）年から「ニューズウィーク」で働き始めていたが、戦後、最適任者として東京支局長に選ばれたのだ。

パケナムの生涯にわたる活動については、青木冨貴子著『昭和天皇とワシントンを結んだ男』に詳しい。

東京に赴任したパケナムは、「ニューズウィーク」の本社外信部長でACJ立ち上げの中心となったハリー・カーンにGHQへの批判記事を書かせる案をさっそく考えた。

カーンは一九一一（明治四十四）年、コロラド州デンバーに生まれた。

ハーバード大学を卒業後、「ニューズウィーク」外報部に勤めるようになってからはすでにグルー国務次官のよき理解者となり、ACJを立ち上げるだけの信頼感を勝ち得た。

長身で紳士然とした身なりで決め込み、スキを見せない風貌は、誰が見ても東部エリートの代表のように思えた。

まず手始めにカーンは元大統領のハーバート・フーバーとの面会に成功し、東京から送られたパケナムの報告と照らし合わせながらGHQ攻撃の記事を書いている。

「日本人パージの蔭に　アメリカ軍政府内の対立」と題したその記事でカーンは、追放された日本の財界人たちを「日本でもっとも活動的で、有能で、教養ある国際人グループ」と賞賛し、「共産主義の脅威に対するアメリカの最大の協力者となれる人々」と評した。

「アメリカ軍政府」がマッカーサー指揮下の総司令部を指していることは明白だ。

カーンは特に「民政局がアメリカ資本主義の原則を損なう」とまで非難している。

当のマッカーサーは、統合参謀本部から直接指令を発し、この記事に反駁するかのように新たな公職追放に打って出た。

その趣旨は、パージこそは「軍国主義ナショナリズムと侵略の積極的擁護者のすべてを経済界の要職から排除することにあり、それ以外の進路を取ることは、世界戦争に駆り立てた大義を無視することである」というもので、マッカーサーらしい雄弁な反駁であった（『軍隊なき占領』）。


カーンにとって初めての来日は、一九四七（昭和二十二）年四月下旬から六月初旬までの滞在だった。

実はこの期間は、吉田内閣が総辞職したあと片山哲が日本初の社会主義者の首相になり、社会、民主、国民共同の連立内閣が誕生したときに重なる。

極めて不安定で危機的なこの時期の訪問は、カーンにとってはかえって興味深いものとなったようだ。

かつて帝国日本を支えていたが、いまは追放中の多くの有名人をパケナムに紹介されたカーンは、精力的に彼らと知り合いになって、食事や酒をともにする。

カーンの正体をまだ知らないマッカーサーを日比谷の第一生命ビルに訪ね、単独インタビューしたのは五月二十三日である。

岸はこの時期、巣鴨の獄中にあってまだ悶々としていた。彼の出獄十八ヵ月前のできごとである。

だが、弁護士三輪寿壮を介して岸は、GHQ内部のあらかたの情報は把握していたのではないかと思われる。

カーンが帰国して最初に書いた「ニューズウィーク」の日本特集記事は、GHQ、とりわけ民政局に対する激しい攻撃となっており、マッカーサーの怒りを燃え上がらせるのに十分だった。

以下、長文の記事から概略のみ引用しておく。

ハリー・カーンの原稿は短いリードが冒頭に付けられ、そのあとにいくつもの小見出しに分散された記事が続く。

「占領当局が犯した間違い
日本におけるトラブル
マッカーサー元帥と占領当局が、日本で直面している危機的で驚くべき実態の初の完全レポート。報告は東京から帰ったばかりの本誌外信部長ハリー・F・カーン。

危機から講和へ向けて
日本のことなど忘れてしまってもいい。
そう思うのは簡単なのだ。マッカーサー元帥が『素晴らしい仕事をしている』という報告が相次いでいる。報道はほとんど欧州とそこで続発する諸問題に集中している。だが、わが国は、日本において、欧州のどの大問題よりも重大で危機的な事態に直面しているのだ。
▼日本の経済機構は大混乱に陥りかけている。『未曾有の経済危機』と先週、片山哲首相は言ったが誇張ではない。超インフレ、産業用の資材の完全消滅、食糧不足、失業などが主な原因である。真の抜本的政策が行われない限り、日本の危機は今後二、三ヵ月以内にドイツ同様、突然大ニュースになるだろう。
世界を再構築し、共産主義を封じ込めるというアメリカの政策の一環として、日本を極

東における拠点とする目論見は消え失せよう。
▼占領当局が犯した誤りが、わが身に跳ね返ろうとしている。『素晴らしい仕事をしている』という元帥への画一的な評価はフェアではない。彼は極めて特異な立場に置かれた、特異な評判を得る、特異な人物である。しかし、その支配下にある職員の大勢は、ほんの一部では成果を挙げているが、可もなし不可もなし、程度の仕事もすれば、惨憺《さんたん》たる失敗も犯している。仮に占領が、明日終了したら、業績は失敗のまま裏側に隠れてしまい、この占領はおそらく失敗の歴史として歴史に残るだろう。

もっとも険しい道

日本に滞在したことがある者ならば、講和を望む元帥の気持ちは分かる。それが道義的な道、アメリカの国益にもかなう道だ。他のいかなる方策より、日本を健全で、かつ、民主的な国家に改造するのにおそらく役立つはずだ。

だが、ここに深刻で根本的な問題が浮上している。アメリカが今秋までに講和条約を締結しようとすれば、単独講和の道を選択するしかない。ソ連だけではなく、オーストラリア、中国、フィリピン、その他極東委員会の六ヵ国も除外されることになろう。ヨーロッパなどの各国での問題解決はいま以上に面倒になり、時期はさらに延びるであろう。

そこで提案だ。会議を招集し、期限を設定して他国が同意しようがしまいが講和条約を結ぶべきである。

さらには、戦略上の理由として、非武装国を侵略者から防衛するために、米軍の日本駐留も規定されなければならない。

マッカーサーはこの提案をすでに天皇裕仁《ひろひと》との会見で持ち出した。だが、その話し合いがあった事実は公式には否定されている。日本人自身もそれを望んでおり、いかに最悪のケースでもある政府高官が私に語ったように『八千万人の味方を得る』のは間違いないのだ」

（「パシフィック・ニューズウィーク」一九四七年六月二十三日号）

ここで肝心なことは、「非武装国を侵略者から防衛するために、米軍の日本駐留も規定されなければならない」とした上で、「マッカーサーはこの提案をすでに天皇裕仁との会見で持ち出した」という箇所であろう。

実は、カーンが滞日中の五月六日、天皇は四回目のマッカーサー会見を行っている。

この会見は都合十一回の天皇・マッカーサー会見の中でも極めて重要な会談とされているものだ。

五月六日を挟んで、四月二十五日には総選挙で社会党が第一党となり、五月三日が日本国憲法施行記念日、会見当日には吉田内閣総辞職の辞表がまとめられ、五月二十四日には社会党の片山内閣が成立するという、天皇にとっても極めて先行きに不安感を覚えざるを得ない時期での会見だった。

とりわけ憲法九条が実効性を持つ段階に突入した直後であり、天皇は尋常以上に安全保障への不安を募らせていた。

そこでの極秘会見内容が、翌日のAP電で流され、通訳を担当した外務省の奥村勝蔵（御用掛）が内容を漏らしたとの理由から懲戒免職に処されるという事態を引き起こした。

AP電によればマッカーサーは、「天皇裕仁に対し、米国は日本の防衛を引き受けるであろうことを保証した」と報じられた。

この報道は「マッカーサーは会見で、カリフォルニア州を守るように日本を守るとヒロトに明言した」、との拡大した噂話になって波紋を呼んだという。

奥村の漏洩内容は、後年、作家の児島襄が極秘ルートで会見録の大半を閲覧し、『日本占領』（第三巻、文藝春秋、一九七八年）において後半部分を除いて再現させている。

その後、近年になって奥村の部下だった松井明文書によって会見録のかなりの部分が「朝日新聞」、さらに「産経新聞」によって紹介されたが、著作権法上の問題その他複雑な事情からなお歴史の空白は埋められていない。

これ以上、天皇・マッカーサーの第四回会談の全容に分け入るのは本書の主題から離れるので割愛するが、カーンが書いた「米軍の日本駐留も規定されなければならない」の意味は、会見記をかいつまんでみれば次のような要点に絞られる。

「日本が完全に軍備を撤廃する以上、その安全保障は国連に期待せねばなりません。日本の安全保障を図るためには、アングロサクソンの代表者である米国がそのイニシャチブを執ることを要するのでありまして、このため、元帥のご支援を期待しております」

と、まず天皇が述べたのに対し元帥は、

「米国の根本概念は日本の安全保障を確保することであります。この点については十分ご安心ありたい」

と答え、天皇を安心させた、というものだった。

だが、AP電を知ったマッカーサーは会見内容から後退するような声明を発表し、「日本の防衛については講和条約の調印までは『占領軍に課せられた義務』ではあるが、それ以降は、主として国連または同種の集団的な機関に依存することが考えられる」との見解を示した。

カーンの記事の反響に意を強くしたパケナムは、ACJの中核として活躍していたジェームズ・カウフマンにGHQ攻撃の第二弾を書かせ、世論に訴えた。

「現在、日本の労働情勢は混沌としている。日本は石炭を非常に重要資源としているが、炭鉱夫たちの残業は『非民主主義的である』との理由から五割から十割増しの時給を出しても拒否されている。多くの労働契約は、わが国の労働契約よりずっと行き過ぎている。こうしたことは、日本を永久にアメリカの厄介物にするだろう」

（「パシフィック・ニューズウィーク」一九四七年十二月一日号）

カウフマンは戦前、東京で弁護士事務所を開設しており、戦後は防共のために天皇制の維持を強く主張したひとりで、のちに勲三等旭日章を受章している。

川部美智雄　「ニューズウィーク」の記事に代表されるACJ＝ジャパン・ロビーと、占領軍総司令部の間の対立は、おおむね以上のような様相を呈して進んでいた。

GHQとACJの抗争は岸が巣鴨にいる間に始まったものだが、岸が出獄し銀座に事務所を構えたころには、パケナム、カーンによる圧力は一層影響力を増し、日本人の間にも支持者が拡がり始めていた。

ＡＣＪの支持母体は、ジャパン・ロビーの逆でアメリカン・ロビーと通称されていたが、その中枢《ハブ》と呼んでもいい格好の男が現れた。

名を川部美智雄という。

昭和二十五年の八月末の昼下がり、銀座の岸事務所に白い麻の背広をりゅうと決め込んだ川部が交詢社ビルの七階に現れた。

受付も通さずにそのまま奥の岸の机の前に顔を出した。

受付嬢があわててあとを追ったが、岸が「いいんだ、いいんだ」とばかりに手で制すると、来客に椅子を勧めた。

終戦からちょうど五年経った歳月が、銀座の表通りと裏通りにそれぞれの人生のリセットの格差をつけ始めていた。

表通りを歩く進駐軍の兵隊にも、その腕にすがりついて闊歩する若い日本人女性にも、昭和二十五年は微妙な変化を強いる年となっていた。

ほんの二ヵ月足らず前、六月二十五日早朝、南北朝鮮の国境戦を北朝鮮人民軍が越境し、韓国を砲撃したためである。

朝鮮戦争の勃発である。

破竹の勢いで瞬時にソウルを制圧した北朝鮮軍は、韓国軍を仁川《インチョン》の海に突き落とそうかという情勢だった。

川部の来訪は、情報交換とその分析だった。

前年の二十四年十月には、蔣介石軍が台湾へ落ちたあと、中華人民共和国が成立している。

万一、台湾まで中共軍が制圧しようとするならば、再び米軍が全面的に戦うしか台湾の生きる術はない。

七月三十一日、マッカーサーは蔣介石と宋美齢《そうびれい》に会いに出向き「中共軍と戦っても支援する」との特別コミュニケを発表したが、日本はどうなるのか決められていない。

それだけ共産勢力の覇権拡大には著しいものがあった。彼らが日本を攻撃したらどうなるのか。

仮に台湾は守っても、日本のために米軍が中共軍や北朝鮮軍、さらにはソ連軍相手に血を流すという保証はなかった。

わが国に備えはない。

マッカーサー自らが完全破壊し、再建を放棄させたばかりである。

ソファに腰掛け、アメリカ産の煙草をくゆらせていた川部に向かって、岸は珍しく気重に口を開いた。

「もしそうなったら、マッカーサーはフィリピンからオーストラリアに逃げたように、日本から深夜に脱出するだろうね」

川部は、そのとおりだ、という目で相づちを返した。

朝鮮半島全域が北朝鮮に押さえられ、中共軍がそのバックにいるという軍事バランスの中で、日本だけが平和憲法の成立により、一切の国防能力を失った状態が眼前にあった。

岸たちも天皇とマッカーサーの第四回会見はAP電を通じて概略を目にしたが、詳報までは耳に届いていない。

「先生、その問題で非常に興味深いお話があります。私の店で昼飯でもご一緒しながらと思ってお誘いに参ったわけです」

そう言うと川部はさっと立ち上がり、岸を外に停めてあるビュイックに案内した。


そもそも川部美智雄は本土決戦に備えて房総半島に近い成東の部隊に配属され、上陸してくる戦車への攻撃特訓に明け暮れていた。

終戦を迎えたところ、英語ができたために進駐してきた米軍の連絡将校に雇われたのが始まりだった。

それが縁で、ＧＨＱ経済科学局《ＥＳＳ》第二代局長マーカット少将の部署でしばらく通訳をやっていた。

マーカットはいわゆるＭ資金の設立者と目され、のちに話題となった人物である。

ところが、軍隊仲間に帝国ホテルでコックをしていた白鳥という男がいて、彼が訪ねてきたのが縁だった。

二十四年にはＧＨＱをさっと辞め、銀座の一等地、いまのソニービルの裏側でレストラン「ブランカ」を開いたのである。

ＧＨＱにいた川部の店にこれまでもしばしば立ち寄って評判のチキンドリアを注文していたのが、「ニューズウィーク」東京支局長のコンプトン・パケナムだった。

パケナムは人なつっこくて顔が利くのが取り柄だから、川部にも次々とＡＣＪの日本版、アメリカン・ロビーに繋がる人物を紹介した。

一方、交詢社で碁打ちをして昼時になると、岸たちもちかごろ都で評判というＧＨＱ上がりの男がやっているレストランへチキンドリアを食べに立ち寄るようになった。

川部と岸はすぐに顔見知りとなり、やがて川部もパケナムのために岸を紹介する。

互いに利点が重なるのは、三者三様、さしたる時間を必要としなかった。

とりわけ岸と川部は銀座同士で近いこともあったが、ランチと称して「ブランカ」の個室でＧＨＱの裏話や情報交換を繰り返してきた。

岸にとっては川部の英語力は最大の武器となった。

吉田茂が白洲次郎を重用したように、岸も川辺の使い道をすでに描いていた。吉田は自身が外交官上がりだが、それでも英語力は白洲の方が上だった。

ましてや、岸は英語をかたことしか喋れない。今後の政治戦略を考えれば、川部との出会いは大きかった。

それでも川部の肩書きはあくまでも岸のアドバイザーであって、秘書ではなかった。彼が正式に名刺を持つのは、岸が総理になってからのことである。

昭和三十二年二月、名刺の肩には「内閣渉外参与」とあったが、それはまだ数年先の話になる。

パケナム邸の極秘会談

川部はレストラン「ブランカ」の奥にある事務所用の部屋に岸を招じ入れた。

背広を脱ぐと、身を乗り出すようにして岸に話しかけた。

「実は先生、パケナムがね、『ニューズウィーク』の。彼がとんでもない情報を持ってきましたよ」

そう言って川部は小さな紙片を取り出すと、パケナムが語った「ある夜の出来事」について語った。

「メモを取るな、と言われて弱ったのですが、自分だけ分かるような落書きでごまかしました。なにしろ出席者が多いもので。

六月二十二日の夜、渋谷の松濤《しょうとう》にあるパケナム邸に以下の人物が集って夕食会を催したというんですな。

この顔ぶれが凄い。まず主《あるじ》のパケナム、人を集めた主宰者はハリー・カーンといって同じく『ニューズウィーク』の人間。そうそう、三年前に彼が書いた『ニューズウィーク』の記事、先生にもお見せしましたね、あの男です。それにジョン・フォスター・ダレス上院議員、今回はアチソン国務長官顧問の資格で、朝鮮半島の三十八度線視察の帰路来日していました。直後の吉田首相との会見は先生ご存じのとおりです。アメリカからはもうひとり、国務省極東アジア局長のジョン・アリソンです。

日本側からの面子は澤田廉蔵《れんぞう》、松平康昌、それに国家警察本部の海原《かいはら》治、いま警備部長かな。そうそうもうひとり、これは先生もよくご存じの大蔵省の満州屋だった渡辺武、以上八名が二ヵ月前、非公式に会食して極東問題、GHQの問題点、日本の役割、つまり吉田さんの基地対応ですが、それらについて腹を割って話し合ったというんです」

天井を見上げながら聞いていた岸が口を開いた。

「それでですよ、問題はだな、ダレスに何か約束でもしたのかね、そこが肝心要だね、吉田さんとダレスの会見が不具合に終わった直後だけにね」

岸がここで言う「吉田さんとダレスの会見」とは、二十六日夜のパケナム邸会食の四日前、六月二十二日に行われた秘密会談を指す。

金日成《キムイルソン》の戦車隊が三十八度線を越したのが六月二十五日。その一週間前にダレスはソウルを訪れ、国務省顧問として李承晩大統領と会談、次いでまだ平穏な三十八度線を視察して東京に立ち寄ったところだ。

マッカーサーと意見を交換したあと、吉田首相との会見に臨んだ。

ダレスはトルーマン大統領、アチソン国務長官から「対日講話」「再軍備」「警察予備隊の創設」などに関して最大の権限を与えられて吉田と秘密会談をしたのだが、吉田はのらりくらりとダレスの要求、特に基地を貸与する件に関しては曖昧模糊たる態度に終始し、遂にダレスが怒り出した、と言われている。

トルーマンの要求案を元にしたマッカーサーとの会談すら食い違いが多く、イライラしていたダレスは吉田会談で怒りは頂点に達しそうだった。

吉田はダレスに向かって、国内に米軍基地を作るより、経済復興の方が優先する、と言うばかりで、基地貸与の言質を与えなかった。

総司令部外交局のウィリアム・シーボルトが残した回想録によれば、

「(吉田は) とにかく日本は、民主化と非武装化を実現し、平和愛好国となり、さらには世界世論の保護に頼ることによって自分自身の力で、安全を獲得することができるのです、とダレスに言い、ダレスはすっかり面食らった」　(『日本占領外交の回想』)

という具合で、こうした吉田一流のおとぼけが、拡大誤認されて後年いわゆる「吉田ドクトリン」なるものの基点となったきらいがある。

いずれにせよ、現実外交派のダレスは会談の実があげられず、腹の虫が収まらなかった。翌日、ダレスはマッカーサーと吉田と三人で会った際、「元帥、首相の頑固さには参りました、ナンとかなりませんか」と苦笑いするしかなかった。

その四日後の夜の会食にダレスが、日本の高官との秘密会談に出席していた意味は小さくない。

日本の外交責任者 (吉田は外相兼務) を蚊帳の外に置いて、アメリカ国務省を結ぶもう一本裏のラインが引かれたとすれば、ダレスは半ば公然と「二重外交」という非常手段に打って出たことになる。

仕掛けたのは、ハリー・カーンである。

ダレスがワシントン空港を出発する際、いち早く訪日情報を知ったカーンは、ダレスと密接な接触を繰り返し、遂に飛行機の隣席に座り込んでダレスを説得し、パケナムと会わせる空白の時間を作ることに成功した。

英語だけで喋る八名が集った秘密会談の模様を克明に記録していたのが渡辺武だった。渡辺は大蔵省入省後、昭和五年以来統制経済の策定に参加し、革新官僚のひとりとして満州経営に本省から関わった人物だった。

福田赳夫とは当時は席も隣り合わせという関係にあった。会食当時は大蔵省財務官。のちに米国公使、初代アジア開発銀行総裁などを歴任している。

以下、『渡辺武日記』から要点のみを引いて、川部の話を補足しておこう（発言者はイニシャルとなっており、Dはダレス、Wは渡辺、Kはカーン、Sは澤田、Pはパケナム、Kaiは海原、Aはアリソン、松平の発言記録はない）。
D　日本は国際間の嵐がいかに激しいかを知らないので、のどかな緑の園生に居るといふ感じである。

W　しかし自らを守る方法のない日本人として将来に対して漠然たる不安感がある。自分は、アメリカが日本をアメリカの側に引きつけて置かうと思ふならば、ロシアの侵入から必ず保護されるといふ安心感を与へることが必要であると考へる。

D　ロシアの性格はヒトラーその他と違ってじっくり将棋を指すやうなやり方で、勝算のない戦争はやらないと思ふ。現在の戦力は5対1位でアメリカの優位である。これが続く限り戦争はない。もし西独及び日本がロシアの手に落ちた場合、この比率がロシア有利となり、戦争の危険にさらされる。したがって、アメリカは日独をロシアの手に委ねることはできない。

K　日本に軍事基地を置くとして、どちらから切り出すべきと思ふか。

W　アメリカ及び日本の世論から考へると、日本から申し出る形をとることがしかるべしと思ふ。

K　吉田首相は反対のやうである。

D　アメリカとしては仮に日本の工業を全部破壊して撤退してしまってもよいわけだ。日本は完全に平和になる。しかし日本人は飢え死にするかもしれない。自分は日本がロシアにつくか、アメリカにつくかは日本自体で決定すべきものと思ふ。

K　司令部に対する日本人の感じはどう変遷したか。

W　当初は予期したよりも寛大であり、旧敵国に援助を与へるといふやうなことから非常に好感をもった。しかし、戦争の期間より占領の期間が長くなり、占領されていることをjustify する理由が乏しくなり、かつ多くの人のなかには優秀な人ばかりではないから日本側からの不平が増大してきた。

D　日本にデモクラシーといふか、アメリカ的の自由といふ感じが生まれると考へるか。

W　もし日本にアメリカと同じ democracy を予期されるなら失望されるであらう。

D　それはその通りであらう。democracy は difference を前提としているから。

K　共産党を非合法化するという問題はどうか。

S　非合法化すべしと考える。

Kai　反対である。現在の警察力は無力であり、地下に潜らせることはかえって不利である。

W　自分も合法化しておいた方がよいと考へる。

P　日本が共産党の革命に対して前より弱体化しているのは、天皇制が強くなくなったことである。二・二六事件の如き天皇制があればこそ抑へることができた。今は革命軍は天皇には目もくれず、総理大臣さへ捕へるか殺すかすれば目的を達しうる。

A　日本においてある程度大衆の支持による活動を断念したと考へられる。

K　天皇に対する国民の気持は変わったか。
S　少しも変わらない。
W　変わらないと思ふ。
K　自分は変わったと思ふ。むしろ親しみを増したと思ふ。
P　日本の運命の代表者としての天皇に対する感情はかえって戦前より深くなったと思ふ。

（『渡辺武日記』）

カーンが「日本に軍事基地を置くとして、どちらから切り出すべきものと思ふか」と言ったのに対して、渡辺は「日本から申し出る形をとることがしかるべしと思ふ」と応じている。ところがカーンは、「吉田首相は反対のやうである」とダレス・吉田会談での内容を把握済みで、吉田の腰が引けている現実をあからさまに語った。

するとダレスが、あたかも恫喝にも似た口調で、「アメリカとしては仮に日本の工業を全部破壊して撤退してしまってもよいわけだ。日本は完全に平和になる」と吉田をコケにしている。

この夜の三時間にわたる会食にカーンもダレスも大いに満足感を味わい、おのおの松濤のパケナム邸から夜の闇に消えて行った。

「これほど高位の外交官が、占領計画の路線から離れて、このような非公式の会議に出席したのは初めてのことであります」

と、帰国したカーンはACJ創立メンバーのひとり、プラット提督宛に手紙を書いている。

天皇のメッセージ――ダレス文書 I

川部の説明を聞き終わった岸が「ダレスに何か約束でもしたのかね」とつぶやくと、川部はもう一歩踏み出して岸にこう囁いた。

「実は先生、パケナムからその後日談を聞いたボクは耳を疑ったほどでした。松平氏がさっそく陛下に直接会われて、陛下からの直々のご伝言をいただき、パケナムからダレスにペーパーが渡った、というのです。

嘘じゃないのかとパケナムをただしたくらいですが、どうやら見てはいないけれど伝言は文書化されているらしい」

松平康昌はこのとき式部官長の要職にあり、天皇にもっとも近い側近中の側近である。

明治二十六（一八九三）年十一月生まれ、旧福井藩松平家第十九代当主であり、内大臣秘書官長など宮中グループの中心人物として活躍。イギリス、フランスなどへの留学経験を生かし、終戦直後からはGHQとの間で東京裁判の対策に奔走していた。

また、昭和二十一年三月から四月にかけて松平慶民宮内大臣、木下道雄侍従次長、稲田周一内記部長、寺崎英成御用掛らとともに松平康昌（当時は宗秩《そうちつ》寮総裁）は、張作霖爆殺事件から終戦に至る経緯を天皇から直々に聞き、後年『昭和天皇独白録』として発表している。

パケナム邸の会食があった三日後、六月二十五日払暁、朝鮮戦争が勃発した。

その翌日、パケナムのもとを松平康昌が訪れた。

「このペーパーをダレス氏にお渡しください」

松平から渡されたペーパーは「天皇からの伝言《メッセージ》」だと説明された。

こうして「天皇のメッセージ」はパケナムからカーンへ、そしてダレスの手に渡されたのである。

もちろん、当時その内容のすべてを岸が知るよしはなかったが、パケナムから川部へなんらかのシグナルが送られたことは疑う余地はない。

したがって、岸も「天皇のメッセージ」の概略は聞き知って、懐奥深くにしまっておいたと想像される。

メッセージは現在では「ダレス文書」としてアメリカのプリンストン大学図書館に収められている。

カーンからダレスに宛てられた一九五〇年八月十九日付書簡（同じく「ダレス文書」所蔵）によれば、パケナムが松平に「天皇のメッセージを書面で貰えないか」と相談したところ松平は葉山の御用邸でパケナム邸での会談の内容を天皇に報告した。

ちょうど、夏のご静養の折りに重なっていた。

葉山に一週間ほど滞在し、天皇から口答でメッセージを託された松平が文書化したペーパーだとカーンは説明している（「ダレス文書」BOX118、一九五〇年九月八日付、マイクロフィルム・ロール16）。

天皇がそこまで踏み込んだ背景には、七月二十九日の参議院における野党側からの質問に答えて吉田が、「私は軍事基地は貸したくないと考えております」と発言したことが響いていると考えられた。

天皇はここまできて吉田ひとりに講和問題を任せてはいられない、との判断を下したのではないだろうか、と推量される。

松平から発せられた「天皇のメッセージ」を「ダレス文書」の束の中から見出したので、以下に掲げたい（部分略）。

「陛下が常に希望されているのは、視察や調査の目的で来日するアメリカ側要人が、同等レベルの日本人と胸襟を開いて率直に話し合えないかということです。今回、ダレス氏の指導により、そうした前例が作られたことに、陛下は大変喜びを感じておられます。

これまで意見を求められてきた人々は無責任で、正当な代表ではなかったことを陛下は遺憾に思っておられます。

彼らはアメリカ人の顔色を見ながら助言するのが通常です。なぜなら、アメリカ側の意向に反対する意見を述べれば処刑されるのではないかと恐怖を感じているからです。

こうした結果により、日本人の本心を知ろうとせず、狭量なレベルの低いグループの者は、日本人に分かるような方法で適合させようとはせず、日本の体制を無理にアメリカ式に変えてしまえと考えています。

過去には日本はアメリカ以上に悪意をもった日本人に苦しめられてきたのです。

また占領当局の、特に中級以下のレベルの者が、間違った助言を受け入れることで、多くの誤解を引き起こしてきたのだと思われます。

したがって、善意ある経験者で、日米双方から信用されている者たちから構成される、専門的な助言を与える顧問団が形成され、そうした人々が、処罰を心配せずに、公式あるいは非公式に助言を与えることはできないのでしょうか。

この意味で、陛下がアメリカと日本のためになるもっとも有益な結果を招来し、かつ、友好関係を助成する手段となるのは、パージの緩和だろうと考えておられます。多くの有能で先見性のある善意の人々が自由の身となり、世界のために働くようになると思います。

そうした人々が自分の考えを公式に表明することができるようになれば、基地問題をめぐる最近の誤った論争は、日本側から自発的に避けるようになれるはずです」

（「ダレス文書」BOX118、一九五〇年九月八日付、マイクロフィルム・ロール16）

「基地問題をめぐる最近の誤った論争」とは、明らかに吉田・ダレス会談における吉田の対応、ならびに、参議院における吉田の「私は軍事基地は貸したくないと考えております」という発言を踏まえているものと推察される。

つまり、うがった見方に過ぎるかもしれないが、これまで吉田が全権を握って白洲次郎を通じてGHQと交渉してきた作業に、天皇が不安の念を緩やかながら抱き始めていた印象が表れている。

松平のラインからダレスにつながるチャンネルに期待を寄せる天皇のメッセージであることが読み取れよう。

その新たなチャンネルこそは、パケナムやカーンが引いた第三極、すなわちＡＣＪとそれを支持する日本側グループなのだ。

朝鮮戦争がようやく終結を迎えようとしていた昭和二十六（一九五一）年四月、マッカーサー元帥はトルーマン大統領によって罷免され、帰国の途に就いた。

七月十日、朝鮮戦争休戦会議が開催される。

その直後には、鳩山一郎を含む第一次追放解除（二九五八人）が発表され、八月には第二次追放解除（一万三九〇四人）が実行されたのである。

ジョセフ・グルー以下のＡＣＪのメンバーが敷いた新路線が確実に現実のものとなり始めていた。

天皇からダレスに渡った伝言の、

「陛下がアメリカと日本のためになるもっとも有益な結果を招来し、かつ、友好関係を助成する手段となるのは、パージの緩和だろうと考えておられます」

は、前述どおりただちに実行された。

一番遅い岸（閣僚級）たちの追放解除でも、翌二十七年四月二十九日の天皇誕生日に実行された。

ここでも岸の「悪運」の強さは発揮された。もしもＧＨＱだけが戦後日本を動かしていたなら、岸の戦後は違ったものになっていただろう。

もう一件、岸がもっとも気にしていたであろう吉田グループの排除については、

「そうした人々が自分の考えを公式に表明することができるようになれば、基地問題をめぐる最近の誤った論争は、日本側から自発的に避けるようになれるはずです」

と天皇が極めて明確に「基地問題をめぐる最近の誤った論争」を主導している吉田を名指しで非難したも同然の文書となっている。

岸にとっては、百万の味方を得たように感じ入ったに違いない。

「問題はだな、ダレスに何か約束でもしたのかね、そこが肝心要だね」

と川部に質《ただ》した岸の言わんとする意味がこれですべて解けたことになる。

しかし、松平がいかに高位の宮中側近であるとはいえ、果たして本当に天皇が口答で伝言に託したのかどうか、絶対的な証拠は残っていない。

宮内庁は一九七九年二月、宮内庁詰めの記者の質問に答え、「そのような伝言が記された可能性はない」と回答している。

ただ、パケナム邸の夕食会がこのメンバーで行われた事実は消えない。

その席に出席したうちのふたりが、週刊誌のインタビューに個別に応じているので簡単に引用しておく。

まず海原治である。当時は国家警察本部企画課長で、やがて防衛庁ができると防衛局長、官房長を歴任、「海原天皇」の異名をとったほどの人物だった。最後は国防会議事務局長に転出して身を引いた。

——渋谷のパケナム邸で、日本の内情について占領当局には内緒で直接、ダレス氏に説明する——

海原　そのときカーンはダレスの飛行機に乗ってきたはずだ。パケナムとカーンはアンチ占領当局ということで、GHQににらまれていたから、パケナムも日本に帰ってくるときGHQのビザが出なくて、国務省のビザで入ってきたという話も聞いた。

——しかし、海原さんから見ればそこがまさに——

海原　ありがたいし、使い道があるし、こちらの同志なわけだ。

（「朝日ジャーナル」昭和五十四年二月二日号）

もうひとりは渡辺武。すでに紹介済みだが当時は大蔵省財務官である。

——パケナム邸でディナー・パーティーが開かれ、それに渡辺さんも同席されたと聞きますが、カーン氏と会われたのはこの夕食会が初めてだったんですか――。

渡辺　その辺は記憶が定かでない。何がきっかけか詳しい記憶はないが、ちょうどダレスが来るから、非公式に会って話をしてみてはどうか、というサジェスチョンが彼（カーン）からあったのでそのパーティーに出た。だから、それ以前にカーンに会っていたかもしれない。

（前掲書）

安倍晋太郎と洋子の結婚

昭和二十六年正月明けの岸家は南平台の新居落成祝いと、洋子の結婚話がまとまったのと、二重の喜びで賑わっていた。

「政治部の記者で、しかも安倍寛《かん》の息子なら申し分ないじゃないか。見合いの話、進めるけれどいいな」

岸が洋子にそう念を押したのが半年前の六月初めだったか。

それからは何もかもあっという間の出来事のようだった。

さっそく見合いが行われ、双方とりたてて異議もなく、あとは日取りの問題だけだった。

洋子が六十年以上昔の思い出を、ゆっくり、にこやかに語ってくれた。

「安倍晋太郎とお見合いをしたのは昭和二十五年の六月、南平台にあるフランス料理のレストランでした。まだ毎日新聞の新米記者だった主人は、たまたま自由党の幹事長だった佐藤の叔父の番記者をしてまして、次第に父の耳に伝わって、お見合いの段取りになったようです。佐藤の叔父と反対に父はもともと新聞記者が好きなようで、その上かつて郷里でお仲間だった安倍寛の息子ということで、父の方がもうすっかりその気でして」

安倍寛は、岸が東条内閣を倒したあと、郷里に帰って防長尊攘同志会に加わっていたときの同志で実質上の事務局長役だった。

山口県議などを務めたのち、代議士を二期務め、年齢も岸より二歳上ということから先輩格の同志といっていい。

二十六年春には結婚の日取りが決められた。

「私が六月で二十三歳になる春、主人が四歳上ですから二十七歳になるところでした。まあ、周囲も是非にということで結婚が決まりまして、五月五日に東京會舘で洋式での挙式でした。主人はかなり緊張していたようでした。なにか顔が青白くて、体も細くて、健康は大丈夫だろうか、なんて私の方が心配していた記憶がございます」

洋子は純白のウェディング・ドレスとお色直しには真っ赤なカクテルドレス、終戦からまだ六年目にしてはかなり派手な宴だといわれた。

「なにしろ両家とも山口の旧家ですので、あちらでも披露宴をし、ご挨拶回りもあって、大変でございました。結婚式の夜、夜行列車で山口へ向かったのですから大変でした。途中、湯田温泉に二泊致しましたが、それが新婚旅行みたいなものですね。

山口では訪問着を着た記憶があります。父はモーニングで、母は留め袖でしたか。

父が私の相手に政治部の記者を望んだのは、いずれ自分の後継者にしようという考えがあったからでしょう。でも、あとから聞いた話ですが、主人も早くから政治家を志していたようでした。ですから、新聞社を辞めて急に選挙に出ると決まったときには、大変でした。私自身は政治家の家庭に育ったこともあり、自然に馴染んだように思いますが」

新郎安倍晋太郎の父は終戦直後の昭和二十一年一月末、まだ働き盛りで病死しており、結婚式に安倍の両親は出席していない。

実は、安倍晋太郎の朗々たる性格の蔭には複雑な幼少期の記憶が眠っていた。

安倍晋太郎の幼い日からここまでを簡単に振り返っておこう。

晋太郎は安倍寛と妻・静子の長男として大正十三（一九二四）年四月二十九日に東京・四谷で生まれるが、生後三ヵ月足らずで実家同士の確執から両親が離婚してしまった。

母・静子の父・本堂恒次郎は陸奥盛岡の出身で軍医として日清戦争に出征、その後は陸軍医学校校長を経て近衛師団軍医部長まで務めている。祖父は長州出身の陸軍大将大島義昌で、その次女が本堂軍医に嫁いでいた。

晋太郎には母・静子の記憶がまったくない。

父の生家は山口県大津郡日置村（のちに油谷町に分割、現長門市）に代々伝わる庄屋で、酒と醬油の醸造を営む旧家でそれなりに裕福だった。

だが、生後八ヵ月の晋太郎は何か事情があったのだろう、大伯母にあたる親戚の家に引き取られ乳母の乳で育てられる。

山口中学から岡山の第六高等学校に進学し、東京帝国大学に入学。

戦時中は特攻を志願して海軍滋賀航空隊に予備学生として入隊するが、間もなく終戦。

東大法学部に復学したものの、終戦から半年足らずで父親が心臓麻痺で他界する。

昭和二十四年、毎日新聞社に入社するが、今度は母親代わりに面倒をみてくれた大伯母ヨシも亡くなって、いよいよ天涯孤独といっていい身の上のブンヤだった。

新婚夫婦は完成したての南平台の広い屋敷に何年か同居するが、安倍の心境からするとどうも落ち着かない。

そうでなくても「岸の娘ムコ」と周囲から言われ、今でいう「逆タマ」のような見られ方をするのは腹がたって我慢ならなかった。

独立心旺盛で、人の世話になって生きるのを嫌ったのは、生まれて以来の環境がそうさせたのかもしれない。

山口中学（現県立山口高等学校）三年のとき、生母が東京にいると聞かされ、上京して母の家を訪ねようと探したものの、再会はかなわなかった。

静子は横浜正金銀行（東京銀行の前身）に勤務する西村謙三と再婚し息子が生まれ幸せな家庭を築いていたが、謙三は三十一歳で夭折したという。

晋太郎の異父弟にあたる九歳年下の西村正雄は、後年、日本興業銀行の頭取にまで昇った人物である（二〇〇六年没）。

晋太郎が病に倒れる少し前のこと、西村家とも「お互いに会いたい」との連絡がとれ、初めての異父兄弟の対面がなった。

「人に甘えてはならない」という抑制心が、幼いときから身に付いていた晋太郎は、いつまでも岸家の間借り人でいる生活から早く脱出したかった。

寛信、晋三とふたり生まれたあと世田谷区代沢に一軒家を求め、南平台から一家は独立した。

長男・寛信が昭和二十七年、次男・晋三が二十九年、三男・信夫が三十四年に次々と生まれた。

国籍処理問題、漁業権問題（李承晩政権が日本人漁民を拿捕《だほ》して、多数が抑留されていた）など、日韓問題でもめているとき、矢次一夫が裏で動いて岸が解決に奔走していた時期だった。

矢次が笑いながら思い出す。

「石橋さんが倒れて岸さんが首相代理兼外相のときだったかな。なにしろね、朝から南平台の家に行くと記者だらけなもので、裏口から入ると、晋太郎君が結婚して間もないときで、赤ん坊のオシメがいっぱいぶら下がっておってね、そのトンネルの中をくぐって行ったものだったナ」

（『岸信介の回想』）

信夫も南平台で生まれた、と本人が話しているが、おそらく出産時だけ洋子が実家へ戻ったのではないだろうか。

生まれたばかりの信夫が洋子の兄・岸信和・仲子夫婦の養子として入籍され、岸家の独り子として育ったことは序章で述べたとおりである。

現在参議院議員の岸信夫は参議院議員会館で次のように語ってくれた。

「生まれたのは南平台でした。なにしろほんの数ヵ月で伯父のところへ養子に出されたんですからね、大きくなるまで何も知らされずに育ちました。知ったのは大学に入学するときで、戸籍謄本を取り寄せたら養子だと分かって、かなりショックを受けたのを覚えています」

そして、兄の晋三と同じように「良子お婆さんは厳しい人で、お小遣いも祖父の方がよくくれて優しかった」と南平台の記憶を話す。

安倍晋三の幼いころの思い出話は序章で紹介したが、ひとつ付け加えるとすれば、自分の父親が岸の女婿だということで、過剰ともいえるこだわりを幼い時分から見ていたことだろうか。

安倍晋三は、父の感情を昂ぶらせたそのときの対応を忘れられない。

「お正月を家で過ごすとき、子供だった僕たち兄弟はすぐに祖父の家に行きたがるんですよ。こっちは小さい家で、南平台はたくさん人が集まって楽しそうだし、祖父はそっとお年玉をくれますしね。

私たちが『早く南平台へ行こうよ』とねだると、父が『ナニを言うんだ、お前たち』って非常に不機嫌になるんです」

安倍晋太郎には晋太郎のプライドがあって、そう簡単に妻の実家に行くわけにはいかなかったのだろう。

晋太郎は昭和三十一（一九五六）年十二月、毎日新聞を退社して、石橋湛山内閣の外相に就任した岸の外相秘書官となり、三十二年二月に岸内閣が成立すると総理秘書官となる。

彼の頭の中には、そうした秘書体験を通じたのちに総選挙に打って出る決意が固まっていたのだ。

政治家になるために岳父について学ぶのは嫌ではなかった。むしろ格好の踏み台として利用するだけの気骨は持っていた。

それなのに、人に言われると腹が立つ。安倍晋太郎が生涯背負ったアンビバレンスであろう。

昭和三十三年五月の第二十八回衆議院総選挙には、遂に郷里山口一区から出馬した。

これには岸も佐藤も時期尚早とかなりの反対をしたが、意地を通し、二位当選を果たしている。

初の選挙戦は熾烈なものだった。

洋子はまだ名前を知られていない「安倍晋太郎をお願いします」では誰も振り向かないと分かって、自分が「岸信介の娘でございます。夫の晋太郎をよろしく」と頭を下げて回った。良子まで一緒に居残って頭を下げ、「岸信介の家内でございます。晋太郎をよろしく」とやったから、人の山ができるほど集まった。つまりは、おんな手で当選したようなものだった。

安倍晋三の話の続きである。

「父はそれが非常に嫌でね。岳父の名前の世話になって当選するというのは、どうもプライドが許さなかったみたいですが、地方の選挙ですから女性軍の力なしにはなかなか勝てない」

安倍晋太郎の苦労はなお続くが、しばらくは若手政治家のホープとして重用され、政治経歴を積み重ねる。

安倍・岸家の結婚式が行われた直後、サンフランシスコにおいて日本と連合国の間で講和条約が調印された。

共産党、社会党などはソ連や中国の参加をみないアメリカ中心の講和会議には反対、との立場だったが、大多数の国民は歓迎一色だった。

九月八日、調印には吉田茂以下全権メンバーがあたった。さらに、吉田は単身で日米安保条約調印にも署名した。

全五条からなるこの日米安全保障条約の問題点については、後述しなければならないが、当時の日本国民は「講和条約」と独立万歳でわきかえっており、安保条約の内容そのものに関心を持つ者は反対する左翼といえども皆無に近かった。

発効は翌二十七年四月だが、これにより日本はようやく敗戦以来六年ぶりに独立を獲得した。

西ドイツの独立が一九四九（昭和二十四）年五月であることを思えば、日本の独立は遅すぎたきらいがある。

東西の冷戦事情の軽重から、ドイツの独立が先行したという説もある。日本の占領が「うまくいったから」、あるいは「日本をアメリカの脅威にしないため」だった、という解釈もある。

いずれにしても、日本は西ドイツより軽く見られたことはそのとおりだろう。

岸、自由党から出馬

岸は数々の政治団体を作っては壊し、また新たな党を作るというタイプの政治家だった。東条内閣を辞めた浪人中も、終戦直後も、そして追放解除になった昭和二十七年からも政治結社作りの名人として生涯を送った、といっても過言ではない。

昭和二十七年には、それまで箕山社に置いていた「新日本政治経済研究会」を解散し、四月には「日本再建連盟」と看板を書き換えている。

岸会長の下に、三好英之理事長、重光葵、渋沢敬三、藤山愛一郎、澤田廉蔵、清瀬一郎、正力松太郎、川島正次郎、野村吉三郎らの名前が並ぶのだから豪勢な政治結社が出来上がったかに思えた。

七月、岸の追放解除を機に、虎ノ門の晩翠軒というレストランで旗揚げをして、「吉田政治の追放」を掲げた。

選挙があればどっと立候補させようと気勢を上げたのだが、どうも船頭が多すぎた。折りも折り、八月に吉田が抜き打ち解散をやり、十月には総選挙となった。

岸のこのときの構想は大きな国民運動の拠点を作るというもので、保守に限らずかなり広範囲に左派勢力をも取り込んだ一大新党の結成にあった。

おそらくきっかけになったのは、古くからの付き合いがあった三輪寿壮のつながりであろう。河上丈太郎、西尾末広、水谷長三郎、浅沼稲次郎ら右派社会党系に加えて鈴木茂三郎、加藤勘十ら左派系まで取り込もうと岸は密談を重ねている。

だが、結果的にはこの岸構想は失敗に終わり、日本再建連盟は分裂を来す。

選挙には岸は出なかったが、多くの同志が落選、再建連盟は破綻し、十月には第四次吉田内閣が組閣された。

運動体の行き詰まりの気晴らしに、岸は昭和二十八年二月八日、復興著しいといわれる西ドイツを訪れる旅に出た。

旧友のシャハトとの歓談やアデナウアー政権下のドイツ経済の実態を見て回る旅に同行したのは川部美智雄である。

川部は週刊誌のインタビューにこう答えている。

「一九五三（昭和二十八）年に岸先生が戦後の復興を見たいというので西ドイツへ行く。そのころ、オレは岸先生にホレちゃってるんだな、『ブランカ』を叩き売ってついて行った。五十三年というのは実に劇的な年なんだ。三月五日にスターリンが死んだ。その旅行中、吉田内閣の官房長官（引用者注・実際には自由党幹事長）だった佐藤さんから『兄貴、スグ帰れ』という電報が入ったんだ」

（「週刊文春」昭和五十四年二月一日号）

世にいう「バカヤロー解散」が起きたのは二十八年三月十四日のこと。

吉田内閣不信任案が可決され、四月十九日に第二十六回総選挙という政治スケジュールが組まれた。

「バカヤロー解散」とは、右派社会党の西村栄一議員の質問に対し、首相が自席に戻りながら小声でつい「バカヤロー」と口に出したのがマイクに拾われ騒ぎが拡大した、という騒動である。

ヤブから棒の総選挙で、慌てたのは党幹事長の佐藤である。

兄貴が留守でも構わぬ、手続きはしておけ、というわけでボンに佐藤栄作、三好英之連名の電報が届いた。

帰国してみると、佐藤の手で岸の吉田自由党への入党手続きは済んでおり、選挙に出るしかなかった。

おそらく、吉田と鳩山の権力闘争の綱引きが行われていた中で、佐藤としては、ここは兄を当選させ、対鳩山へのテコ入れにしようと考えた末の戦術と思われた。

「いよいよ今度こそ、吉田さんをアウフヘーベン（止揚）する番ですね、先生」

ドイツを発つと、川部が機内でそう言った。

かつて岸が川部に話しかけた内容に引っ掛けた川部なりの言い種だった。

岸は以前、こう言ったことがあった。

「ボクはね、なんだな、かつて東条さんをアウフヘーベンしようと思って本気で閣内に入ったんだが、それはできずに潰しただけで終わった。これから国のためにやれることといえば、吉田さんのアウフヘーベンだな」

吉田的な政治手法を否定し、さらに次の段階へ高める——そういう意味で使ったのだが、いま、その機が熟しつつある気が岸の中にみなぎっていた。

大学時代の専攻は独法であり、しかもドイツ帰りとあってはヘーゲルの弁証法くらいはお手の物といっていい。

追放解除組の鳩山一郎や重光葵たちがおのおのの旗を掲げて吉田とは距離を置いている現

状では、吉田自由党といえども安定政局は望めなかった。

それは吉田政治の確実な衰退といえた。吉田時代の終わりの始まり、であった。

自分はその自由党から出るが、加入戦術で自由党を揺り動かし、ほかの党人を吸収合併する震源地となるチャンスを作り出せるかもしれない、彼はそう自覚していた。

岸は地元ながら山口二区という厄介な選挙区から出馬することになるのだが、なぜ厄介かといえば、まず弟の佐藤栄作がいる。

彼が強い。いや、彼の選挙参謀たちが「兄といえども一票も渡すな」という強硬姿勢なのだ。

さらに右派社会党の受田新吉は戦後二回目の総選挙の第二十三回からの連続当選で、その大衆的人気は絶大だった。

岸は定員五人の中、佐藤、受田に次いで、ようやく三位で戦後初（翼賛選挙と合わせて二回目）の当選を果たした。

だが、政権与党の自由党は過半数を大幅に割って、全議席四六六のうち、一九九に留まったのだ。

岸が当選と同時に記者会見で「政局安定の先決問題は政界再編にある」（「朝日新聞」昭和二十八年四月二十日付）と述べたのは、もっともなことだった。

三木武吉の荒技

すでに述べたように再建連盟は破綻していたが、そこで岸が謳っていたスローガンはいまでも生きていた。

「日米経済の提携とアジアとの通商」「共産主義の侵略の排除と自由外交の堅持」そして「憲法改正と独立国家の整備」である。

このスローガンを掲げて、自由党入党、議席回復を経て一点突破を図る。

その目的のために岸が是非やらねばならなかったのは復帰後、分派を作っていた鳩山一郎一派を取り込む作戦だった。

岸がいかにして鳩山一郎を取り込んで、一気に大将格に昇り詰めたか、入り組んだ戦後の党派党争を簡単に振り返っておこう。

簡単に言えば、公職追放にあった鳩山がGHQ左派の政治的な動きに翻弄された不運は、思いがけず吉田の老練な手腕を際立たせた、というのが戦後の八年間なのである。

終戦直後、本来は鳩山のものだった自由党を一時借りたのは吉田の方だったが、吉田はのらりくらりと党を返さない。

もちろん、吉田の巧みなマッカーサー対策や外交手腕は評価されていい。だが、日本の安全保障への取り組みはアメリカに任せ過ぎた。

昭和二十六年八月、追放解除された鳩山は、三木武吉などの知恵も借り、さまざまな合従《がっしょう》連衡《れんこう》を経たのち、「民主化同盟」を結成、さらに広川弘禅《こうぜん》らが合流した「分派自由党」を率いていた。

だがそのころ、吉田の周辺はすでに「吉田学校」と呼ばれる直系で高い防壁が完成しており、鳩山には手が出なかった。

「吉田学校」とは、池田勇人、佐藤栄作、前尾繁三郎、橋本龍伍など昭和二十四年の総選挙初当選組の官僚出身若手が主力だったが、それ以前からの大野伴睦、松野頼三、二階堂進、緒方竹虎らも党人派側近として重石《おもし》になっていた。

だが、「バカヤロー解散」の選挙結果が双方ともに思わしくなく、その流れから二十八年十一月、鳩山は家の子郎党二十二人を引き連れて自由党に復党することになった。

ところが、この鳩山「分派自由党」内には、断乎として吉田の旗の下には戻らない、という男が八人いた。

その総大将が三木武吉（明治十七年生まれ）で、以下、河野一郎、松田竹千代、中村梅吉、松永東《とう》、山村新治郎、池田政之輔、安藤覚《かく》が城に立て籠もった。

三木はもともと鳩山を担いで「将来を誓い合い」、吉田に対抗してきた仲である。

「八人の侍」とも呼ばれたが、三木の意地はここからが凄まじかった。

昭和二十九（一九五四）年一月、保全経済界事件が造船疑獄へと拡大し、自由党内でも佐藤幹事長、池田政調会長にまで疑惑が及ぶ事件が起きた。

この政局流動期を摑むべく、自由党、改進党、分派自由党などが集まり保守党の合併問題が浮上したが、話し合いは決裂。

その機を逃さず動いたのが古武士のような三木武吉だった。

三木は改進党、自由党内の反吉田派と組んで新党結成に動いた。

このとき、三木がもっとも将来を嘱望したのは岸だった。三木は石橋湛山、鳩山一郎、松村謙三といった保守系大物議員との新党結成会議になると、わざわざ岸を座の中心に据えた。

その結果、二十九年九月、音羽の鳩山邸において新党結成会議が合意に達し、新党声明が発表されるところまできた。

その日のメンバーは、鳩山、三木、岸、石橋、松村らであった。

十一月二十四日、日本民主党が結成され、総裁に鳩山、幹事長に岸が指名された。

岸はようやく五十八歳になったところで、一番若い。

三木は総務会長を引き受けたが、派手な表舞台には立たなかった。

なお、この十一月二十四日の民主党結成を前にして、十一月八日、岸は吉田の「軽武装、

「対米協調」路線に反対したため、自由党を除名処分されている。民主党幹事長になった岸にとっては、もはや吉田の首の半分は取ったようなものだったから、これはむしろ勲章だった。

あとは老残と言っていい状態が近づいていた吉田を最後に追い詰めておいて、民主党と自由党の保守合同を実現させるだけだった。

保守合同がかなえられれば、新体制の下で新しい対米外交に本格的に着手できる、それが岸の次のターゲットである。

この保守合同劇が完成するのは、さらに一年先、昭和三十（一九五五）年十一月である。

実はここまでの動きで見逃せないのが、二十八年暮れに岸が「憲法調査会」の会長に就任していることである。

憲法調査会設置を打診したのは鳩山だったが、鳩山は自身の自由党復党の条件として「現憲法の見直しを図る調査会の党内設置」を吉田に迫り、吉田もこれを呑んだといういきさつがある。

「非常に礼儀正しい」吉田には、それ以上の礼儀と尊敬をもって挨拶に行くのが岸だった。

その岸に向かって吉田はこう言った。

「この憲法なんていうのは改正しなきゃいかん憲法だよ。自分は実はこの憲法を仕方なしにあのとき受諾せざるをえない立場にあった。しかし改正は容易ならんことだ。

そこで占領下のうちに改憲をやろうと思って、朝鮮戦争の起こった当時（一九五〇年）、マッカーサーに相談した。マッカーサーも、自分がこれを日本にナニしたのは間違いだった、改正すべきといっていた」

（『岸信介回顧録』）

そうこうしているうちに、マッカーサーはトルーマンに首を切られ、後任にリッジウェイが来たが、リッジウェイではマッカーサーほどの力はなく、占領下での改憲はできなかったのだ、と吉田は弁明したという。

岸はかねてからそういう吉田政治を「ポツダム体制派」とあからさまに批判してきた。こうした挨拶も、尊敬すべき先輩、と表面では敬意を表しながら首を取りにいく段取りのようなものだった。

日本の独立の完成のためには、本来はサンフランシスコ講和条約成立直後に憲法を改正すべきだった、というのが岸のいつわらざる心境だった。吉田はそれを逃した、と岸は言う。

それが不発に終わると、そのまま旧体制が続き、改正の時機を逸し続けた。

だが、憲法改正の議論の場を与えられたのは、岸にとっては大きな意味を持つこととなる。

自由党を追われた岸にとって、今は直接アメリカとの交渉に入る方がよほど近道となっていた。

吉田をバイパスし、やがて〝アウフヘーベン〟する日も近づいていたのだ。

鳩山、悲願達成

岸は日本民主党の幹事長になったときすでに、「いずれ片務性だらけの安保条約の改定は是非やらねばならない」と明言している。

日本民主党の政策綱領を見ると、現行安保条約（吉田がサンフランシスコ講和条約とともにサインしたもの）を「双務的に改定する」とすでに謳っている。

日本の安全保障の一切をアメリカ依存のままという現行法ではなく、日本の独自性を持たなければいけない、という考え方を初めから岸は持っていた。

ほとんど人目にも触れずにいた昭和二十六（一九五一）年九月締結の日米安保条約をざっと見ておこう。

調印直後の十二月に発行された「フォーリン・アフェアーズ」に寄稿したダレスの言葉が片務性の核心を見事に言い当てている。

「アメリカは日本とその周域に陸海空軍を維持でき、或いは日本の安全と独立を保障するいかなる条約上での義務も負うものではない」（一九五二年一月号）

なにしろ最初の安保条約では、第一条は「米軍の日本駐留は義務ではなく、アメリカ側の権利である」と規定されている。

これではアメリカ側はいつでも「権利」を放棄し、米軍撤退を自由にできるのである。

ダレスが言うように「日本の安全を保障する義務」は負っていない。

さらに重要な点を挙げると、在日米軍の任務規定によれば、「極東における国際平和と安全の維持に寄与しうる」とされているだけで、「極東」とはどこを指すのか、そして、米軍の行動基準は何なのか、一向に分からない。

第二条は、日本はアメリカの同意を得なければ「第三国」に、基地の貸与はもちろん、軍隊の通過の権利も与えてはいけない、とされている。

一見当然のようにも読めるが、これは米軍単独による事実上の占領から駐留に変化しただけである。

第四条は有効期限に関してであるが、条約の有効期限は「国連その他の安全保障措置が効力を生じたとき」、とされている。

つまりは、日本ではなくアメリカも「効力を生じたと認め」たとき失効するとされている。よって、アメリカは無期限に日本を拘束する権利を与えられているのだ。ダレスは先の発言の続きで、「望むだけの軍隊を望むだけの期間駐留させる権利」が保障された、と述べている。

それが、当時の日米安保条約の骨子だった。

だが、国民の大多数は講和条約締結と独立に歓喜するばかりで、安保など無関心だった。改定しなければ日本の片務性だけが永久に残りかねないのに、誰ひとり関心を持たなかったといっていいだろう。

岸が日本民主党幹事長に就任して、初めて活字になった程度である。

それから六〇年安保改定まで九年かかる。しかも読めば誰でも改定を理解できるはずのものなのに、多数の国民の反対運動が巻き起こり、大量の血が流された。

岸はそこに政治生命を賭ける事態となるのだが、その前に保守の合同を実現させる大仕事が待っていた。

皮肉なことかもしれないが、鳩山一郎を筆頭に、追放解除になった政治家が戻ってきたことが、吉田の首を絞める結果に繋がった。

川島正次郎や三好英之、船田中、南条徳男、赤城宗徳など岸派ともいうべき闘士たちがこぞって吉田を追い詰め、自由党から民主党に衣替えが進んだのである。

その流動的な政局の中で岸は三木武吉の知謀を借りながら日本民主党を立ち上げ、幹事長として政界の台風の目となった。

昭和二十九（一九五四）年十一月、民主党の結成を見るや、自由党議員総会で最後まで引退を拒否していた吉田も、遂に身内から引退決意を迫られる。

吉田は引退するくらいなら解散して総選挙をやる、とまで言い出したが、さすがに松野鶴平や大野伴睦ら長老が「引退しないのなら除名する」と迫り、引導を渡した。

いわば、立派に介錯するからといって腹を切らせたようなもので、ようやく引退劇の幕が下りた。

十一月二十五日、吉田の引退に伴って緒方竹虎が自由党総裁に就いた。

緒方はかつて朝日新聞の主筆まで務めた新聞記者だったが、戦争末期から政界に転向し小磯、鈴木両内閣で閣僚、東久邇内閣の書記官長などを務めている。

その後、A級戦犯容疑者となって公職追放されたが、復帰するや第四次吉田内閣でいきなり官房長官、さらに副総理と極めて吉田に重用された経歴の持ち主である。

鳩山民主党が中ソ国交回復交渉に意欲的な姿勢を見せたのに対し、緒方は日本の保守勢力の統合が先決としていた。

その結果、CIA筋からは緒方に期待する工作が小規模ながら密かに行われていたとされる。アレン・ダレスがまだCIA副長官のときだ。

十二月七日、第五次吉田内閣は総辞職となり、ここに鳩山内閣が成立した。

岸自身は自分がトップに立つのはまだ先の計算で、今は保守党各派の統一への布石を打てればいいという段階で、まずは「戦後の清算」、鳩山復帰が第一だった。

だから、幹事長をむしろ望んだ。

ところで追放解除の直前、鳩山は脳梗塞で倒れるという不運に見舞われていた。

幸い軽度の障害で済んだため、政治活動ができないほどではないものの、杖なしでは歩けない。思いもよらぬ追放がよほど堪えた結果であろうが、それだけ世間の同情は大きかった。

また、第一次鳩山内閣の副総理兼外相を務めたのは重光葵だった。

重光も昭和七年に上海事変の直後、抗日テロに巻き込まれて右脚を切断するという大事故に遭遇している。

巣鴨拘置所の三年を不自由な体で過ごし、さらに、「ミズーリ」号甲板上での降伏文書調印にも隻脚で戦艦のブリッジを上らされるなど苦難の道を歩んだ外交官である。

昭和三十年二月末には第二十七回総選挙となり、岸幹事長は民主党を第一党とする結果を残す。

民主一八五、自由一一二、左派社会党八九、右社六七、というまずまずの結果であった。

三月には第二次鳩山内閣となり、党の方は引き続き岸が幹事長として実権を握っていた。

パケナムの英語教師

そんな昭和三十年春先、三月の南平台の岸邸である。

朝食が終わった岸の書斎に、コンプトン・パケナムの姿があった。

川部美智雄の店で知り合ったパケナムに、岸は自宅で英会話のレッスンを依頼する契約を結ぶことにした。

週に二回ほど、朝九時からレッスンを、という話にパケナムは快諾した。

岸は今後の外交交渉を考え、英会話を本気で始めようと思い立ったようである。

パケナムの自宅は渋谷・松濤で、岸邸の南平台とは目と鼻の先、車で十分もかからないほどだ。

川部の記憶によれば、二十九年の年明けには始まっていたのではないかという。一緒に西ドイツへ行ったころにはまだ始めていなかったからだ。

それは自由党の憲法調査会会長になり、保守合同に向け動き始めたころだった。

パケナムが来ない日には、岸は独りで英語のテープを聞きながら耳を鍛えていたという。川部が立ち寄ったある朝、チャーチルの演説テープを聞きながらひげを剃っているのを目撃して感心した記憶があるという。

「テキストがチャーチルの『Amidst the storm』（『嵐のさなかに』）だったな。最初のチャプターからパケナムがゆっくり読むわけですよ。そして内容について英語で語り合う。本当にえらいと思ったね」（「週刊文春」昭和五十四年二月一日号）

パケナムと岸は、時間のある日にはレッスンが終わるとコーヒーを飲みながら隣の高峰三枝子邸二階にある洋間で話し込んだ。

ふたりにとって、この時期の情報交換は重要な意味を持っていたのだ。

鳩山政権に替わったのはいいとして、ひとつ厄介な問題が日米間に起きていた。

前年暮れ、首相の座に就いた鳩山は突然記者会見で次のような発言をした。

「今後はソ連、中共とも仲良くやりたい。それをアメリカが心配するには及ばない」

八年以上の政治ブランクのせいで、まだ世界状勢が把握し切れていないのでは、と好意的に見てくれた関係者はほとんどいなかった。

アメリカでは、一九五三（昭和二十八）年四月にトルーマンに替わって、共和党のアイゼンハワーが大統領の座に就くと、ジョン・フォスター・ダレスが国務長官に就任した。ダレスの実弟・アレン・ダレスがときを同じくしてCIA長官に昇格したのは、日米にとって大きな意味を持つようになる。

パケナムもカーンもダレス兄弟と常に連携を取っていた。

ダレスにとっては扱いにくいカウンター・パートナーの吉田がようやく降りてくれるのはありがたかった。

ついでに吉田側近ではもっともCIA関係者との関連が多い緒方竹虎が出て来ればさらに好都合だが、とあれこれ考えをめぐらしていた。

結果は鳩山勝利に終わったが、古いタイプではあっても、彼は伝統的な価値観を守ると聞いてひと安心した矢先のこの発言だった。

鳩山が首相になったのは次善の策かと思われた直後の中ソ寄りの発言に、ダレスはただちに厳しい反応を示した。

パケナムはアメリカ側から日本不信感を示す文書がかなり出ている、と岸に告げた。

カーンを通じてパケナムにその「懸念」が伝えられた。

ところで、カーンと岸が最初に会ったのはパケナムの紹介によるもので、おそらく岸が民主党幹事長になる直前ではなかったか。

その後パケナムはカーンが来日する機会を捉えては岸との会食の席を用意した。

ＡＣＪと「ニューズウィーク」と岸が一本の糸で繋がることが、パケナムとカーンの相互の利益や目的に合致したのだ。

カーンは岸をひと目見て「これからもっとも使える男」だと判断し、間を置かず「やがて岸の時代が来る」という情報をダレスのもとに送るようになるのである。


以下、パケナムと岸の情報交換の模様を『岸信介回顧録』などを追いながら見てみよう。

「実はキシさん、あれ以来ダレスが怒っています。年明けに正式な書簡をダレスがハトヤマさんに送ったにもかかわらず、きちんとした回答をしないで、ソ連との交渉ばかりやっていますからね。ハトヤマさんには私も三年前でしたか、帝国ホテルで会っていますが、そのときはソ連や中共と国交回復することなどナニも話しませんでした。どうしたのですか」

岸はパケナムの話を聞きながら、これは少々こじれそうだと直感した。コーヒーを注ぎながら、岸はおもむろに説明した。

「これは河野一郎から聞いた話ですが、鳩山さんは真剣な顔で自分の使命は日ソ交渉と憲法改正にあると言ったというんだ。

日ソ交渉は党の綱領を作る際の話題には確かになかった。憲法改正はいいがねえ。ただ、鳩山さんの熱意も分からないではない。何しろこの冬も何十万人という日本人がまだシベリアに抑留されているんだから、その解放も彼の悲願なんですよ。重光さんは対ソ交渉にあまり乗り気ではないので、河野さんと一緒にやり遂げると言っています」

ダレスにしてみれば、新内閣の基本姿勢に注目していたら、まずは日ソ交渉だという。新国務長官は中ソ封じ込めの元祖である。

日本がこのままでは、共産圏に取り込まれるのではないか、との強い懸念があるのだ、とパケナムは岸に忠告した。

四月の最初の英語レッスンが終わったコーヒー・ブレイクのときだった。

パケナムがアリソン駐日アメリカ大使筋から入手したという一枚のカーボン複写されたペーパーを差し出し、岸に訊ねた。

「政府はアメリカとの防衛分担金の額を決めるのにこの問題難航していましたね。そこで、シゲミツさんを特使としてワシントンに派遣して、ダレスと直接交渉させたいと、派遣を申し入れたのです。

キシさんはご存じかもしれませんが、四月一日のことです。

ところが、三日ですか、アリソンを通じて『ダレス国務長官およびアメリカ政府高官は時間が詰まっていて討議の準備もできないからダメだ』と回答してきたのです。最後通牒ではないですが、これはかなり深刻です」

岸は当惑を隠せなかった。

このままでは「保守合同」どころか、日米外交の後退は明らかだった。

鳩山悲願の日ソ交渉はロンドンで六月一日に開始された。

四月に重光訪米を断られたまま、日米交渉の方に進捗はなかったが、七月になってようやく進展がみられた。

日ソ交渉の経過をアメリカに説明し了解を得るため重光外相の訪米意思を再度先方に伝えたところ了解点に達し、アメリカからの招聘状がようやく届いた。

初めは重光外相単独訪米のはずだったが、河野一郎（農相）が、「自分は日英通商交渉でロンドンへ行った帰りにアメリカにも寄りたい。ついては日本が今後も長期保守政権を維持するという説明などを岸君にも同行して貰ってやった方がいいのでは」と鳩山に伝えた。

「三木武吉老にはすでに了解済みだ」とも河野は付け加え、話はそこで決まったのだが、岸本人は重光の随行員扱いは気が進まなかったようだ。

だが、鳩山から是非にと請われて岸は昭和三十年八月二十五日、川部を連れて羽田を発った。実に三十年振りの訪米であった。

パケナムは「英語レッスンの成果、頑張ってください」と笑いながら送り出したが、実際には公式の場で英語を使うことはなかった。

今のところは私的な日常会話の範囲で、実用化を試してみたというレベルだったようだ。

日米会談の裏と表――ダレス文書 II

岸信介を軸の中央に置いて、この日米会談を観察する場合、表裏両面からの記録を確認しておかないと全体像が浮かび上がらない。

表舞台も裏舞台も、それぞれに興味が尽きないものがある。

まずは、表の会談模様である。

河野一郎が残した手記から会談前後の様相をざっと抜き読みしてみよう（部分引用）。

「――重光さん、大見得を切る

僕たちが、ワシントンに到着したのは八月二十八日。いよいよ翌二十九日から日米会談が開かれるというので、その晩は、先着の重光、岸両君と一緒にメイフラワーホテルの重光外相の部屋で打合わせ会を開いた。

机の上には、かねがね外務省で作っていた、日本側が会談の冒頭に読む英文の文章が用意されていた。が、日本文は全然ない。

さあ困った。岸君は多少英語が判るかも知れないが、こちらはほとんどわからない。

この英文は島公使が翻訳しながら説明してくれたが、安保条約の改定を主張する論拠が、非常におかしい。

これでは米国を納得させる改定の根拠にならない。アメリカがこれを聞いて、それはよかろうというかどうか。

そこで、まず岸君に小声で聞いてみた。岸君も初めてだったらしく、ちょっと驚いた様子だった。

ところが、重光君は、『その点は、どうぞお任せ願いたい。ちゃんと確信があってやっている』と、きっぱり言い切ったのでまた驚いた。

さて、会談の当日となった。

会議場に行ってみると、日本側の座る席は重光さんが中央で、国務長官のダレスさんの真ン前である。

まず、重光外相が前夜問題になった英文の書類を一生懸命に読み始めた。書類に食いつくようにして朗読した。寒いくらい冷房の利いた部屋なのに、外相の額には汗がビッショリにじみ出ている。

ご苦労なことだと、気の毒になったり、感心したりしていたが、ダレス長官以下だれも聞いているようにみえない。

僕と岸君は『ダレスさんは面白くなさそうだな』と小声でささやきながら、重光外相の演説の終わるのを待っていた。

――ダレス長官の反撃

やっと三十分間の朗読が終わったかと思うと、待ってたとばかりに今度はダレス長官が起ち上がって、重光朗読を頭からやっつけてしまった。

ダレス氏の発言を隣席の松本瀧蔵君（官房副長官）が小声で次々教えてくれる。ダレスの言うことは全部分かった。がどうも大変なことになっている。昨晩の重光外相の話とはまるでウラハラだ。「大丈夫、話し合いはついている」という重光君のタンカだったが、ダレス氏の発言を聞いているうちに、僕もこれはえらいことになった、と深刻な気持にさえなってきた。

ダレス長官のいった要旨はこうだ。

日本側は安保条約を改定しろというけれども、日米の共同防衛ということは、今の日本の憲法下においてはできないではないか。日本は海外派兵ができないのだから、共同防衛の責任は日本は負えないではないか、というのである。

僕は黙ってみているわけにもいかないと思ったから、隣の岸君をつつき、『おい岸君、なんとか発言しろよ』とすすめ、渋る岸君に発言してもらったが、その岸君の発言でいくらか話が緩んできた。

そうこうするうち、ダレスさんが『今日はこの程度にしておこうではありませんか』と提案し、ともかく第一日はようやく終わった」　　（『今だから話そう』）

面白いことに、そのどうにもならない憲法を押しつけたのはアメリカであることぐらいダレスは百も知っている。それを承知で、マッカーサーや吉田への嫌味からこうした外交的な発言をしたのだ。

また、この時期から「共同防衛の責任」すなわち集団的自衛権が重大な問題になっていたことも分かる。

会談中、河野につつかれて岸が話した内容が後年明らかになったが、極めて重要な会話をダレスと交わしていたのである。

岸はやや緊張した面持ちながら、きっぱりと次のように発言し、ダレスもこれに正面から答えた。

経済や防衛問題の難問解決のために、と前置きした上で岸は言う（J.F. Dulles Papers, Kishi Nobusuke folders, box36, 重光・ダレス会談関係資料、一九五五年八月二十九日）。

「日本においての建設的な勢力の統一に鋭意努力しているところです」

それに対してダレスは、それまでの不機嫌な表情を改め、積極的な対応を返した。

「日本の保守勢力を大同団結させ、統一した行動を進化させることが必要と思う。その方針で進み、近い将来にこれが成功することを希望している」

終戦後のマッカーサー・レジームの中でこれまで言われてきたのは、「弱い日本のままでいい」とする民政局のホイットニーと、「強い日本に改善されるべきだ」とするG2のウィロビーによる二極対立構造だった。

だが、マッカーサーが去り、吉田が去ったあと、ダレスと岸の間でこのような「強い日本」を構築するための「強い保守政党」の建設への意思が共有され、第三極が表面化したことは画期的といっていいだろう。

紆余曲折を経ながら三日目には日米共同声明が発表され、安保改定への第一歩が踏み出されたのだった。

その条文から拾えば、

「日本が──かくて西太平洋における国際の平和と安全の維持に寄与することができるような諸条件を確立するため、──現行の安全保障条約をより相互性の強い条約に置き換えることを適当とすべきことについても意見が一致した」

との文言が入ったのである。もっとも、国内ではさっそく「日本が自衛隊の海外派兵を米国に約束した」と伝えられて大騒ぎが起こったのだが。


ところで日米会議の舞台裏にも目を向けなければならない。

公式会議の場では堅苦しい雰囲気が連日漂っていたことが河野手記で分かるが、別の舞台で岸は十分にデビュー戦を飾れる成果を上げていた。

もちろん、そこにはかねてより昵懇のACJによる隠れた作戦が組まれていたためである。ハリー・カーンは岸の一行がワシントンを訪ねると聞くや、さっそくダレスに手紙を書いて「岸をよろしく」と、事前に依頼した。

その書簡が「ダレス文書」として残されている。長文なのでその一部を紹介しておきたい。

「親愛なるダレス閣下

岸信介に関しては以前、手紙を書きました。ご承知のように彼は民主党の幹事長です。パケナムの評価によれば、現在日本では最も重要な政治家です。私もこの五月に日本へ行ったときに岸と長時間話をしましたが、驚くべき率直な性格で、話が分かる人物だと思います。

彼は来年、首相になる可能性が五分五分より高いと言われています。彼は今、民主党と自由党を合併して新党を結成する工作中なのです。

ご承知のように、岸はワシントンに来る予定となっております。ただし、重光外相と政治的には一緒ではありません。重光の訪米には政治的課題がさまざまにからんでいますが、岸は鳩山に説得されて渋々ながら重光と同時期に訪米することになりました。

今回は鳩山の顔を立てて、ついでにワシントンで顔を売るとともに、アメリカサイドの意見を把握するつもりでしょう。

それで、岸は要人とこの期間に秘密裏に会うことを希望しています。パケナムから私に協力してやって欲しいと依頼されています。

閣下が岸に私的に会うことは計り知れない価値があると考えられます。外交儀礼上、そうした会見は、重光外相がいるために、困難な問題になることは分かります。

しかし、岸は秘密会談を他の目的のために利用することはないと私は確信しています。

さらに、いま岸を特別に扱っておけば、将来、大きな見返りがあることは確かでしょう。

岸は英語の勉強中で、かなりうまくなっていますが、川部という個人秘書を連れて行きます。

国務に立ち入る提案ですが、問題は起きないと思います。数年前、閣下が東京へ行かれた折りに、そのときには首相の椅子からは遥かに遠いと思われた鳩山に是非お会いになるよう私が勧めたことをご記憶かと存じます。

今回も同様の理由から、是非、岸にお会いになるようお勧めする次第です。岸との接触に際し、私がお役に立てるようでしたらお知らせ下さい。

ハリーより」

（「ダレス文書」一九五五年八月二十日付、ロール36）


ハリーから丁寧な手紙をもらったダレス長官は、すぐに返信を送り、出来るだけの可能性を探る旨の回答をしている。

「信愛なるハリー

岸氏に関する貴殿の書簡にお礼を申し上げます。是非岸氏と内密に会談をしたいとは思いますが、訪問のタイミングの関係で難しいかも知れません。

外交儀礼上の理由から、重光が帰国するまでは、岸氏とふたりだけの公式な会見は無理なのです。私は重光が帰国した直後に休暇で町を離れる予定です。

しかし、岸氏が出席する社交的な会場で、うまく機会を見つけて話しかけるようにしてみます。

ジョン・フォスター・ダレス　」

（前掲同ファイル、一九五五年八月二十五日付）

岸は日米会議終了後、アイゼンハワー大統領を表敬訪問した。

その席では「公式」にダレスとも会話を交わしたと『岸信介回顧録』には記されている。

だが、非公式でリラックスしたふたりの会話は、カーンが用意した昼食会のような会場でうまく実現したのである。

まずまずの首尾に終わった喜びを、カーンはダレスに礼状で報告している。

「親愛なるダレス閣下
八月二十五日の貴翰《きかん》拝受しました。外交儀礼上の理由から、閣下が岸氏に会うのは困難だろうとは思っていました。

小生が得た情報では、閣下は社交的な会場で岸と会話されたと聞いております。岸はさぞ感謝したでしょう。小生は岸のために、昼食会を二回と夕食会を一回用意しましたが、うまくいったと思います。岸自身も大いに歓迎されたり、新しい関係者と知り合えたり、大変喜んでいます。

フーバーの特別補佐官、マックス・ビショップが、岸のために昼食会、夕食会のふたつに出席したのです。彼は、そのときに岸が述べた見解をレポートにまとめています。

ハリーより」

（前掲同ファイル、一九五五年九月四日付）

表向きは重光随行員のような訪米旅行だったが、岸の訪米は事前に十分準備されたものだった。

アメリカ側の周到な連絡方法を見れば、プロの工作員が背後にいてこそ可能なコネクションだとすぐに分かる。

そのすべてはハリーとダレス兄弟の指示によるものだった。

ワシントンで用意された昼食会には、マックス・ビショップ国務次官補、ウィリアム・キャッスル元駐日大使、フーバー二世国務次官などが集った。

さらにニューヨークへ行けば、ジョン・ロックフェラー三世のほか「ニューヨーク・タイムズ」や「ニューズウィーク」の幹部が揃って岸に挨拶するという歓迎昼食会が用意されていた。

CIAの「情報と資金」

パケナムとカーンの背後にはCIAの工作員が東京だけでも四人いた、と言われている。アイゼンハワー政権は、日本の政権が吉田から鳩山に替わったことに異常に神経を尖らせていた。

万一替わるとしてもその場合、アメリカはこれまでCIAと繫がりをもっていた緒方竹虎との非公式な接触には信頼を置いていたようだ。

吉田から緒方へバトンタッチがすぐにできないとしても、何らかの形で緒方が政権の中枢にいるのが望ましかったことは、アメリカ公文書館にあるCIA文書の公開によりすでに明らかとなっている（『二十世紀メディア研究所特別研究会会報――CIAと緒方竹虎』、『秘密のファイル』下、など)。

当時、極東におけるアメリカの中ソ封じ込め工作を主導していたのはダレス兄弟である。外交を兄が、情報工作は弟が担当し、外交の舞台裏を緻密に操作していた。

岸の訪米そのものへの期待感を込めた工作に指導的な役割を担ったのはすでに明らかなようにアレン・ダレスの親友ハリー・カーンだった。

カーンの工作は間もなく岸の活動に目に見える形で現れた。

昭和二十九(一九五四)年五月のこと、岸はカーンの紹介で親しくなったアメリカ大使館の情報宣伝担当官ビル・ハッチスンを歌舞伎座に招待している。

これまでにも岸はハッチスンが借りている家を度々訪ねており、彼を通じてアメリカ政府からの支援を求めていたことは明らかだった、と「ニューヨーク・タイムズ」記者のティム・ワイナーは自著『CIA秘録』で述べている。

岸は歌舞伎観劇の合間に、劇場のロビーで日本政府の高官や友人たちをハッチスンに紹介し、岸自身のアメリカ大使館に対する信頼度を高める効力もあったという。

さらに岸が総理になる昭和三十二年になると、マッカーサー二世大使が着任し、大使と岸は直接信頼関係が築けるようになる。

大使はそれに応えて、本国政府が「裏金」を使えるよう国務省と大統領を説得する。

時間の先取りになるが、CIA関連の問題なのでマッカーサー大使とCIAがいかにして岸を支援したかここで見ておこう。

マッカーサー大使の回想によれば、岸は「もし日本が共産化すると、ほかのアジアの国々が追随しないとは考えにくい」と言って、日本の共産化を防衛するために資金を長期にわたって援助してくれるよう頼んだ、というのである。

大使はこの申し出に納得し、本国のダレス国務長官を承諾させた。

ダレスは、「日本に大きなカネを積まなければならない。そうでないと共産主義者たちへのモスクワからの莫大な資金援助にやられてしまう」と主張して、さらに大統領を説得した。具体的には、大統領の承認の下で、自民党の選挙資金として大量のカネをCIAに用意させ、それを長期にわたって自民党を強化するのに役立てた、というものだ。

昭和三十三（一九五八）年七月末、岸はマッカーサー大使を訪ねて極めて重要な会談を持った。それは第二次岸内閣が成立した直後で、佐藤栄作が大蔵大臣に就任したばかりのときだった。

ちなみに、その七月三十一日にはソ連のフルシチョフ第一書記が北京で毛沢東と会談を行った。中ソ対立の一方で、ふたりは毛沢東の好きなプールにつかりながら世界の社会主義国間の諸問題を話し合ったとされる。

そうした国際情勢を踏まえながら岸は大使を訪ね、ある協力を要請した。
その内容は大使から本国政府宛てに公電となって残っており、一九九〇年六月段階で機密解除扱いとなった。

「親愛なる　ジェフ
岸の弟・佐藤栄作（岸政権下の大蔵大臣）が、共産主義と戦うためにアメリカからの財政援助を願い出ていることについては、あなたも、ハワード・パーソンズ（引用者注・国務省北東アジア局長）も興味をそそられていることと思います。佐藤の申し出は私たちにとってさほど意外ではありません。彼は昨年にも大略同じような考えを示唆していましたし、最近彼と話した際にもそうした様子を抱いているようだったからです。
同封しましたのは、佐藤とカーペンターとの会話についての覚え書きであり、もちろん極秘に扱われるべきであります。

国務省極東国務次官補
J・グラハム・パーソンズ様
一九五八年七月二十九日

ダグラス・マッカーサー二世　」

公電中にある「佐藤とカーペンターとの覚え書き」も、同時期に機密解除された。佐藤蔵相は極秘裏にアメリカ大使館一等書記官のカーペンターを都内の小さな目立たないホテルに呼び出し、秘密献金の要請をしたのである。

以下は、カーペンター一等書記官自身による公電「覚え書き」からの抜粋だ。

「大蔵大臣で岸首相の弟である佐藤栄作氏からの申し入れがあったため、私は七月二十五日、氏に会った。佐藤氏は、現在東京で行われているふたつの会議は、岸内閣率いる日本政府及び自民党が直面している問題を象徴しているものだと指摘した。そのふたつの会議とは、ひとつは共産党大会。もうひとつは総評大会である。

佐藤氏は、日本共産党は①日本国内に反米感情を醸成すること、そして、②政府転覆のために革新諸勢力を糾合、強化するというふたつの目的を持っているのだと語った。

そして、政府はこれら過激派諸勢力との戦いに全力を尽くしてはいるが、十分な資金源を利用できないために限界がある。自民党も可能な限り手を尽くしてはいるが、やはり資金面の限界という点では同様である。

佐藤氏は『ソ連や中国共産党が、日本の共産勢力に対し、かなりの資金援助を行っているのは確実だ』と指摘した。

こうした状況を考慮して、佐藤氏は、共産主義との闘争を続ける日本の保守勢力に対し、米国が資金援助をしてくれないだろうか、と打診してきたのである」

（「マッカーサー書簡」と「覚え書き」はアメリカ国立公文書館所蔵・国務省機密文書のコピー及び『ＣＩＡ秘録』による）

共産勢力の伸張に抗するためアメリカ政府は、鳩山政権下での民主党岸幹事長以来、彼が政権を取ったのちもマッカーサー大使やカーンを通じてＣＩＡからの資金援助を維持していたことが以上のような経緯から明らかになった。

岸がマッカーサー大使を訪ねたのは佐藤の援助依頼をバックアップするためだったのだ。

こうした秘密工作の実態は、やがて一九九四年十月九日付の「ニューヨーク・タイムズ」によって一部暴露されるが、それがすべての真実ではない。

なぜなら、「ニューヨーク・タイムズ」の記事には、日本の共産主義勢力援助のため、すなわち、日米安保反対闘争向けのモスクワからの資金援助については、ひと言も触れられていないからである。

「岸がＣＩＡ資金の援助を受けた」とか「岸はＣＩＡのスパイだった」といった類いの非難は、これまでにもメディアなどから頻繁に言われてきた。

だが、岸にとってみれば「国際共産主義との戦い」のための援助資金であり、この国を守るためには何ら恥ずべきことではない、と考えていたに違いない。

保守合同へ

ＣＩＡの裏の活動を見るために時間を先取る結果になったが、そのために岸自身がつねにＣＩＡとの連携を見越しながら保守勢力の糾合を意図していたという先見性も見えてきた。改憲賛成なら、社会党右派とも連携すべく動いたくらいだ。

憲法改正は、岸の悲願ともいえたが、そのためにはさらなる〝アウフヘーベン〟が必要だった。

保守合同である。憲法改正に必要な衆議院議員の三分の二を確保しなければならなかった。

ダレスに背中を押されて気分よく羽田に帰ったのが昭和三十年九月十日。

合同促進派はただちに民主、自由両党による新党政策委員会を開き、新党結成の目標を十一月中旬までと決めた。

九月十七日、岸はいったん山口に帰郷するが、その車中で次のような記者会見をしている。

「保守合同は年内に実現する。新党の総裁は鳩山氏が就任すべきだと思うが、場合によっては鳩山、重光、吉田、緒方の四首脳が会って話し合ったらどうか。鳩山氏は三十一年度予算案が成立後、緒方氏と交代したらよい」（『岸信介回顧録』）

こうした合同劇のシナリオは、かつて鳩山を担いで日本民主党を起ち上げたときの三木と岸の老若ふたりの連携プレーとまったく同じである。

三木は派手な役職には一切目もくれず、最後まで心血を注いできた。世間では権謀に長けた油断のならない男のように見られていたが、このごろはむしろ枯淡の境地に達したかに見えた。

三木にとって鳩山の民主党は保守合同の第一次に過ぎず、今回の自由党との団結こそが仕上がりとなる第二次合同劇だった。

その三木の右腕が岸だった。

三木と岸は、民主党と自由党の幹事長・総務会長による四者会談を十一月の半ばまで実に六十回も開いたという。

民主党幹事長は岸信介、総務会長は三木武吉、自由党幹事長は石井光次郎、総務会長は大野伴睦である。

大野伴睦は一番の難関だった。

三木ですら戦前からの政敵ともいえる大野との会談には一瞬躊躇したという。

大野に言わせれば「三十数年間、お互いにお茶一杯飲むことすらなかった」という間柄だったが、三木の強引な要求に折れて、遂にお茶を飲んだ。

それは、重光や岸が訪米する直前、すでに始まっていた密談だった。

義理人情だけでここまでやって来たような大野伴睦にとっては、六歳年長で同じく酸いも甘いも知り尽くした三木に押されては、犬猿の仲でも逃げ切れなかった。

大野がようやく「分かった」という段階で鳩山、緒方、三木、大野の四人による総裁代行委員が設置され、「保守合同を目途として両党が折衝する」ことが正式に決定された。

だが幹事長たる岸に任されたもうひとつ厄介な役割は、民主党内の旧改進党系の説得だった。

岸は、「三木武夫、松村謙三らの一派の保守合同に対する妨害は、あらゆる手段を尽くして執拗を極めた」と回顧録で述懐している。

民主党内で三木、松村の親中ソ系が抵抗している間に、左右社会党の統一準備が加速され、十月十三日には鈴木茂三郎を統一社会党の委員長として両派の統一大会が実現してしまった。

左右社会党の合同も、保守合同の動きと無関係に進んだわけではない。互いに刺激し合って進んできたことは否めない。

岸も「(社会党も)我々と同じように合同に当たっては沢山の問題をかかえ、十三日の統一大会は開会が十二時間遅れるほどの難航ぶりであったが、とにかく鈴木委員長、浅沼書記長の新陣容の下、衆議院一五六、参議院七〇の勢力を擁して野党第一党となった」(『岸信介回顧録』)と語っている。

だが岸の強気な性格を表しているのは、続けて「ただ私個人へのインパクトは皆無であった。私としては、両社が統一しようが別々に存在していようが関係はなかった。既定路線を歩むだけだった」と自信を見せている点であろう。

十一月十五日、神田の中央大学講堂で結党大会が開催された。

前日にそれぞれの党は解党大会を開き、その決議にしたがって自由民主党結党大会に臨んだ。

だが、民主党との合同に絶対反対のまま、本丸から動こうとしなかったのが吉田本人のほかにあとふたりいた。

佐藤栄作と橋本登美三郎の三人が無所属となって、崩れ落ちる古城に残った。

「佐藤だって、結局は吉田の恩を忘れて鳩山のふところへ最後は駆け込むよ」

そういう風評がおおかたの見方だった。佐藤自身も最後の瞬間まで迷った。

佐藤が腹をくくったのは十一月十三日、林譲治宅に集合して幹部による最後の「合併説得」が行われた日である。

合併反対だった池田派もここにきて遂に崩され、とうとう佐藤は「オレ、ひとりになったよ」と言って自宅に帰ってきた。

若手議員多数も涙ながらに「佐藤さんについて行く」と言い出したとき、橋本登美三郎が入って来て、佐藤派若手十人ほどにこう言い放った。

「いいか、君たち十人くらいが新党に参加しないからといってナニになる。無所属で選挙に勝つのは大変だぞ。オレが君たち全員に代わって佐藤さんについて残るから、君たちは安心して新党へ参加したまえ」

その言葉で全員男泣き、滂沱《ぼうだ》の涙を流しながら橋本にしたがったものだと、自宅で見ていた佐藤寛子は回想記に残している。

佐藤の無所属浪人生活は、一年二ヵ月続き、三十二年二月にようやく合流する。三ヵ月前に鳩山内閣が倒れ、大義名分が立ったから、との理由だった。

話は再び新党の人事に戻る。

ここまできても党大会までに総裁人事が決まらなかった。

理由は自由党内の吉田派の佐藤、池田グループが鳩山内閣続投に繋がる総裁就任に強く反対し、党首公選を主張してきたからである。

吉田派内の強硬議員は「鳩山首相、緒方総裁」の総理・総裁分離案で妥協しようとしていた自由党内の首脳部にさえ一歩も譲らない構えだった。

だが、最後に池田は合流、佐藤が残留と決まったところで折衷案が出された。

妥協策としては「代行委員制」という仕組みが編み出され、代行委員に鳩山、緒方、三木（武吉）、大野の四人が就くことでなんとか折り合いがついた。

なにしろ小派閥まで入れれば八つの派閥が集合するという大事業なのだ。共通する大義は敢えて言えばただひとつ「自主憲法制定」に収斂《しゅうれん》されよう。

それは言い換えれば「脱吉田」という戦後の清算だが、難産を極めた。

かくして当初の保守合同は、党の方は四人の代行制で、内閣は鳩山が引き続き受け持つという変則的なスタートとなった。

不思議なことだが、幹事長は初めから岸で誰からの異論もなかった。

自由民主党の初代幹事長に岸は既定方針のように就任した。

ところが、四代行のうちのもっとも有力視されていた緒方竹虎が、年明け早々の昭和三十一（一九五六）年一月二十八日、心臓麻痺のため自宅で急逝してしまった。

その結果、ライバル緒方を欠いたため、初代鳩山総裁の誕生が極めて濃厚となった。

岸派の面々は「いや、次は幹事長が総裁だ」とさっそく南平台に集まってきた。

ところが、時機到来とばかりにはしゃぎ気味の身内議員を諫《いさ》めて岸はこう言っている。


「緒方氏が亡くなった翌朝だったと思うが、南平台の私邸に岸派の面々が集まっていた。おそらく緒方氏の死によって鳩山さんのあとは岸に決まったと判断したのだろう。私は彼らに心境を述べた。

荘子に『北冥に鵬あり、一搏《いったん》すればたちまち本冥を極む』という言葉がある。私にはまだ羽が整ってはいない』と皆に言った。


緒方氏の急死で総裁問題は急転直下、自動的にケリがついた。

四者会談（欠員補充に松野鶴平を入れた）党大会は四月五日とし、総裁を公選とする。候補者は鳩山氏だけとすることが決まった」　（『岸信介回顧録』）

岸は和服に着替えて、おもむろに『荘子』の冒頭にある「逍遙遊篇」から一片を引いてみせた。

鯤《こん》という巨大な魚が北冥にいる。鯤が化身して鳥となるときその名を鵬という。鵬の背は幾千里あるか知れず、その鵬が怒って飛ぶときには羽ばたけば旋風が九万里にもおよぶという。その鵬すら羽が整わなければ飛べないのだ。巨鳥鵬にしてそうなのだから、自分のような小者に、今どうして飛ぶことができようか——。

岸は将来自らが鵬になってみせるという覚悟を言葉の裏に隠してみせて、そう説いたのか。一部周囲の者がはしゃいだのはともかくとして、緒方竹虎の急死の波紋は大きかった。

もし緒方が健康だったら、半身不随状態の鳩山は四月で終わりだ。そうすれば、緒方が三、四年はやるだろう、というのが大方の予想だった。

アメリカ東部時間（十四時間後）で緒方の急死を知ったアレン・ダレスは驚愕の色を隠せなかった。

これでは鳩山がソ連と一定の取引をすることになるだろう、当然北方領土はソ連の前線基地のまま残るに違いない、とアレンは警戒心を強めたとパケナムはあとで岸に説明している。

ＣＩＡでは緒方の急死に何らかの疑念があるのではないか、と一瞬疑ったとさえ言われている。

緒方側近の長谷川峻代議士は、幡ヶ谷斎場で緒方の遺体が火葬に付されるとき側にいた岸の顔をじっと見つめていた。

「（火葬場の）扉の覗き窓から赤い炎が見えたような気もするがはっきりしない。岸さんはそれをじっと見ていた。ただじっとね。岸さんがじっと見ているぞ、と周囲の人も気づいていたようだったな」

（『昭和の妖怪　岸信介』）

緒方の死が岸を政界トップの座に大きく近づけたことは間違いなかった。

ＣＩＡからすれば、吉田ラインから繫がってきた緒方の情報活動はまだほんの端緒に就いたばかりであり、消耗度は低かった。

緒方がいなければ岸がいる、と判断したのは当然だった。

これもまた岸の強運と言おうか、いや、自身が繰り返し言う「悪運」強し、と言って差し支えないだろう。

昭和三十一（一九五六）年四月五日、自民党大会が予定どおり開かれた。

代行委員会の決定にしたがって、総裁は鳩山、幹事長に岸が選出され、ここにようやく鳩山一郎が保守合同初の自民党総裁となったのである。

岸が五十九歳、鳩山は七十三歳になっていた。この先、鳩山は文字どおり政治生命を賭けて日ソ交渉に当たることとなる。

鳩山の晩節は屈折と悲哀に満ちていた。

日ソ交渉に腐心したあまり、寿命を縮めたことは間違いない。

緒方竹虎の急死に続いて、三木武吉も三十一年七月に死去、重光が三十二年一月に死去、鳩山は三十四年三月、七十六年の生涯を閉じる。

付け加えるなら、三十二年一月には松平康昌が急死し、八月中旬にはその盟友だったコンプトン・パケナムが脳梗塞のため東京で急逝している。

パケナムが急逝したとき、ハリー・カーンは自らの新しいPR会社設立のため「ニューズウィーク」を離れ、ニューヨークにオフィスを構えたばかりだった。東京での葬儀には間に合わなかった。

岸はさまざまな世代交代が確実に進むのを肌に感じながら、保守合同の完成と安保改定を一途に目指すことになる。

第六章 不退転の決意、安保改定の夜

——情けあるなら今宵来い

石橋湛山内閣

保守合同がなって、第一回自由民主党大会で幹事長という要職に岸が就いたのは、昭和三十一（一九五六）年四月五日である。

当時の駐日アメリカ大使はジョン・ムーア・アリソンといって、戦前からの日本通ではあったが小粒の感はまぬがれなかった。

だが翌三十二年一月から赴任してきたダグラス・マッカーサー二世は日本をアメリカのパートナーとして認めさせるべくさまざまな努力を惜しまない大使だった。

大使はかつて君臨したマッカーサー元帥の甥だったが、叔父とは認識が大いに違っていた。岸も頻繁にマッカーサー大使に会うようになり、岸の言う「不平等性な日米安保条約」の改定を大使は本国政府に進言すること度々であった。

岸がアメリカ大使館に乗り込んでいく場合などには、パケナムのレッスンが大いに役立った。

もちろん、公式会見には通訳を同行したが、簡単な日常会話などはかなり達者にこなせるようになっていた。

外交官出身の吉田や重光を除けば、この時代、まだ簡単な英語さえ喋れる政治家はほとんどいなかったのだ。

パケナムの家庭教師はこれ以上ないはまり役だったと、岸は語り残した。

矢次一夫もパケナムの死を惜しんで、その果たした役割を次のように語っている。

「パケナムは日本語がうまかったね。細君も日本人だったけれど、ばかに日本語がうまいから、どこで覚えたんだと聞いたら、子供のときに英国大使館にいて、青南小学校に通っていたという。とにかくなかなかの硬骨漢で、占領時代にあれだけマッカーサー批判をした人間は内外を通じていないでしょう。惜しい人物だった、もっと生きていたら──」

（『岸信介の回想』）

昭和三十一年後半の鳩山は、最後の気力を振り絞ってソ連との交渉にあたっていた。

十月十九日、ようやく日ソ共同宣言（十二月十二日発効）により国交正常化を果たしたところで、鳩山は引退を決意する。

鳩山にとっては最後のご奉公、花道である。

終戦時には最大で軍民合わせて百七万人がソ連各地に抑留されており、いまだに五十万人近くが酷寒のラーゲリに残され強制労働をさせられていたが順次帰還が約束された。

死亡者の総数には諸説あり確定できていないが、最低でも十万人を下ることはなく、近年のアメリカ人研究者によれば三十四万人ともいわれている。

ただし、ひきかえに領土問題は棚上げされたままに終わったのだった。

十二月十四日、大手町のサンケイホールで、鳩山の引退に伴い、自民党総裁公選の党大会が開かれた。

事前の票読みでは岸の一位は動かないが、過半数を取れるかどうかが微妙だった。

第一回投票で過半数を取れなければ決戦投票に持ち込まれる。

公選には三人が立候補した。

まず最初に名乗りを挙げたのが党幹事長で、アメリカとの関係を第一に主張する岸信介。

次いで旧自由党を代表する形で中間色の強い石井光次郎が緒方派を取りまとめて立った。

最後に少し遅れて石橋湛山が加わり、三つどもえとなった。

鳩山内閣の通産大臣経験者で、社会主義国とも国交正常化を目指すというリベラルな石橋湛山が鳩山派の一部を取り込み立候補したのが事態を複雑にした。

当初は岸優位説で推移し、一回目の投票では岸が一位となったが過半数に達せず、決戦投票となった。

そこで石橋派参謀の石田博英が三木、松村らを担ぎ出し、二、三位連合を組む作戦に出た。

結果、七票差で石橋が結果を制し逆転、石橋総裁となったのである。

乱戦模様の総裁選となったため、組閣はポストをめぐって難航を重ね、すべての閣僚をいったん石橋が兼任するという異常事態のまま発足した。

組閣が終わらない認証式は、石橋首相ひとりが全閣僚を兼任したまま単独で行われた。

十二月二十三日夜、ようやく組閣が終わり岸は外務大臣に就任、副総理格となった。

石橋は功労者として官房長官に石田博英を、蔵相に池田勇人を充てた。

ところが幹事長を三木武夫に振ったのが大きなしこりを残した。

石田への論功行賞は分かるとしても、池田も途中までは合併反対派のボスだ。潔癖というか頑固な佐藤は、まだ無所属浪人中である。

三木はそもそも保守合同推進を妨害した異端者で「戦犯」ではないかというのが、岸派議員の異論だった。

だが、岸はすべてを了解し、身内の冷や飯組を会食に誘い慰労し次を誓った。

けれどもアメリカからこの総裁選を見ていたアイゼンハワーは、岸が敗れた上に容共の石橋が総理となったのでかなり狼狽したという話が、年明けに着任したマッカーサー大使から伝わってきた。

石橋内閣は年明けとともに三十二年度予算の編成に着手していたが、党と政府の間は人事のもつれも残っていて、予算の意見調整が難航していた。

特に池田蔵相は米価値上げを強力に打ち出したため国民はもとより、与野党かたの反発も尋常ではなかった。

そんな折りから、突然石橋首相が倒れたという極秘の報せが飛び込んできた。

昭和三十二（一九五七）年一月二十三日、築地の料亭から帰宅してすぐに脳梗塞の発作に襲われ、意識不明の状態となってしまった。

三十日からは国会が開かれることになっており、「老人性肺炎のため三週間の治療を要す」との医師発表でとりつくろったが、そんなことでは隠しきれなかった。

国会開催に首相が欠席したので、三十一日、副総理格の岸外務大臣が首相臨時代理に指名された。

その間、石橋が意識不明で入院しているとき、湯河原の別荘で今度は重光葵が狭心症で急死したとの報せが入って来た。

石橋倒れる、の報を聞いた吉田と佐藤は二月一日をもって自民党に入党した。

もはや無所属でいる理由はなくなったからであるが、政治の世界の冷厳さを目の当たりにする光景といっていい。

二月二十二日、石橋は東大医学部の冲中重雄教授ら医師四人によって四時間に及ぶ精密検査を受けたが、その診断から「さらに向後二ヵ月の静養加療を要する」と聞かされ、辞任の決意を一挙に固めた。

政府与党連絡会議を開いて出た結論は、首相の意思を尊重して内閣総辞職することで意見一致をみた。

成立以来六十五日、新首相は国会の壇上から一度も国民に訴えることなく去った。

石橋の身の引き際の潔さは、当時、多くの国民の賛辞と共感を呼んだものだった。

それにしても、緒方竹虎の急死が岸をポスト鳩山の有力者に押し上げ、石橋に僅差で敗れたと思ったら今度はたった二ヵ月で石橋が引退という事態になるとは、いったい誰が予測しただろう。ことここに至って、岸副総理を立てることに反対する者は党内にはいない。

岸自身、予測もできない勢いで頂点に昇り詰めることとなった。

「悪運」の神はぴったり岸に貼り付いて、離れそうにない。

岸新首相誕生

二月二十五日に行われた衆議院本会議での首班指名は、岸信介二七六票、鈴木茂三郎一二九票で、岸は第五十六代首相に就任した。

思えば岸の勝利は、石橋とポストをめぐる「密約」手形の価値があったといえる。

選挙後に岸と石橋が会談した際、石橋が「副総理は石井光次郎に」と言い出したのを蹴って、「それなら自分は入閣しない」と言い、副総理格を取った「密約」が実はあった。

石橋が急病で倒れるとは、まったく誰も予想もしていなかったので、そのときの「副総理格」は単なる飾り物程度にしか思われなかった。

そのお飾りが、突然宝刀となったのだから政治の世界は分からないものである。

岸が副総理を石井に譲っていれば石井総理になったわけで、岸外相に総理が回ってくることはありえなかった。

衆議院議員としては戦前の翼賛選挙を足しても当選三回、ときに六十歳と三ヵ月であった。

巣鴨拘置所から釈放されて八年二ヵ月、岸は政治の頂点に昇り詰めた。

だが、岸は落ち着いたものだった。

首相の代理演説と外相としての外交演説を国会で経験したばかりだったのも自信をつけさせた。

緒方が急死したとき、自制のために引いた「鵬の羽、いまだ整わず」の心境とはもはや違う立場にいた。

安倍洋子はあわただしかったこのときのことを回想記にこう記している。

「主人は外務大臣秘書官からそのまま総理秘書官を務めることになりました。こちらも新聞記者を辞めてから二ヵ月、いきなり政界の中枢に放り込まれて、慣れない仕事に目を白黒させながらも一生懸命に任務を果たしておりました。

父は外務大臣の二ヵ月は白金の公邸に入り、わたくしたちも一緒に寝泊まりしておりましたが、総理になってからは永田町の官邸には住まず、南平台の自宅におりました。公式の会合は官邸で行うことが多いのでしょうが、それでも南平台には人の出入りが絶えませんでしたから、秘書の方やお手伝いさんではすまないこともあり、どうしても身内の助けが必要だったのです。のちには政治には関係のない兄夫婦も同居するようになったほどでした」
（『わたしの安倍晋太郎』）

首相官邸の和室で、頼まれた軸や色紙に筆を走らせていたときである。

岸の書の腕前は抜群で、頼まれるとふたつと同じ書を書くことはなかった。五百以上の漢詩を諳《そら》んじていて筆に墨を含ませ、一気に書き上げるのだ。

秘書官が走り込んできて、「総理、大変です。よく分からないおばさんが強引に官邸に押しかけてきまして――」と言っている間に現れたのが北村サヨ、「踊る宗教」の教祖様だった。

サヨは黒い上着に黒のズボン姿でお供をつれたまま、和室の入り口にすでに立っていた。

「どうだ、岸、オレが言うたとおりになっちゃろうがア」

岸は正座したまま向き直って、「お蔭をもちまして」と鄭重に挨拶を返したのだった。

岸は当面の閣僚人事は前内閣を引き継いで第二十六回国会を乗り切り、その後に自分のやりたいことを開始する予定を立てた。

第一次岸内閣の主要な顔ぶれは以下のとおりである。

総理大臣　岸信介
国務大臣（五月二十日〜副総理）　石井光次郎
外務大臣　岸信介
大蔵大臣　池田勇人
法務大臣　中村梅吉
通産大臣　水田三喜男
文部大臣　灘尾弘吉
官房長官　石田博英

石井を加えた以外には、ほぼ石橋内閣の居抜き内閣といえた。

その後、五月末から東南アジア各国歴訪に飛びまわる予定を組んだ。

政界復帰、わずか四年でまずアメリカへ行くための事前の足固めが第一と考えてのことだった。

岸のアジア諸国への旅には、彼のブレーンの援助が欠かせなかった。

たとえば、韓国、台湾であれば矢次一夫、インドネシアであれば川島正次郎、アジア経済全般となれば福田赳夫、それに椎名悦三郎、赤城宗徳も重要な相談相手だった。岸はそれに「弟の佐藤ということもあるし」と付け加えている。

三十二年五月二十日、岸総理はビルマ、インド、パキスタン、スリランカ、タイ、台湾訪問のため出発した。

いずれも友好的な歓迎ぶりだったが、中でもインドのネールや台湾の蔣介石、インドネシアのスカルノから受けた激励の言葉に対し、岸は特別な謝辞を残している。

アジア各国への歴訪は、アメリカ訪問を挟んで、この年の十一月にも九ヵ国を訪問し、実に十五ヵ国を回った。

「アメリカとの関係を第一に緊密にしなけりゃならないが、なにしろこれまで現役の総理が誰もアジアを訪ねていない。吉田さんは総理を辞めてからあちこち行かれたけどね。

アメリカと交渉するにあたって、孤立する日本ということでなしに、アジアを代表する日本にならなければいけないと考えたからです」と岸は記者団に答えている。

アジア旅行での各国の反応は後述するとして、まずはドワイト・D・アイゼンハワーとの首脳会談である。

アメリカ訪問へ

岸は六月十六日、福田赳夫を随行して首相兼外相として最初の訪米の旅に出た。

アイゼンハワー大統領との公式会談に臨み、安保改定問題を討議する重大な会談が用意されていたが、その前に大統領とのゴルフが準備されていた。

アイゼンハワーとの顔合わせ自体は、二年前の八月、ダレス国務長官との会談が終わったあとで簡単な表敬訪問をしており、まったくの初顔合わせではないが、そのときとは立場が大いに違う。

アイゼンハワーは言うまでもないが、第二次世界大戦における欧州戦の連合軍最高司令官として輝かしい軍歴をもち、最大の功労者だった。

太平洋戦におけるマッカーサーと並び称されたが、早くから大統領戦出馬を意図していたマッカーサーとは対照的に、当初は政治に興味はなかったというが、説得を受けて共和党候補となった。

アイクと呼ばれて大衆的人気が高かったアイゼンハワーは、一九五二（昭和二十七）年十一月、イリノイ州知事の民主党候補スティーブンソンを破って第三十四代大統領（一九六一年一月まで）に就任、まだ若かったリチャード・ニクソンを副大統領に選んでいる。

岸はアメリカへ発つ前日、芝白金の外相公邸で徳川夢声のインタビューに応じる余裕を見せ、落ち着いたものだった。

大統領とのゴルフ談義を期待する岸の緩み加減の表情には緊張感は微塵もない。

夢声　アイクさんは、なかなかのゴルフ狂らしいですが、岸さんも――。

岸　かなり古いゴルフです。アイゼンハワーよりも、僕のほうが古いでしょうな。わたしア三十年やっとるんですがね、アイクさんとゴルフをやるということになったもんだから、いろいろ敵情を偵察しとる（笑）。うまいらしいですよ。老人だし先輩だから、勝ってもいかんけれども、あんまりひどい負けかたをしてもいかんし、ちょっと悩んでる。あの人はほとんど毎日、クラブをもっているらしいです。ゴルフ場なんかへいかなくても、裏庭かなんかで練習しとられる。

夢声　ゴルフ場へいっても、安楽イスみたいな腕車に乗って、やってましたね。
岸　ゴルフをやるときは、かみしもをぬいで、冗談をいいながら回るでしょう。そのあとで正式な会談があるわけですが、打ちとけた気持で、ものがいえるだろうとおもいます。その意味で、先にゴルフをやるということは、非常にいいですよ。

（「週刊朝日」昭和三十二年六月三十日号）


六月十九日午前、ワシントン入りした岸はさっそくアイゼンハワーに挨拶するため、ホワイトハウスへ向かった。

軽い昼食の席が用意されたテーブルに向かうと、脇のマガジン・ラックに最新号の「ニューズウィーク」が何気なく差してある。

岸が目ざとく見つけたのは、そのカバーがなんと岸自身の顔だったからだ。

自分の訪米に合わせて、パケナム亡きあとでもこんな歓迎をしてくれていることを思うと、岸は自然と気分が高揚してきた。

「ニューズウィーク」のカバーで、岸は煙草を片手にしながらにこやかな笑みを浮かべている。

ゴルフ・スイングの写真入りカバーストーリーの概略は次のような内容だった（抜粋）。

「　岸首相の訪米

職業政治家で素人詩人であり、戦時中には経済閣僚を務め、現在は平和日本の首相である岸信介氏にとって、訪米は長い間の懸案事項だった。そして、彼は今この目的を達成し、微笑みをたたえて、かつての敵国、そして戦後民主主義の建設に力を貸したアメリカ合衆国で鄭重な歓迎を受ける。

しかし、岸訪米の裏に秘められた本意は、表面上みられるようななごやかな表情に隠されてぼかされているが、極めて真剣なものである。

日本は敗戦とそれに続く占領下の虚無主義的な状態から完全に立ち直って、再びアジアの工業国のリーダーとなった。昨年の日本の国連加盟は、日本が再び世界の大舞台へ復帰するきっかけとして大いに注目を集めた。

経済の貧困と共産主義というふたつの密接に関係のある脅威に対して、岸首相の言った『かえがたい自由の権利』を守るためには、日本はアメリカの援助が必要である。

しかし、同時に国内の政治の安定を保持し、かつ、先進国の仲間入りを遂げるには、アメリカへの従属関係を断ち切らなければならない。今回の岸首相とアイゼンハワー大統領、ダレス国務長官その他アメリカ要人との会談において、未解決である日米間の諸問題が一度に解決するとは岸首相も考えてはいない。

彼の目的は、そうした問題そのものの解決よりも、その下地となる永久に続く日米間の友好関係を確立するための率直な会談をすることにあるのだ。

戦犯容疑で巣鴨拘置所に三年間入っていた岸氏が（彼は起訴されずに出所した）今、アメリカの極東政策における中心人物となった事実は、戦後の大きな皮肉のひとつであろう」

（「ニューズウィーク」一九五七年六月二十四日号）

「いいスイングの写真が雑誌に載っていますが、なかなか強敵なようですね。さっそくまわりましょうか」

アイゼンハワーはあくまでもにこやかな表情を崩さずに、見送りに出てきたダレスに「首尾よくいったら、あとで乾杯しよう。私が負けたら、ペナルティは君との外交交渉に任せるとしようかな」などと冗談を言いながらコースに向かった。

岸もアイゼンハワーもダレスもみんなが和気藹々《あいあい》だった秘密は、実はランチのときの会話に用意されていた。

ダレス長官が思いがけない発言をして岸を驚かせた。

「日本は国連の経済社会委員会の理事国に立候補する気はないかね」

日本は前年十二月、悲願の国連加盟を果たしたばかりであった。

岸は日本を発つまでは理事国に入りたいと希望を持っていたので、機会さえあればダレスに聞いてみたいとは心の中で思っていたのだが、いきなり先方から誘ってくれるとは思いもよらなかった。

岸はもちろん「立候補の意思は十分にある」と答えた。

ダレスは、サンドイッチをほおばりながら「そういうことなら、アメリカは全力を挙げて応援しよう」と約束したのだ。

公式会談の前に、目的のひとつが早くも達せられ岸の幸先はよかった。

ゴルフ談義

コースはワシントン郊外、メリーランド州にあるバーニング・ツリーという名門。

クラブは事前に岸の体格を調べておいた駐日大使館のお蔭で彼の体に合ったベン・ホーガンが用意されているという周到さだった。

最初のティ・ショットだけが撮影許可だったために、大勢の記者やカメラマンに取り囲まれ、異様な雰囲気だったと岸は後日語っている（『岸信介回顧録』）。

「とにかくチョロだけしないように、と祈ってティ・グラウンドに立った」という岸の結果はナイス・ショット。

「なにしろこの大勢のギャラリーの前なので、日本の名誉に関わると思って、こればかりは会議より緊張した。源平の昔、屋島の沖で扇の的を射るときの那須与一の心境はかくありつらんと偲ばれたほど」だというから察するにあまりある。

パートナーは大統領と組んだのが同行した衆議院議員の松本瀧蔵（岸内閣の外務政務次官で以前よりGHQとの交渉に当たってきた）、岸のパートナーはなんとブッシュ大統領（父）の先代、すなわちプレスコット・ブッシュ上院議員だった。パパ・ブッシュのパパで、ジョージ・W・ブッシュの祖父である。

試合は仲良くイーブンで勝負なし。極めて外交的な結果に終わった。

ワンラウンド終わって、ロッカー室に戻ると、大統領が「ここのコースは女人禁制なので、着替えをしなくても失礼にならない。どうだ、このままシャワーを浴びようじゃないか」と言い出したので、それではとしたがった。

初日からふたりとも真っ裸でシャワー室まで歩いて行き、正真正銘の裸のつき合いからスタートした。

ロビーへ戻ったところでふたりは記者団に囲まれた。

アイゼンハワーに向かって記者から、

「大統領、一緒に回ってみて、岸総理をどうお感じになりましたか」

という質問が飛んだ。

アイゼンハワーは悠然としてこう答えた。

「大統領や総理大臣になると、嫌な奴と思っていても笑いながらテーブルを挟まなければならないことがある。しかし、ゴルフだけは好きな相手とでなければできないものだよ」

笑いながら軽くいなす大統領の対応を聞いていて、軍人出身だが外交官としても堂に入った才能の持ち主だと岸は感じたものだ。

午後七時から、日本大使館で大使主催のパーティがあるので岸が帰ろうとすると、大統領が「大使館まで送るから、私の車に乗れ」と言う。

アメリカの元首が、他国の総理を非公式とはいえその国の大使館まで自分の車で送るというのはあまり聞いたことがないだけに、岸はここでも驚きながら、アイゼンハワーの好意にしたがった。

問題は「共同声明」の内容である。

これについては、岸は訪米前にマッカーサー大使との予備会談を東京で四月以来重ねて準備をしてきた。

少なくとも七回ふたりは会い、日米安保体制の枠組みを分析し、何が出来て何が不可能か、大使からダレス国務長官宛てに細かな報告が事前に届いていた。

二年前の夏、重光・ダレス会談の席で、ダレスは重光の安保条約改定提案を歯牙にもかけず、「日米対等の条約を作ろうなんて、日本にそんな力はないではないか。もし、グアムが攻撃されたら、日本は助けに来てくれるのかね」と一蹴した。

重光の隣に座っていた岸は忘れもしない。

そこで、今回自分が主役となったからには、日本の意思の強さを見せつけてやろうじゃないか、という気構えで出掛けた。

マッカーサー大使に特に訴えておいたのは、日本自身の防衛力の強化、可能な限りの米軍の撤退と安保条約の大幅改定、加えて、十年後を目途とした沖縄・小笠原諸島の返還だった。

そうした主張を補強するために、岸は事前にアジア各国を歴訪し、日本がアジアの中心であることをアメリカに印象づけたいと準備したのちに渡米した。

変化した日本を大統領とダレスに納得させるために、岸が「日米新時代」というキャッチフレーズを用意しておいたのも功を奏した。

日米首脳会談

おおかたの懸案事項はすでにマッカーサーと国務省間で詰められているので、大統領はそれらに目を通して結論を言うだけである。

岸がアイゼンハワーに向かって、「日米新時代」の内容を率直に説明したところ、アイクは「あなたのおっしゃるとおりだ。真の協力は相互の理解と信頼の上に可能なのだ」と言い、共同声明で原則的に安保改定を受け入れたのだ。

岸に対するアイゼンハワーの信頼がこの二、三年間で確実なものになった証ともいえた。また、保守党を統一させた彼にそれなりのお土産を渡さなければ、保守合同の維持に関わるとの見方もあったろう。

共同声明の作業が終わりかけたころ、アイクと一緒にいたダレスに向かって岸は安保改定の必要性を説いた。

二年前とは対照的な表情で、ダレスは岸に苦笑いをしながら次のように述べた。

「これはあなたに一本取られた。確かに安保条約改定に取り組まなければならない。ただ、この問題は政治家が政治的に話し合っただけで決めるわけにはいかない。国防省《ペンタゴン》の専門家の意見もきかなければならないので、ついては米国側から太平洋及びハワイの軍司令官、駐日米大使、日本側から外務大臣、防衛庁長官を委員とする安保委員会を設置し、今の安保条約を変えずに日本側の要望を入れられるか、または改正しなければならないかを検討しよう」

（『岸信介回顧録』）

ダレスのこの発言がきっかけとなって、「安全保障委員会」が設置されることになった。ただし、岸が持ち出した沖縄県民への福祉向上のための予算措置を日本が付ける案件については、ダレスはきっぱりこれを否定した。

「沖縄の行政権は米国が持っている。日本が沖縄について不満があるなら米国に言うべきで、直接沖縄に手出しや口出しをしては困る」

（前掲書）

岸はなお「何と言っても沖縄の住民は日本国民なのだ。現状ではあなたの言うとおり日本政府は法的な命令を下すことはできないだろう。といって、日本政府としては、同じ日本国民の運命に無関心ではいられない」とダレスに食い下がった。

黙ってふたりのやりとりを聞いていた大統領は、最後に次のように結論を出した。

「法律的にはダレス国務長官の言うとおりだが、岸総理も国内での立場があることと思われるので、この問題については、あまりカドが立たないような表現がないかどうか共同声明で研究して欲しい」

アイゼンハワーの絶妙な仕切りをもって首脳会談は無事に終わり、共同声明発表にこぎ着けた。

結局、沖縄返還はアメリカの厚い壁に阻まれたが、沖縄に対する日本の「潜在主権」をアメリカに「再確認」させるところまでは言質がとれた。

一九五七（昭和三十二）年六月二十二日、「岸・アイゼンハワー共同声明」が発表されたが、岸が奮戦し、ダレスが苦笑いしながらも受容し、アイゼンハワーが岸への手土産とした感のある部分を、共同声明中より拾っておきたい。

このあとの安保改定闘争の原点ともなる声明文である。

「日米両国の安全保障に関する現行の諸取極について討議が行われた。合衆国によるその軍隊の日本における配備及び使用について実行可能なときはいつでも協議することを含めて、安全保障条約に関して生ずる問題を検討するために政府間の委員会を設置することに意見が一致した。

大統領及び総理大臣は、一九五一年の安全保障条約が本質的に暫定的なものとして作成されたものであり、そのままの形で永久に存続することを意図したものではないという了解を確認した。

合衆国は日本の防衛力整備計画を歓迎し、よって、安全保障条約の文言及び精神に従って、明年中に日本国内の合衆国軍隊の兵力を、すべての合衆国陸上戦闘部隊のすみやかな撤退を含み、大幅に削減する。

総理大臣は、琉球及び小笠原諸島に対する施政権の日本への返還についての日本国民の強い希望を強調した。大統領は、日本がこれらの諸島に対する潜在的主権を有するという合衆国の立場を再確認した。

大統領は、合衆国が、これらの諸島の住民の福祉を増進し、かつ、その経済的及び文化的向上を促進する政策を継続する旨を述べた」

以上がその概略だが、ともかくこれで岸が考えた「安保改定」「日米の新時代」はこの共同声明でひとまずその端緒についた。

アジア各国歴訪

アメリカで「日本がアジアの中心」であることを強調した岸だったが、日程の関係もあって訪米前には六ヵ国しか回れなかった。

そこで十一月十八日から第二次東南アジア歴訪スケジュールを組み、公約を完成させるべく旅に出た。

今回の国々はすべてが友好的というわけにはいかなかった。

国の事情はさまざまである。

インドネシアやマラヤ連邦、ベトナム、ラオスなどでは「お前の国は紙と竹しかないのに飛行機や戦車を作ってイギリスやオランダを追い払ってくれた。お蔭で我々は独立できたのだ」と言ってくれた。

歓迎パーティでの話だから、お世辞や外交辞令も混じっているだろうが、そうとばかりも言いきれない口ぶりだった、と回想録にある。

とりわけ対日感情が悪かったのはオーストラリアとフィリピンだった。

「東南アジア諸国のなかでも、ある程度の好意をもっている国と、反感、悪い感情をもっている国があった。その典型がフィリピンと豪州です。シドニーの飛行場へ着くと、在郷軍人が押しかけてきて、私を追い返す動きがあったり、無名戦士の墓を詣でたいと言ったら国会でそんなことは止めさせろ、という議論になったり、ときのメンジス首相に対して日本の首相を招待したのはけしからん、という主張がなされたり大変な騒ぎでした。

フィリピンでは私も憤慨したのだが、午餐会に人を呼んでおいて外務大臣が席上、戦争中の日本軍の残虐行為を述べ始めた。そういう国だったんです。フィリピンの対日感情が良くなったのは、なんといっても皇太子殿下ご夫妻の訪問が転機です（引用者注・昭和三十七年十一月五日〜十日、当時の皇太子ご夫妻〈現天皇皇后両陛下〉によるフィリピン親善ご訪問）」

アメリカから帰国するや、岸は箱根の奈良屋旅館にこもって内閣の全面改造案を練った。それまでの吉田流内閣改造というのは、一、二の入れ替えという例が多く、それではまるで「大臣失格」のレッテルを貼られたような感情を本人に与えるので、替えるのなら大幅改造がいい、という考えを持っていた。

ここまでの岸内閣と党人事はしょせん石橋内閣の居抜きだったわけだから、「日米新時代」と安保改定の基盤作りを目指すための新陣容を整えるのが肝心だった。

それは、第一次岸改造内閣の主要な顔ぶれと、党人事の大刷新に顕著に表れていた。

七月十日に決定された内閣人事の主だったところは以下のとおりである。

総理大臣　岸信介
法務大臣　唐沢俊樹
外務大臣　藤山愛一郎（民間）
大蔵大臣　一万田《いちまだ》尚登《ひさと》
農林大臣　赤城宗徳
通産大臣　前尾繁三郎
郵政大臣　田中角栄
経企庁長官　河野一郎
防衛庁長官　津島寿一
官房長官　愛知揆一

目立ったのは藤山愛一郎の起用と、田中角栄の初入閣、それに池田蔵相を降ろして一万田に替えたことか。

藤山について岸は次のように述べている。

「外交といっても経済関係が基底をなすでしょう。藤山君が今までやってきた経済方面の才能を十分発揮してもらいたいと思ったわけです。そもそも藤山君とは東条内閣時代から非常に親しかったし、戦後巣鴨から出て来た私を日東化学の重役にしてメシを食わせてくれたという恩義もあるから」

のちに藤山は政治に金をつぎ込みすぎて「絹のハンカチが雑巾になった」とまで言われたが、その落魄《らくはく》ぶりの不運は岸の責任大いにあり、とみる評者は多い。

蔵相を積極財政論者の池田から「日銀の法王」とまで呼ばれた一万田（前日銀総裁）にしたのは国際収支の急速な悪化を乗り切る必要があったためで、一万田は貿易収支をたちまち黒字に転換した。

もうひとり田中角栄の初入閣が話題を呼んだ。まだ三十九歳だった田中は、そもそも佐藤栄作直系のような位置にいて、佐藤が吉田に付いて要職に昇るようになると田中も自由党副幹事長に起用されるなど、「若いのにできる男」と見られていた。

昭和二十二（一九四七）年の初当選以来、自らの手で議員立法を数多く手がけてきた実績は若手では頭ひとつ飛び抜けた存在だった。

昭和四十七（一九七二）年、田中は佐藤派から分離独立して自派を立ち上げ「日本列島改造論」をぶち上げる。

田中は佐藤派で育った異形の政治家だった、と語っているのは石原慎太郎だが、彼は続けて独自の批評を加えている。

「彼（田中）は佐藤派という場を選んで育ちはしたが、派の総帥の佐藤氏が彼を育てたということでは決してないと思う。もちろん、佐藤氏が何かで田中氏に危うさを感じて、これを強く制御しようとしたこともありはしなかったろう。したとしたらそれは最後の最後に、自分の次に国を委ねる相手として佐藤氏が田中氏をさし置いて岸氏の派の後を継いだ福田赳夫氏を意中に据えたことであって、それまでの間佐藤氏もなにかと都合良く田中氏を使い立てしていたに違いない。しかしなお佐藤氏は田中氏を信用はしていなかったし、田中氏もそれをよく知っていたと思われる」（『わが人生の時の人々』）

その田中角栄をとにかく最初に閣僚の椅子に座らせたのは岸だった。

岸は田中の才気と危うさを知りながら「使い道はある」と判断しての起用だったであろう。同時に行われた自民党の党役員人事は、組閣以上に極めてドラスティックな岸流で進められた。

先に結論を述べれば、三役人事は以下のような顔ぶれで決まった。

総裁　　　岸信介
副総裁　　大野伴睦
幹事長　　川島正次郎
総務会長　砂田重政
政調会長　三木武夫

問題の要は党三役のうち、前幹事長だった三木武夫の処遇である。岸は三木を心底から憎んでいたようだ。めったなことでは個人の悪口を直説法で語ることのない岸にしては極めて異例な発言をしてはばからなかった。

「どうしても党三役から幹事長の三木武夫をノックアウトしなきゃいかんということであった。したがって、私のもっとも信頼する、また長い政治経歴を持つ川島君に幹事長になってもらった。
三木を結局政調会長にしたが、本当は佐藤を政調会長ぐらいにしたかったんだがね。弟は肉親だから、岸政権の初めての内閣では彼に入閣を遠慮させたいと思っていたからね。三木を政調会長にしたのはある程度の妥協だった。仕方なしに——」（部分略）

（『岸信介証言録』）

政治学者原彬久の質問に答える岸の三木に対する表現もまれに見る過激な口調である。

原　三木さんはこの人事では相当粘り強く注文をつけていたように思うのですが。

岸　私は世の中で一番嫌いな奴は、三木だよ。陰険だよ。いまでもそう思っている。いま会ったって先輩の俺に挨拶もしないから、俺も知らん顔をしている。

原　三木さんのどういう点がお嫌いなんですか。

岸　性格的に嫌いなんだ。

原　では、この当時三木さんには相当我慢しておられたのですか。

岸　ああいう陰険な人はイヤですよ。

（前掲書）

「序章」で述べたが、旧岸邸の跡を訪ねて南平台を歩いていた際、その斜め前に思いがけず三木武夫記念館が建っているのに出くわし、つい苦笑したものだった。

冷戦激化の中での安保論争

岸がこの先もっとも苦労するのは野党対策につきる。

党内の派閥問題は、それから見ればものの数ではない。

ところが訪米直前までの国会審議は、今日では信じられないかもしれないが、驚くべきことに社会党の発言を読み直すと「安保改定賛成」だったのである。

積極的に米国と折衝せよ、と攻め立ててきたのはむしろ社会党の方だった、と言って差し支えない。

時間を半年ほど戻してみよう。

昭和三十二年二月から夏にかけて、岸内閣になってからの国会審議では明らかに改定賛成である。

それが、秋になるや「安保反対」に大転換してしまうのだ。

そうした社会党内の矛盾と「ねじれ」が、ソ連の政治戦略に掻き回されての結果だったことがやがて分かる。

議事録を読めば、積極的な安保改定推進論者はむしろ社会党の有力議員たちの方だった事実は明白だ。

興味深いので参考までに二、三の例を議事録から引いておこう（部分引用）。

和田博雄君　安保条約あるいは行政協定というものは、私どもはもはや改正の段階にある、あるいは改廃の段階にある、あるいはもっと言葉を強めて言えば、改廃を目標にして、何らか積極的な手を打つ段階がきておると私は思うのです。

（昭和三十二年二月八日、衆議院予算委員会）

石橋政嗣君　自衛隊は発足以来既に数年、少なくとも日本の防衛に当たるという任務を持って出発している。ところが明確な国防の基本方針もない、防衛計画も決まっておらない、こういう馬鹿なことではアメリカに行ってもまともな話ができっこない。今はとにかく一国の総理で最高の責任者です。国防の基準方針も持たない、防衛計画の大綱も決まらない、そういう自衛隊を持っておることに対して、あなたは責任をお感じになりませんか。

（昭和三十二年三月二十三日、衆議院内閣委員会）

田中稔君　日米安保条約、行政協定には駐留軍の持ち込む兵器について何も種類の限定はないわけです。ですから、持ち込もうと思えば持ち込んでも日本としては正式に文句の言いようがないわけであります。今防衛庁長官のお話もありましたけれども、純防衛的見地からすれば、やはりアメリカ側としてはそういうものを持ち込みたいという意向はあり得ると思う。安保条約をこの点において改正し、日本の危険を除くという、こういうふうな積極的なお考えはないか。

（昭和三十二年四月二十二日、衆議院予算委員会）

ざっと見て分かるように、この時期、社会党の方針は議事録を読む限りでは、「安保改定賛成、頑張れ岸！」である。

岸本人も「これらの発言は、訪米を前にした私に対する叱咤激励といっても差し支えないだろう」（『岸信介回顧録』）と認めている。

ところが、日本の安全保障のあり方について根本的な衝撃を与え、野党に一八〇度の転換を迫ったのはその年の十月四日に、ソ連が人工衛星スプートニクの打ち上げを成功させた瞬間からだった。

モスクワからの指令と、それを実行するための大量の資金の流入が社共を一挙に反安保改定路線に転向させた。

社会党、共産党は人工衛星成功の一事をもって、「安保条約の不合理是正のために米国と折衝せよ」と言ってきた方針をかなぐり捨て、「日米二国間の安全保障条約のような軍事ブロックは無意味になった。わが国はいずれの軍事ブロックにも入らず、自主独立の外交をつらぬくべし」（浅沼稲次郎）と言い出した。

ソ連の人工衛星打ち上げ成功は、すなわち、大陸間弾道弾（ＩＣＢＭ）がアメリカのどの都市へでも打ち込める、という事実を冷厳に示したものであった。

だが、寸刻の遅れはとったが、アメリカも同年十二月にＩＣＢＭの実験に成功し、翌三十三（一九五八）年一月三十一日には初の人工衛星打ち上げを成功させた。

三十三年に入っても予算案審議の過程で、東西両陣営の間に位置する日本は、どう平和維持をするかの討議が国会では延々と続いていた。

野党による「平和共存」に基づく「安保反対」論議がこの先二年間沸騰し続ける。

三十三年四月末、岸は衆議院の解散がしばらくないまま安保改定論議が進んでいたこともあり、国民に信を問う「話し合い解散」に踏み切った。

鈴木茂三郎社会党委員長との合意の解散で、双方とも穏健な状態で解散に流れ込んだ。

五月に行われた総選挙の結果は、自民二百八十七、社会百六十六、共産一、諸派一、無所属十二、というものだった。

自民は解散前の二百九十から三減らし、社会は百五十八から八増えたが、戦前予想「自民大敗か」ははずれ、むしろ大勝に近かった。

選挙結果だけから言えば、岸政権はこの一年間でアジアやアメリカを回り理解を得て、安保改正が支持された、と見て差し支えなかった。

そこで自信をつけた岸は、超スピードで第二次岸内閣の人事を決定し組閣を終えた。

第二次岸内閣の主要閣僚は以下のとおりだ。

総理大臣　岸信介
法務大臣　愛知揆一
外務大臣　藤山愛一郎
大蔵大臣　佐藤栄作
文部大臣　灘尾弘吉
通産大臣　高碕《たかさき》達之助
国務大臣（経企庁長官、科技庁長官）三木武夫
国務大臣　池田勇人
官房長官　赤城宗徳

党三役人事
総裁　　岸信介
副総裁　大野伴睦
幹事長　川島正次郎
総務会長　河野一郎
政調会長　福田赳夫

閣僚は藤山外相を除いて総入れ替えして、岸の思いどおりにした。

また眼目のひとつは佐藤栄作を蔵相に組み入れたことだが、実弟を要職に就けるにあたっては「兄弟内閣」の批判は織り込み済みである。

池田勇人、三木武夫というひと癖ある大物は国務大臣として内閣に取り込み、閣外で勝手な動きができないように封じ込めようとした。

党人事は腹心の川島を幹事長に引き続き据え置き、加えて河野一郎、福田赳夫を三役に入れるという強力な布陣を敷き万全を期した感がある。

警職法反対闘争

三十三年五月の「話し合い解散」による総選挙に、それまで岸の秘書に任じていた安倍晋太郎が突如として出馬表明したいと言い出し、一族を驚かせた。

まだ三十四歳と若いし、地盤もない。

妻の洋子は自著でこう述べている。

「とつぜん山口一区の地元から出馬するというのです。決意した理由はわかりませんが、三月に行われた総裁選で、山口一区の安倍寛の地盤を引き継いでいた周東英雄さんが父とは立場が違ったため反対に回ったことが、一因となったようです。父（安倍寛）の後継者として、やはり自分が出馬しなくてはならないという強い決意を固めたのだと思います。父はまだ早いのでは、とあまり賛成ではなかったようですが、主人は、『どうしても出る、反対されたら離婚してでも出る』と頑張ったのでした。

しかし、地盤の問題があります。当時の山口一区は定数四人で、自民党から田中龍夫、周東英雄、吉武惠市の各先生が出ておられました。このままでは自民党の公認をいただけません。

問題解決には、佐藤の叔父のお世話になりました。一区の吉武惠市さんは佐藤派に属しており、佐藤の叔父の説得で、参議院に回っていただいたのです。これで主人にも可能性がつくられたわけです。さあ、総選挙です」

（『わたしの安倍晋太郎』）

「長州青年同志会」という組織を作り、大票田の下関を中心に支持基盤を広げる算段をした。もはや安倍寛の名前を出して戦える時代であるはずもなく、自分から「岸の娘ムコです」などとは口が裂けても言えない。

結局は洋子が婦人会組織を頼りに頭を下げて回るのがもっとも地元に食い込めた。母の良子も協力し一緒に回れば「総理夫人来る」ということで人の集まりは桁違いだった。いくら安倍が岳父の看板で戦うのはイヤだ、と腹の中で思っていようとも、現実には勝てないことが明らかになるのが選挙である。

後援会の幹部から洋子は、「奥様、それではまだ頭が高いですよ、もっと低く」と言われながら、夫婦でトラックに乗って走り回った。

三十三年五月二十二日、第二十八回総選挙の結果、安倍晋太郎の初陣は二位当選という結果が出て、初当選の美酒に酔った。

後年盟友となる竹下登も、この選挙で島根全県区から初当選、ふたりは生年も一緒である。安倍晋太郎と竹下登が、衆議院で一年生議員の席に座っていた十月の第三十臨時国会である。
はるか後方の段に佐藤や岸が座っており、「早くあの辺に座りたいな」とふたりはうなずき合った。

安保改定については先の合意に基づく日米会談が十月から岸、藤山外相、マッカーサー大使と防衛関係者が中心になって開始され、日米間で細部が詰められていった。

ところが、政府がこの国会で通過させようと提出していた「警察官職務執行法一部改正法案」（以後警職法）が予想外の暗礁に乗り上げ、大混乱を来す事態になってしまった。

当時の警職法は、昭和二十三年の占領たけなわの時代に制定されたもので、全体に警察の弱体化方針に基づいて法制化されたものだった。

戦前の憲兵時代の反動から、極端な個人主義が尊重された面と、ＧＨＱの方針が合致した法律だった。

内容的には「民主警察」を謳い、警官の権限を極力縮小したもので、独立国家となった以上、社会公共の安全や保護を考えると明らかに不都合で時代遅れの法律だった。

岸内閣が提出した改正案の骨子は、集団的暴力に対して、必要な取り締まりを行うことができるようにすること、少年の不良化防止、泥酔者の保護などが眼目だった。

個々の条項の説明は省くが、現在からすればどれも当然と思えるような改正案に見えるが、当時の社会党と総評などからは猛然と反対運動が巻き起こった。

その主たる反対理由は「安保闘争に対する警察による弾圧」への抵抗にあったのだが、それは表面には出さず、庶民の日常生活に立ち入るとか、治安維持法の復活だ、といったことがスローガンとなって運動の広がりをみせた。

岸はあくまでもこれを通過させた上でないと安保反対闘争を警察力で抑えられないと予測し、覚悟を据えて提出したものである。

戦時中のサイパン島ではないが、いわば安保改定の「絶対国防圏」といった法案だった。


「安保条約は相当の反対を予想して、その反対をあくまでも押し切ってやるという強い決意をもち、命をかけてもやるつもりだったから、その秩序を維持するための前提として警職法の改正はどうしても必要だと考えていたんです。

　ところが世間の一部では警職法改正を戦前の治安維持法の復活のようにはやしたてて、新婚の枕元で臨検するんだ、というようなひどいことを言うんだ」（『岸信介の回想』）

結局、警職法改正は自民党内で岸を揺さぶる反主流派（大野、三木、松村、池田、石井など）による非協力もあり、総評、社会党が動員する大衆運動の盛り上がりと相まって、十一月二十二日に審議未了、廃案となったのである。

党内からも岸の強引な政治手法に反対するグループから、警職法の行き詰まり批判や、安保改定の時期尚早論や慎重論まで飛び出し、党執行部は鼎《かなえ》の軽重を問われる羽目となっていた。

大野伴睦「念書」事件

三十三年の年末も押し迫った十二月二十七日、池田国務相、灘尾文相、三木経企庁長官の三者が「党人事の刷新」を叫んで辞表を提出するという騒ぎが発生した。

岸は党内混乱を解消する最善の策として、総裁の任期は三十四年三月までであるが、その党大会を繰り上げて、一刻も早く主流派の地盤固めをする段取りを考えていた。

三月公選を一月に繰り上げ、手遅れにならないうちに人事を固めてしまおうとしたところ、情報が反主流派に流れて猛烈な反攻に出くわし、辞任劇となったのだ。

池田は、「岸さんとは政治理念を異にする」とまで言ってきたので、説得に時間をかけたものの失敗に終わった。

「三木君は去っても残ってもどうでもよかった」と、あとで述べているように、ここでも岸は三木には関心がない。

説得工作は不調に終わり、辞表が提出され、年を越す。

その年越しの直前、「事件」は起きた。

三閣僚が辞表を出す直前のこと、河野総務会長が普段はあまり口もきかない佐藤に耳打ちをしたというのだ。

「どうも大野の動きがおかしい。池田と松村が画策して大野を引き込もうとしている」

大野は副総裁の重職にある。大野を引き抜かれては主流派としては一大事、とばかりに河野は佐藤にこうまで付け加えた。

「大野はどうしてもこちらに引きとめておきたいから、総理から大野に『後継は君に譲る』とひとこと言ってもらえれば具合がいいのだが」

岸は佐藤からその話を聞くと「そんなことはできないよ」とその場で拒絶したところ、

「先のことはどうでもいいのだ。とにかくここはひとことそう言ってくれればいい、と河野は言っている」と佐藤から背中を押される格好で岸も業腹ながらようやくその気になって正月を迎えた。

三十四年一月三日、静養先の熱海で岸は河野と大野を呼んで会った。

それが「中央突破」になるのならそうするか、という岸なりの判断があったからだろう。

岸自身は謎の事件について次のように記している。

「三日の会合で私は、河野氏の書いたシナリオ通りの発言をした。大野氏は喜んでいた。私はこのときの真相が今でも分からない。大野氏に河野氏が言うような動きがあったかどうか、大野氏の心境がそのように変化していたかどうか全く確証がなかった。河野氏がそう言っているだけである。ただ、当時の党内情勢からして、〝そういう恐れはある〟と判断したので会うことにしたわけである。あるいは大野氏には、そんな気持はなかったかもしれない。にもかかわらず私に『次はあなたに譲る』と言わせるようなシナリオを創作した人がいたのかもしれない。もしそうだとすると、このシナリオの創作者は〝大野内閣〟の出現を望んでいる人、ということになるがその名前は今でも分かっていない」

（『岸信介回顧録』）

この念書問題が表面化するのは安保改定後の昭和三十五年七月になってである。岸内閣が安保改定後総辞職となり、いざ池田内閣が成立するという段になって念書が価値を発揮するはずだった。

ところが、大野はその念書を反故《ほご》にされ、終生岸を恨んだと言われている。

「岸さんは後継総裁として大野さんを考えておられなかったのですか」と問われた岸はこう答えている。

「それは考えてなかったですよ。大野君には総裁競争から降りるように話したんだけれどもね。党内でなかなか支持者が増えないんだ。総理の器じゃないという議論がありましてね。彼を総理にするということは、床の間に肥担桶《こえたご》を置くようなものだ、という話もあったよ」

と、大野後継総裁案にはにべもない。

しかし大野は一枚の念書を懐にして、首相就任に強い執念を燃やしていた。自民党総裁はそのまま総理、という時代である。

「辞退した」のか、当時川島幹事長あたりから、「辞退を迫られた」のか闇の部分もあるが、大野は「岸に続いて、川島にも騙された」と終生悔しがった。

さらに言えば、岸が回想するように河野が佐藤に囁いたような事実（大野引き抜き）は本当にあったのかどうか、それもまた闇の中である。

だが「熱海会談」にはもうひとつ後段がある。

一月十六日、岸は帝国ホテル「光琳の間」において「念書」を書く手はずを整えた。

岸総裁、大野副総裁、佐藤蔵相、河野総務会長と熱海会談の四人に加えて、立会人として超大物が同席している。

萩原吉太郎北炭社長、永田雅一大映社長、それに児玉誉士夫の三人である。戦後の政界の裏には、常にこの三人のうちの誰かが絡んでいるのが常識とまでいわれたカードが三枚も揃った。

河野があらためてこれまでのいきさつを説明したところ、永田が「その話を文書にして貰えないか」と言うので、岸は約束したことだから構わないと了承し、「念書」をすらすらと書いた。

ただ、岸はこの席で次のように念を押している。

「私は約束は守る。ただし、約束が実現するためには、あなた方が私に全面的に協力することが前提である。もしあなた方が、この約束を違えたなら、この誓約書はその瞬間に反故になる」

岸は大野、河野が約束を守れば実行するつもりだった、と言う。だが、この年の六月に行われた第二次岸内閣改造と党の役員人事をめぐって、河野、大野が岸に対抗する挙に出た、と岸は言う。

さらに河野は倒閣運動の動きまで見せるようになったので、岸からすれば明らかな約束違反で、この段階で「念書」は反故になったのだ、と説明している（『岸信介回顧録』）。

この席に立ち会った児玉誉士夫は、

「想うに、佐藤氏と大野・河野の両氏の対立的な感情は、なかなか消し難いものがあるわけで、いくたび解消し盟約まで結んでも、しょせんは水と油。その理由のひとつは、大磯の老人、つまり吉田さんの息がかかっているかぎり、まったくどうにもならぬ宿命──業──である」

と解説してみせる。なお、帝国ホテルで岸が書いた「念書」の一札は萩原吉太郎が預かった、と児玉は記している（『悪政・銃声・乱世』）。

「念書」事件の真相はどこにあるのだろうか。安倍晋三元総理が平成二十三年初夏、議員会館で次のように語ってくれた裏話がある。

「あとで聞いた話ですが、祖父が総理になってしばらくして、党内に反主流派が力を持ったときにですね、安保改定を進めるに際し協力を得るために、総理になる名前を順に書くんです、裏書きを必ず書くのかな。そこに大野伴睦がちゃんと入っているわけです。それで（後継問題になったとき）叔父（佐藤栄作を指す）が祖父に『あれは本当なんですか』と聞いたんです。そしたら『そうだよ』って言ってね。しかし、そのとおりになると思っていましたか、と訊ねると、『それは難しいと思っていた』と祖父は言うんですね。

そうすると、騙すことになるんですかね、と訊ねたら、叔父はやや批判的に『それは政治家というのは、悪いものなんだ』と言った。

つまり、安保を通すためには何でもやるんだ、というような言い方だったですね。

いわば、一般的な道徳観念から言えば嘘をつくというのは許し難い。しかし、結果に対する責任という観点から言えば、嘘をついたという罪も引き受ける、というのが政治家なんだ、というふうに私は後日理解したんです。叔父はやや革新的なところがあった質《たち》だったので、なんとなく気まずい思いをしましたが、祖父はひょうひょうとしていましたね。

この話を聞いた席には祖父、父、父の叔父、私、私の兄もいました」

後年になって、岸は安倍晋太郎や晋三たち親族の前で、「念書はあったが、実行は難しい」と、佐藤も同席する前で当時握りつぶしたことを認めたのだが、岸にしてみれば握りつぶすにはそれだけの理由があった、ということなのだろうか。

「謀反の疑いあり」と回想録では書いている。

だが、安倍晋三の理解のとおりだとすれば、「騙すことがあっても、国事のためには政治家はやむを得ないものだ」という倫理観があってしかるべきで、岸が「裏切ったから反故にした」理由が希薄だったような印象を受ける。裏切ったのなら大野が怒る理由はなくなるわけで、いったい誰の策謀だったのか、事実はやはり闇の中である。

昭和三十二年春の岸首相誕生と自民党人事に始まり、三十五年夏のその崩壊にいたるまで、党内には激しい派閥抗争があった。

その対価といっては語弊があるかもしれないが、岸は党内の喧噪も、国会の大混乱も、国内の巨大な反対運動のうねりも、一切を引き受けて安保を改定させたのだ。

彼はそれらのすべてを背負い、悪役と言われようと、命を狙われようと、ほとんど意に介さず、ぬけぬけとすり抜けてみせる特殊な才能の持ち主だった。

その分、メディアや大衆からみれば「可愛げ」がなく、嫌われ役を負ったのは確かだ。

岸は一月に繰り上げた党大会で対抗馬の松村謙三を大きく引き離して総裁に再選され、六月十八日には内閣改造を断行する。

この改造は、岸が密かに「安保改定断行内閣」とひとり心の中で銘打っただけのことはあった。

この第二次岸改造内閣は昭和三十五（一九六〇）年七月十九日までの、岸の最後の、しかし最強の内閣となる。主な閣僚は以下のとおりである。

総理大臣　岸信介

法務大臣　井野碩哉
外務大臣　藤山愛一郎
大蔵大臣　佐藤栄作
農林大臣　福田赳夫
通産大臣　池田勇人
防衛庁長官　赤城宗徳
労働大臣　松野頼三
官房長官　椎名悦三郎

池田勇人が通産相として入閣しているのが奇異に見えるかもしれない。わずか半年前、昂然と辞表を突きつけておきながら、たいした名分もないまま側近の反対をも押し切って岸にすり寄ったと見えた。後輩で岸直系である福田の入閣を見た池田が、次期を意識しての入閣と傍からは思われたが、岸の誘いに池田は乗った。

岸は「将来のあるふたりを入れたのだ」と自分の後継に触れる発言を残している。

また、戦前からの同志でもある赤城に防衛庁長官を依頼したのは、日米交渉を藤山とともに詰め、治安にも万全を期したいとの意図がうかがえる。

井野はすでに述べたが商工省時代からの仲間で、東条内閣の閣僚、翼賛選挙にも立ったいわば古い同志である。

護国同志会、巣鴨拘置所まで行動をともにした井野を法務大臣として入閣させたのは、それだけ警備など背後体制を固めたいとの強い意志を感じさせた。

藤山、佐藤、福田、赤城、井野、椎名と側近を揃えて安保を乗り切る覚悟を固めた内閣改造だった。

ともかくも閣内を安定させると、七月には欧州、中南米十一ヵ国歴訪という長旅に出た。

その間、四月十日には皇太子明仁親王と正田美智子さんの結婚式が国内を沸かせていた。

安保条約調印と闘争拡大

昭和三十四年は自民党内の混乱もさることながら、皇太子ご夫妻のご成婚という慶事を除けば翌年の革命前夜のような安保闘争を予感させる一年であった。

キューバ革命が成功し、カストロが首相に就任（二月十六日）、訪中した社会党使節団は北京で「アメリカは日中共同の敵」と発言し（三月九日）自社との対決姿勢を明白に打ち出した。

伊勢湾台風が猛威を振るい空前の被害を出した（九月二十六日）のもこの年だった。

また、鳩山一郎の死去（三月七日）に続いて、日米新時代の担い手だったダレス前国防長官が七十一歳で死去した。ダレスは体調を崩す四月に国務長官を降り、クリスチャン・ハーターと交替していた。

こうした情勢の中でもっとも国内で顕著だったのは、「安保改定阻止国民会議」が組織され、大幅な動員力を誇るようになったことである。

安保改定の必要性について、もっと国民にPRすべきだった、と岸は晩年語ったが、そのときは騎虎の勢いだけで突き進んでおり、確かに宣伝PRは反対派にくらべ脆弱だった。

反対派は、これまでに勤評闘争で全国組織を充実した日教組、さらに国労、動労など総評の強力部隊と社会党を軸にした大組織が確立された。

警職法反対闘争の組織の拡大版として社会党、総評、原水協、日本平和委員会、日中友好協会など十三団体が幹事団体となり、百三十四団体が加盟する安保改定阻止国民会議が起ち上がった。

そこにオブザーバーとして日本共産党も参加し、とくに傘下の学生組織である日本民主青年同盟（民青）は、全国規模で広範囲な学生を動員した。

民青に対抗する反共産党系全学連各派の活動も一挙に活性化したのがこの年からだった。

十月三十日の国会周辺デモに続いて、十一月二十七日には安保阻止統一行動のデモには三万人が結集、うち全学連を中心とした約一万人が国会構内に警官との衝突もないまま突入するという事態が発生し、衆議院議長の辞任にまで発展した。

大規模なデモが渦巻く中で、新安保条約は衆参両本会議、予算委員会、特別委員会などあらゆる機関で審議されていた。

議論の要点を絞れば三点につきる。

相互防衛義務、事前協議における日本側の拒否権、極東の範囲、の三つだ。

事前協議のうち、日本への米軍配備の重要変更、あるいは米軍装備の重要変更（核の持ち込み）などに関して日本側に「拒否権」を認めるかどうか、日米間の議論を詰めきっていなかったので、岸はマッカーサー大使を通じて強い要求を出した。

これまで日本側の拒否権を「いかなる場合においても認めない」としてきた米側が、大使の説得もあって譲歩し、「事前協議」の「拒否権」を認めたことの意義は大きい。

マッカーサー大使の尽力なしに、安保改定はなし得なかったのではないかと思えるほどである。

昭和三十五年も正月返上で藤山・マッカーサー協議は進められ、安保改定交渉は正式に妥結した。

そこで一月十六日、岸首相を首席全権とした藤山外相、朝海駐米大使、足立日商会頭、石井自民党総務会長、船田自民党政調会長らの一行が調印に向けて出発することとなった。

ところが、前夜から全学連の過激派学生多数が羽田飛行場のロビー周辺に座り込み、占拠している模様がテレビ・ニュースで流されていた。

「一・一六岸訪米阻止羽田闘争」と、書かれたプラカードや赤旗が乱立し、多くの逮捕者が出た模様とアナウンスされている。

出発前夜の十五日、岸は南平台の自宅和室で横になりニュースを眺めていたが、妻に声を掛けた。

「よし子さん、按摩《あんま》を呼んでくれませんかね」

岸は肩を揉んでもらいながら、あわてず騒がず、早めの寝床に就いた。

翌朝は七時に私邸を出るとパトカー先導でなんとかデモ隊をすり抜け、一行はワシントンへ向け出発した。

調印は十九日午後二時に終わった。

調印の相手は大統領ではなく、ハーター国務長官なので、日本側も藤山外相でいいのではないか、との声も上がったが、安保改定は岸内閣の全責任だから、ということで岸がサインした。

想いかえせば昭和三十年八月、鳩山内閣時代だった。

重光外相がダレスにおそるおそる説明を始め、ダレスには歯牙にもかけられずに始まった安保改定交渉から足かけ五年。三十二年に首相になった岸が、アイゼンハワーとの共同声明にこぎ着けてから二年半余が過ぎていた。

調印のあと、岸とアイゼンハワーの会談が二回行われた。

十九日の調印後の一回目会談で岸は、「今年は日米修好条約批准百年記念の年でもあるので、大統領が訪日されることは、日米関係にとって非常に意義がある」と大統領の訪日を希望した。

すると二十日の二回目会談でアイゼンハワーからも、「今年の六月二十日ごろに、日本へ行きたい。ついては皇太子殿下ご夫妻も早い機会に米国をご訪問されるよう希望する」との返事があった。

岸のアイゼンハワー招聘の希望はかなえられ、安保改定が国会を通過したあとの六月十九日ごろを目処に、大統領歓迎のプログラムを組むよう帰国するとただちに指示を発した。

前年十一月のデモ隊国会乱入事件に端を発して議会運営の正常化に責任を感じた加藤鐐五《りょうご》郎《ろう》議長が二月一日に辞任し、後任には清瀬一郎が選出された。

清瀬は極東国際軍事裁判（東京裁判）で日本側弁護団の副団長を務め、さらに東条英機の主任弁護人としても尽力したことで知られているが、この安保国会の衆議院議長役はまさに最後のご奉公にふさわしい人選であった。

安保闘争以外にも、九州の大牟田では三井三池炭鉱の労組間の対立と、過激派が加入した組合の方は無期限ストに突入するという混乱も生じていた。

国会周辺へ連日押し寄せるデモ隊と警官の衝突は激しさを増していたが、警職法が廃案になった関係から、警官が阻止できる行為は限られていた。

機動隊の出動によって装甲車を並べ、ジュラルミンの盾と警棒、それに放水車だけが警察の武器だった。

何万人ものデモ隊に対抗するには、限界が見えたがやむを得なかった。公務執行妨害、都条例違反、道交法違反といった現行法規制内で対処する以外に策はない。

四月二十六日の全学連主流派による国会前での闘争が一番激しいデモとして記憶されている。

ずらりと並べられた装甲車を学生たちが次々と乗り越え、警官隊と対峙し多数が逮捕され、けが人が大量に出たデモだった。

だが岸はいつまでも国会外のデモ隊騒ぎや、野党の妨害、「新条約の無理押し反対」を叫んで邪魔をする党内反主流派に付き合っている時間はなかった。

今国会の会期は五月二十六日までであり、ひと月の自然成立の時間を見込むと、衆議院をいつまでに通過させるべきかは、もはや単純な計算だった。

「核持ち込み」事前協議

国会審議は公聴会を残して終盤に差し掛かったが、それでも「核持ち込み」の問題はまだ残されていた。

「核積載艦船の寄港、通過」は果たして「持ち込み」になるのかどうかという議論は果てしなく続きそうな気配だった。

のちに佐藤首相が苦肉の策として国会答弁（昭和四十二年十二月の予算委員会）したのが、内閣の引き継ぎ事項となった「核兵器を持たず、作らず、持ち込ませず」といういわゆる「非核三原則」（法制化されたものではない）問題に継承される。

三十四年当時は日米間でこの件に関してなんの合意もなかったにもかかわらず、赤城防衛庁長官が独自の解釈に基づいて「第七艦隊の核装備は事前協議の対象となる」という趣旨の国会答弁（三十五年四月）をしたため、米側を大いに慌てさせる事態になった。

その後わが国の政府は一貫して「日本への核持ち込みはない」「アメリカを信じています」と国民に説明し続けてきた。

搭載している核を、日本の領海附近に来たら降ろしてから寄港する、などという馬鹿げた作業が可能なはずもない。

「核持ち込み」に対する日本側の過敏ともいえる反応が安保改定の問題を一層複雑にしてきた感は否めない。

日本では、原子力空母「エンタープライズ」の佐世保寄港（一九六八年一月）など、核搭載の可能性のある艦船の寄港そのものに強いアレルギーを示し、大きな反対運動が巻き起こった。

その点を突き詰め、当事者でもあったふたりの駐日アメリカ大使、ダグラス・マッカーサー二世（昭和三十二年一月～昭和三十六年四月まで在任）と、後任のエドウィン・ライシャワー（昭和三十六年四月～昭和四十一年七月まで在任）に直接インタビューした古森義久記者（当時「毎日新聞」記者、現「産経新聞」ワシントン駐在客員特派員）による取材が、貴重な資料として残っている。

インタビューは六〇年安保改定から二十年後の一九八〇年当時もので、現在からも三〇年以上経過しているが、少しも古さを感じさせない。

安保論争の核心部分ともいえる「核持ち込み」に触れる箇所のみ引いて参考にしたい（部分引用）。

マッカーサー元大使インタビュー（一九八一年四月十五日、Mはマッカーサー）

古森　事前協議の中でも、とくに核持ち込みについての仕組みはどのように当時話合われたのですか。

M　アメリカは日本に核兵器を持ち込む（イントロデュース）ことはしないと、まず約束したのです。これは非常に慎重に書かれた文書として存在しています。核兵器についてはアメリカはそれを日本に持ち込まない。言いかえれば核兵器の基地を日本国内につくったりしない、核兵器を貯蔵したりしない、というような約束です。

古森　核兵器を積んだ艦艇の日本領海通過（トランジット）についてはどう決められているのですか。

M　アメリカ側は艦艇に積んだ兵器の種類は決して確認あるいは検証しないのです。船とその積載した兵器とは区分不可能なのです。われわれはこの立場を一貫して変えていません。

古森　しかし当時の藤山外相は確か国会答弁で、持ち込みというのは通過や寄港を含むのだ、と述べています。

M　その国会答弁については私はよく知りません。アメリカの艦艇とそれに積んだ兵器は決して区別しない、兵器の種類を公表しない、ということです。アメリカ艦艇の兵器は外国の領土内にあるのではないのです。

マッカーサー元大使は言葉を慎重に選びながら、アメリカの艦艇内に積載された兵器はすべてアメリカ領土内にあるのだ、つまり大使館内に置かれたピストルと同じなのだと語っている。

しかし、この答弁を聞けば「通過」や「寄港」はアメリカから見れば「持ち込み」ではなく、したがって事前協議の対象とはならないというのは明らかである。

日本国内での国会論議では、「通過」や「寄港」も事前協議の対象になるのだと公式に述べられていたが、アメリカは艦船に積んだ兵器の区分はしないのだ、というのがマッカーサーの回答だった。

ところが、このマッカーサー会談から三週間後に行われたライシャワー元大使との会談では、大使はもっとはっきりと「核持ち込み」について踏み込んだ発言をしている。

ライシャワー元大使インタビュー（一九八一年五月九日、Rはライシャワー）

古森　あなたの前任者のマッカーサー氏は、安保改定のための日米両国間の交渉プロセスでは、核兵器を積んでいるとみられるアメリカ艦船のいわゆる「通過」とか「立ち寄り」は、まったく言及されなかった、と述べていました。安保改定の交渉が終わり、日米間の取り決めが成立した後、日本の野党の議員が国会でそれを持ち出し、政府がそれに答えなければならなくなり、そこで初めて通過などの問題が出されたようです。

R　ええ、そうかも知れませんね。安保条約の交渉中、その点は多分、明確にされなかったのでしょう。しかしそういうこと（アメリカの核装備艦艇の日本への寄入港や領海通過）をしてもさしつかえないというのが、確実にアメリカの軍部や政府の理解だったのです。

だからこそ私が駐日大使だった間、この問題が日本の国会で取りあげられ、日本政府の代表が答弁に立って、通過や寄港は許されないのだという、われわれとは異なった解釈に沿った発言をし、「しかしわれわれはアメリカを信頼している」と述べるたびに、私は何度も、非常に恥ずかしい思いをしたものです。

古森　それでは、いわゆる「灰色の領域」というのは、航空母艦だけなのですか。

R　航空母艦と巡洋艦です。

古森　ああ、そうですか。巡洋艦の中には核兵器を装備しているものもあるわけですね。
R　ええ、巡洋艦はこれまで寄港しており、その中の一部は核兵器を装備しているのです。

（『核は持ち込まれたか』）

こうしてライシャワーは明確に核装備した艦艇の日本寄港を証言している。ライシャワーによる「核持ち込み」発言は、日本国内に新たな衝撃を与え、その余波は今日にまで尾を引いている。

長い引用になったが、安保改定の実務者たちの間で、何が考えられていたのかを正確に知ることは重要である。

当時の政府はこの問題を明確にしたがらず、というより触らずに通過しようと必死だった。暴力的な大衆闘争を背景にした野党の無意味ともいえる時間稼ぎに対し、岸は議論の深入りを避けて、遂に中央突破を図った。

デモ騒動と党派闘争の渦から脱して、新条約強行採決の道を選んだのである。

ふたつの悩み

岸の家郷から縁を頼って岸事務所の世話になり、岸の最晩年まで側近として仕えてきた堀《ほり》渉《わたる》には岸から聞かされた言葉で忘れられないことがある。

堀渉（大正十五年生まれ、現在、自主憲法制定国民会議理事長）は序章で紹介済みだが、海兵七十六期卒業後山口で土いじりなどしていたが昭和三十一年上京。保守合同が成り、第三次鳩山内閣で岸が自民党幹事長に就いていたころから従兄弟のつてで南平台で秘書として働いてきた。

めったなことで「残念だった」とか「失敗だった」などと人前で「弱音」を吐かなかった岸の言葉を反芻《はんすう》しながら、堀は言う。

「堀クン、僕はね悩んだことがふたつあったんですよ。ひとつは、安保の新条約を調印したあと、六十年一月だな、国会を解散して国民の意思を問うべきだった、ということだ。調印直後に解散、総選挙をやっておけば、あの馬鹿げた安保騒動はなかったと思うんですよ。結果として五月十九日の強行採決になったんだから。強行採決自体はあの段階で間違ってはいないんだ。ただ党内反主流連中が野党と野合しまいかという情勢判断に悩んだな。

総選挙をしても、僕は決して負けなかったと思う。だってね、あの大騒動のあと池田内閣が十一月に選挙やったら大勝しているんだ。あの当時、安保改定にはマスコミやいわゆる文化人といわれる連中は随分反対したけれど、国民全体からすればね、支持した人の方が非常に多かったと思っている。解散には川島君の反対があったんだが、ボクが非常に苦しんだことは確かだ。川島が何と言おうと、総理・総裁はボクなんだから、解散強行しようと思えばやれたんだが、今思うと大きな失敗だった。

もうひとつはだね、樺美智子《かんばみちこ》さんの事件があって、アイゼンハワーの訪日を中止したときだな。これは悩みに悩んだし、眠れなかったな。総理というのは最後は自分ひとりで決断を下さなけりゃならない。誰かに相談したり、戦前のように陛下に御裁可を願うとか、そういうことはもはやない。もし、陛下に御裁可を仰げば戦前なら『よし、分かった慎重にやれ』とか言われるな。『ダメだ』と言うことはまずあり得ない。

そこなんだよ、明治憲法と違うのは。総理は決断を下すただ独りの孤独な立場なんだ。

アイク訪日は残念で悔しかったけれど、断ったことは正解だと思う。あの状態で訪日されたら、どんな間違いが起こったか計り知れなかったからね」

堀に「悔しくて、眠れなかった」と岸が思わず漏らした総選挙をしなかった結果、強行採決に突き進んだ安保改定法案成立と、その翌月に訪日要請をしていたアイゼンハワー大統領に中止依頼をしなければならなくなった屈辱——その二ヵ月に及ぶ岸の政治生命を賭した日々を、今から追うことにする。

強行採決

新条約の審議は五月十六日をもってすべて終了し、いつでも質疑打ち切り、あとは採決だけという状態になっていた。

そのころ、アメリカ側から大統領の訪日スケジュールが伝えられ、六月十九日の到着が決定された。

当初、アイゼンハワーはモスクワでフルシチョフ首相から訪ソ招請を受けており、モスクワで数日過ごしてからシベリアを越えて東京へ入る予定だった。

だが、米ソ関係が米軍偵察機問題その他で突然悪化し、急遽訪ソが中止となった。

ニクソン副大統領を代わりに送る案もソ連から拒絶され、「雪どけムード」とまで言われた米ソ関係は一挙に凍結状態になっていた。

まさに冷戦真っ只中での外交、安全保障が語られねばならない時期といえた。

そこで大統領の旅程は、まずフィリピンに寄り、次いで東京、ソウル、台北と極東の自由世界のトリデを一周する計画に変更され、東京滞在はそのスケジュールの中でフィックスされた。

これによって、六月十九日という約束は岸にとってはコインの裏表のような特別の意味を持つようになってしまった。

上首尾に新安保条約の改定が済んで大統領を歓迎できれば岸の立場は大いに強化され、国民の祝福も受けるだろう。

だが、万一にも安保改定に支障を来せば大統領訪日に傷がつく。

六月十九日から逆算すれば、最低でも五月十九日に衆議院を通過させなければならない。

それは日程上の制約があるからで、第一には新条約が今国会の会期末と決まっている五月二十六日までには採決されることが必要条件。

最悪の場合を考慮するならば、六月十九日までに参議院の自然承認に欠かせない「三十日」を差し引いた五月十九日に衆議院を通過させることが必要かつ十分条件だった。

アイゼンハワー訪日は岸の足かせにもなってしまった。

そこで自民党執行部が決めた案は、当然予想される社会党の暴力的な採決妨害に対抗し、十九日午後、単独強行採決に踏み切る案だった。

本会議強行採決案は自民党議員にさえ事前には知らされなかった。秘密主義、と党内から批判の声が上がったが総指揮者の川島幹事長の手にすべては委ねられた。

衆議院議長清瀬一郎（自民党）と副議長の中村高一（社会党）は十八日、それぞれ党籍を離脱した。予想される混乱に際して、公正な立場を維持できるようにするためである。

そして政治史上に残る五月十九日を迎えた。

与野党の攻防を予測した院内の衛視は非常勤も動員して百五十人を二百五十人に増員。自民党が右翼、テキ屋、暴力団などを児玉誉士夫の手配などで集結させているとの情報を摑んだ社会党も、全国から千六百人の行動隊を虎の門共済会館に待機させるなど、不穏な空気が充満し始めていた。

児玉誉士夫らが動員した暴力団やテキ屋は結局集めただけで、何日間か旅館に缶詰状態にして食事や酒を飲ませただけで使われることはなかった。

社会党江田書記長は「これだけの数があれば院内になだれ込んで、実力阻止可能」と自信のほどをみせていた。

防衛庁長官だった赤城宗徳はこの日以降の混乱について、

「五月十九日以後、デモ隊は、日一日とその数を増し、岸首相も官邸に正面から出入りすることができず、裏口から入ったものの、わたしどもと一緒にカンヅメとなる始末。国会との連絡は、戦時中につくられた防空壕を整理した地下道にたよらなければならなかった」(『今だからいう』)と回想している。

午後四時半、自民党は急遽、緊急議院運営委員会を開いて会期延長を決定するや、本会議突破のために議長室正面入り口を自民党議員多数で占拠し、いつでも清瀬議長を本会議場に送り込めるよう態勢を整えた。

怒った社会党の秘書団を中心に体当たりを繰り返したが、議長室前の自民党議員団は動じない。

国会正面から三宅坂の間では、折りからの低気圧の通過で風雨が強まる中、全学連主流派のデモ隊が機動隊の装甲車に囲まれながら渦巻きデモを繰り返している。

午後十時半過ぎ、本会議開始のベルが鳴り、自民党だけが会場に入った。

社会党、民社党は審議拒否を決定して入場せず、本会議妨害だけに全力を集中していた。

午後十一時、議長室入り口で最後のもみ合いが始まった。

三百人から押しかけてきた社会党議員と秘書団が実力阻止のスクラムを組み、座り込んでいた。

「清瀬議長が席に着くから通路をあけてください」と院内放送が始まると同時に五百人の警官隊が割り込んで、ごぼう抜きにかかった。

しかし、社会党の抵抗は激しく議長を引き出せない。

焦り始めた荒船議運委員長らが指揮を執って、十一時二十分過ぎから、議運委員長室と事務総長室に通じるトビラを通じて議長を議場へ誘導できるよう、警官隊を再配置させた。

本会議場では先に着席して待っている岸総理たちが、時計を気にしながら一時間以上、開会を待ちわびている。

「もう時間がないぞ。早く議長だ、議長だ」の声がかかり、大乱闘の中で議長室の扉が開けられると、清瀬議長が引き出されて本会議場によろけるようにたどり着いた。

自民党はバンザイを叫び、十一時五十分、清瀬議長は本会議開会宣言を発し、五十日間の会期延長をまず議決した。

清瀬議長は議長席上でもまだ社会党関係者にもみくちゃにされ、マイクにしがみつくようにしてようやく声を振り絞った感があった。

会期延長が済んだので、三分ほどひと息入れた議長は、小沢佐重喜《おざわさえき》安保特別委員長（注・小沢一郎は長男）から安保改定関係案件の報告を求めたうえで、これを一挙に可決した。

長かった五月十九日は、二十日に時計が回ってからようやくここに決着した。

なお、この夜本会議を欠席した自民党議員は、石橋湛山、河野一郎、松村謙三、三木武夫、古井喜美、井出一太郎、宇都宮馬、松永東ら十二人だった。

翌朝の新聞各紙はこの反主流派の欠席を重くみて、「政局、さらに激動」「岸退陣への足固めか」といった見出しが並んだ。

「朝日新聞」の五月二十一日社説は「岸退陣と総選挙を要求す」との見出しを立て、新安保条約の強行採決は「国民を裏切る」もので「岸総理の退陣を迫るべき」だとした。

この夜以来、国会周辺のデモは一層激しさを増し、国会だけにとどまらず、南平台の岸邸にまで連日のようにデモ隊が押し寄せるようになったが、その模様は序章で述べたとおりである。

五月三十一日、ホワイトハウスはアイク訪日の期間を六月十九日から三日間とする旨を、公式に発表した。

六月十日、アイゼンハワーの新聞係秘書ハガチーが事前打ち合わせのために羽田に着いたが、全学連の包囲網に乗っていた自動車を破壊されそうになり、同乗していたマッカーサー大使とともに米軍のヘリコプターによって脱出するという騒動となった。

アメリカ大使館にヘリコプターで緊急着陸したハガチー秘書の異常事態を知ったアメリカ世論の中には「そんな非礼な国に大統領が行く必要があるのか」との声も出始めた、と外電が報じた。

だが、ハガチーは「あくまで大統領の訪日予定は変えない」と言明し、首相官邸はかえって神経を尖らさざるを得ない状況に追い詰められた。

岸はこの日、大使に非礼を詫びた。

羽田の警備がまったく予測できない事態を招いたのだから、このあと本番に備えてどうするか、残された時間で岸は重い決断を下さなければならなかった。

官邸で岸は巨人・中日戦のナイターを見ていた。

後楽園球場は満員である。

「なあ、椎名クン。新聞は国民すべてが反対しているようなことを書くが、野球場は満員じゃないか。反対しているのは共産主義者に煽動《せんどう》されたほんの一部だと思うんだがね」

椎名は返答に詰まったが、「大統領訪日には万全を期します。赤城クンを呼んで相談しましょう」と応じた。

実際、後楽園球場は満員だったし、神宮球場の早慶戦も超満員で、学生達はデモにも行くが野球も見るというのが大多数だ、と言われていた。

実際に野党議員を含めて何万人ともいう反対派のデモ隊の中で、安保条約に目を通した者などほとんどいないと言ってよかったのがこの頃の実情だった。ただ「平和」というキャッチフレーズだけが大衆を煽動していた。

だから、岸の感想も当たらずとはいえ遠からず、国民大衆の心理を衝いた発言ではあった。

岸は東条内閣閣僚として日米開戦の御前会議に出席し、署名した男だ。

かつてアメリカを敵に戦った側がいまはアメリカとの二国間条約を締結し、大統領を招聘する立場に立っている。

反対運動の先頭に立っている文化人、学者、学生たちは「反米」「反安保」だと言い、中ソ共産圏に与せよと叫んでいる。

学者、文化人の多くは対英米戦争開始のころは、親英米派だったのではなかったか。

「なあ、椎名クン」と、また岸は繰り返し旧友の顔を見ながら嘆息《たんそく》した。

「戦後の民主主義というモノはいったいナンだったのかね。GHQの遺産が反米になったんだから、ボクはね、マッカーサーに責任を取ってもらいたいね」

巣鴨以来、マッカーサー嫌いが増していた岸は、そう言ってまたテレビの野球観戦に目を戻した。

「六・一五」とアイク訪日中止

反対運動が激しくなるにつれて警備当局の責任者が「アイク訪日の際、アイクに不快感を与えないという警備上の確信がない」として、極めて消極的な態度を示していたことは、岸を不安にさせていた最大の要素だろう。

そのいい例は、六月八日に柏村警察庁長官がアメリカ大使館を訪れ、マッカーサー大使に、アイゼンハワー訪日の際の警備に責任が持てないと通告していた件である。

どういう経緯から警察庁長官が大使にこのような通告をしたのか定かでないが、官邸筋からということではなく、法相あたりからそれとなく大使のハラを探ってみようという意図があっても不思議ではない。

「当時の警察力は今と違って人数も少なく装備もお粗末な上に、大規模なデモに対処する経験も少なかった。更に数ヵ月にわたるデモ隊との対峙で疲労困憊《こんぱい》はその極に達していた。警察庁長官や警視総監の立場からすれば、〝自信が持てる〟と言い切れなかったとしても無理からぬかもしれないが、マッカーサー大使は容易に肯《がえ》んぜず、土壇場まで実現のために努力した」

（『岸信介回顧録』）

アメリカ東部時間六月十三日、アイゼンハワーは予定どおり極東訪問旅行のため、ワシントンを出発した。

大統領は共産主義者と戦うことが自分の使命だと固く信じていたが、かつての「カミカゼ」が共産主義者に変貌して自分に襲いかかるのではないかとの一抹の不安は拭いきれないものがあった。

アイゼンハワーはこの事態を次のように書き残している（部分引用）。

「日本における共産主義者の策略は根強いものだった。彼らの宣伝は、一般大衆の心の中で、私の訪問と、来るべき日米新安全保障条約の批准とを直結させることをねらっていた。

スティブンスとハガティが六月十日羽田空港に到着した時、二人は数千人のヤジ馬たちと共に、険悪で騒々しい暴徒たちの出迎えを受けた。

この事件は、数日後に予定される私の到着のために、計画を進めていたわれわれの代表に、切実な懸念を抱かせた。しかしマッカーサー大使は、不穏な状態が間もなく消えるだろうとの確信を持ち続けていた。

また岸首相も、安全保障条約と私の訪問に深くかかわり合っていた自分の威信にかけて、予定どおり私の訪問が実行されることを希望し続けた。しかし東京の大統領護衛隊代表フロイド・ボアリング氏は、暴徒を制圧する警察の能力に悲観的見方をとり、彼の上司のU・E・ボーマン隊長とジム・ローリーに、情勢が一触即発の状態にあると報告した。アレン・ダレス（CIA長官）はこの見解を支持した。彼は『カミカゼ型の行動こそ最も恐れなければならないものです』と語った」（『アイゼンハワー回顧録』第2）

マッカーサー大使もハガチー秘書も「大統領の訪日予定に変更はない」と公表している以上、自民党内の反主流派といえども、アイゼンハワー訪日までは一応岸退陣への行動は控えざるを得なくなった。

同じく社会党にしてもアメリカの大統領に非礼を働くわけにもいかず、自民党反主流派と提携して、倒閣運動はいったん中止された。

これで政局はアイゼンハワー訪日後まで、ひと休みかと誰もが考えていた。

ところが六月十五日に、事態が急変した。

当日全学連主流派を中心としたデモ隊は国会の南通用門から国会内への突入を図り、激しく警官隊と衝突を繰り返していた。

その激しいもみ合いの中で、東京大学の女子学生、樺美智子（二十二歳）が死亡するという事故が発生した。

彼女の死因は検死によれば、転倒が原因で起きた胸部圧迫と頭部内出血となっている。

学生側は機動隊の暴力によるものだと主張したが、詳しい判定ができる状況ではなかった。

ただ、女子学生が死亡したというニュースは国民にも衝撃を与え、警察は結果として批判を受ける立場となった。

女子大生の死亡事故発生の報せは、総理官邸にいた岸を予想以上に動揺させた。

滅多なことでは表情を変えない岸が、安保改定以来、初めて見せた困惑の色だった。

傍にいた総理秘書官の中村長芳は、「樺美智子が死んだという報せが岸さんの耳に入った時、岸さんは非常に沈痛な面持ちとなった。大変なショックを受けている様子でしたね」（『昭和の妖怪　岸信介』）と語っている。

秘書の中村長芳（二〇〇七年没）は山口中学で安倍晋太郎と同級という関係から、総理秘書官となった男だ。

岸が引退したあと、岸の盟友永田雅一大映社長のあとを受けてロッテ・オリオンズのオーナーとなり、さらに西鉄ライオンズを買収するなどプロ野球チームの経営者として活躍した。

南平台の私邸に深夜戻った岸は、赤城防衛庁長官を呼びつけた。

岸の考えたところでは、もはや自衛隊出動以外に名案はなかった。

武器を持たせた自衛隊で大統領訪日の護衛にあたる、赤城にその可能性を質したのだった。

「それは無理です。自衛隊に武器を持たせれば力にはなりますが、同胞同士の殺し合いになる可能性があり、私としては命令はできません」

赤城ははっきりとそう答えた。

岸はさらに、

「では、武器を持たせずに出動させればいいじゃないか」

と迫ったが、赤城はなお首をひねったままこう答えた。

「これは内乱でも革命でもありません。自衛隊は銃を持たせれば警察より強力ですが、銃なしで警備ということになれば警官のほうが専門家だから、力になりません。ここで自衛隊を出動させれば、自衛隊の権威を失墜させるだけです」

あとは最高責任者、岸さんの判断だけだと言って赤城は南平台を出た。

赤城が帰ったあと、岸は何を独りで考えていたのだろう。

背中から父を見ていた洋子は当夜の岸の姿を次のように伝えている。

「全学連の国会突入で東大生の樺美智子さんが亡くなられたとの報に接し、父はひじょうなショックを受けました。わたくしは、鉛のおもりを飲まされたような目まいと吐き気を覚え、恐ろしくなりました。もう安保なんて放り出してほしい、自分ひとりでそこまで国の責任を負うことはないでしょう、と叫びたい気持でした。しかし、顔色がどす黒く変わった父の殺気立った表情にその命がけの信念を見てとると、とてもなにも口に出せません。深夜、父は疲れたときにはいつもそうして気を紛らわせていたように、ひとり自室で、トランプ占いのカードをめくっておりました」

（『わたしの安倍晋太郎』）

実は、自衛隊出動論はハガチー事件以来党内にくすぶっていた。

石原国家公安委員長、柏村警察庁長官、小倉警視総監らはこぞって「もう警察では警備の責任は持てない」と言い始め、佐藤蔵相、池田通産相あたりからも「自衛隊出動はどうか」と声がかかっていたが、そのたびに赤城は首を横に振って断っていた。

樺美智子事件の前日にもこんなことがあった。

首相官邸に詰めていた川島正次郎が、デモ隊を避けるために、戦時中に掘られた非常用の地下道を通って国会から外へ出て防衛庁へ駆け込み、赤城に直談判した。

「デモ隊を鎮めるために、自衛隊を出してはもらえんか」

赤城は幹事長に即答した。

「自衛隊を出して、仮に何か事故が起きたら共産勢力の思うつぼだ。これまでの苦労が水の泡になる。若い隊員がもしかっとなって悲惨な状況にならないとは限らない。ここは何があっても出動はできない」

政府は十六日午後の臨時閣議で、アイゼンハワー訪日の延期を要請することに最終決定した。

引き続き藤山外相が外務省にマッカーサー大使を招き、その趣旨を伝えた。

臨時閣議を開くにあたって、岸は自邸を出る前にハラを据えていた。

大統領が羽田に来るとなれば、こちらも天皇陛下がお出迎えをしなければならないだろう。

アイゼンハワーは軍人だから多少のすったもんだは慣れたものだろうが、陛下はそうはいかない。

陛下にもしものことがあってはならないから中止しかない、そう決めるとクライスラーの後部シートに身を沈め永田町へ向かったのだった。

岸の頭の中にはひとりの女子大生が死んだということだけではなしに、警備力の最終責任者として、デモをきちんと規則正しく行わせることができなかった、そのことへの悔しさが重くのしかかっていた。

このときアイゼンハワーはマニラ市のルネタ公園で行われていた市民大会に出席して、野外演説をぶっている最中だった。

マッカーサー大使はハガチー秘書を通じて、日本政府の要請に同意する意志を大統領に伝えた。

アイゼンハワーはマニラでの公式日程が終わると、第七艦隊旗艦「セント・ポール」で次の訪問先である台湾、沖縄へ向かった。

占領下の沖縄訪問を経て羽田へ着く予定が変更され、韓国訪問が十九日に繰り上げられたのだった。

情けあるなら今宵来い

岸が内閣総辞職を決意したのは、アイゼンハワー訪日を中止と決めた瞬間だった。

中止要請は公式には日本政府から出されたことになっているが、それが事実かどうかは必ずしも明確ではない。

なぜなら、ＣＩＡのアレン・ダレス長官の動きに注目すれば、ダレスはＣＩＡの東京の機関にいち早く訪日の危険性をマニラへ向かう大統領機に通報していた可能性が考えられるからだ。

アレン・ダレスがそうしなければ、第二次世界大戦の勇者は「戦車に乗ってでも羽田からアメリカ大使館へ向かう」と言いかねないとダレスは心配していた。

ただ、アメリカ側から断ったのでは岸の顔が立たない。

そこで、岸の方から辞退させることで最終的にまとまった、という可能性が一番高い。その手はずはマッカーサーに任されたであろう。

アイゼンハワーの回想録で、アレン・ダレスが「カミカゼ型の行動こそ最も恐れなければならないものです」と忠告しているのはそれなりの意味を込めた言葉だったのではないか。

アイゼンハワーは岸に気を遣って、直ちにハガチー声明を出させた。

「今回の出来事は、同盟国である日米関係になんの懸念も生むものではない。大統領は日本政府の行った決定に対し完全な、同情ある理解を持っていることを示そうと願っている」

六月十九日午前零時、新条約は自然承認となった。

法的には成立したが、暴徒化した過激派が侵入して批准書を破棄するとか、持ち出されでもしたら大変と、落ち着いてはいられなかった。

そのため、六月十八日の夜から十九日の朝にかけて、岸は総理として最後の覚悟を決めた一夜を過ごすことになった。

「どうせ討ち死にするなら、官邸で死のうか」

十八日土曜日の夕刻、南平台の私邸を出て官邸に入ると、初めのうちはかなりの人数がいた閣僚や秘書たちも、ひとりふたりといつの間にか人数が減り、やがて岸は独りだけになっていた。

この夜、国会周辺には三十万人ともいわれる群衆が取り巻き、かつてない異様な雰囲気の中で自然承認を迎えていた。

無論、岸には何万人のデモ隊がいるのか、その晩は分かりはしない。

「デモ、徹夜で国会を囲む」

との大見出しの新聞記事を翌朝見て、ああ、三十万人もいたのか、と驚いた。日曜日、十九日の朝刊である。

「安保新条約が自然承認となった十九日午前零時、安保阻止国民会議は直ちに『この条約は認めない』と声明を発表。十八日から十九日未明にかけての国民会議のデモは、同会議の発表で三十三万人、警視庁調べでも十三万人に達し、これまでの安保阻止運動を通じ最高の動員となった」

（「朝日新聞」昭和三十五年六月十九日付）

官邸にいては暴漢に襲われる危険性があったから、自分の役所に帰るのは止められない。

小倉警視総監が来たのは前夜のことだった。

「首相官邸の警備にどうも不安がある。機動隊も連日のデモで疲れ切っており、どこか安全な場所に移ってはいただけまいか」

などと言い出した。

岸は、

「暴漢に襲われて死にたくはないが、ここが危ないというなら、どこが絶対安全なのか」

と、聞き返したが総監は返事ができなかった。

六月十八日の夜十時を迎えたところ、弟の栄作がひとり現れて、

「兄さん、ブランデーでもやりましょうや」

というわけで、兄弟ふたりだけで日付が変わるまでグラスを傾けて、自然承認の午前零時を待った。

官邸の外からは労働歌やシュプレヒコールの声が絶え間ない波の音のように聞こえていた。

考えてみれば、長いことふたりだけで飲むことはなかった。

他の閣僚たちは、警視総監の勧めもあり危険だから帰ったのは仕方ないと知っている栄作ではあったが、

「そんなことを言われたからって、『それではお先に』っていうもんじゃないよな。心底お国のことを考えるのなら、逆にひとりでも多く集まって来い、ってもんだろうが。死ぬならここで一緒に死にましょうや」

ブランデーが回ってきたのだろうか、無口な佐藤の口が珍しく軽くなった。

岸は、まあそう言うな、と言いつつも久しぶりに高杉晋作の一句が口を衝いて出た。

「情けあるなら今宵来い、明日の朝なら誰も来る――か。故郷《くに》じゃよく聞かされたものだ」

まさしく高杉晋作の一句が似合う官邸の一夜だった。

佐藤は「あの時の兄貴は偉かったよ」とのちのちまで語っている。

岸はそのあと、午前二時過ぎに執務室のソファにごろりと横になると仮眠をとり、朝五時半ごろぬっと起き上がった。

十九日朝の陽の出を見てからやっとひと息大きな深呼吸をすると、にこりともせずに官邸裏門を後にした。

国会周辺の路上には、デモ隊が棄てたプラカードの破片や、破れた宣伝ビラが散乱している。

官邸からクライスラーで出る岸の目に「岸を倒せ！」「岸を殺せ！」などと書かれたビラの文字が飛び込んできたが、岸は自分の運の強さを信じてきてよかったと再確認していた。

中村長芳首相秘書官が運転手横のシートに座っていた。岸は誰にともなく呟いた。

「この国を変えるには、『悪運』が強くなければ結局ダメなんだ」

そう言うと、フルスピードで南平台へ車を走らせた。

米国上院で二十二日に新条約が承認されたのを受けて、二十三日、午前十時過ぎに芝白金の外相公邸において批准書の交換が行われ、同日をもって発効となった。

その時刻を待って、岸は正式に退陣声明を出した。まだ、六十三歳と七ヵ月である。

第七章　絢爛《けんらん》たる晩節——憲法改正の執念、消えず

暴漢に刺され重傷

昭和三十五年夏、岸が退陣表明をしたあとの党内は、混乱を極めていた。次の総裁選びに向けて、各派の壮烈な引き抜き合戦が始まったからだ。その主因は岸自身が明確な後継指名をしなかったことによる。

益谷副総理、川島幹事長、佐藤蔵相、松野参議院議長ら首脳間による話し合い決着は行き詰まり、公選不可避となっていた。

総裁公選は七月十四日に行われることになり、最終的には池田勇人、石井光次郎、藤山愛一郎の三者が立候補の意思を表明。

ここにきて岸は池田を推すと初めて発言した。

池田のあとには佐藤がおり、佐藤のあとには岸がもっとも将来の後継にと期待する福田赳夫に繋がる経済官僚路線であることは誰の目にも明らかだった。

「見渡したところ、総理としては池田が一番だった」と岸は後日述べている（『岸信介の回想』）が、福田への橋渡しを築いたと見るべきだろう。

佐藤と池田は官僚ライバルで、ともに天を戴かずとはいえ、同じ吉田学校優等生。池田に貸しを作っておけば次は佐藤へ、という流れができると岸は知っていた。佐藤のあとを福田に繋げられるか、田中との戦いになるかはまだ岸にも分からない。

だが岸の腹の内は福田を意中の人物と見ていた。

その代わり、割を食ったのは藤山愛一郎で、強い反発を感じたのは川島正次郎だった。

藤山は巣鴨から身ひとつで出てきた岸を一族の会社の役員に就け多額の資金調達をしてきた。その後もことあるごとに岸派の資金繰りには援助を怠らず、安保改定では外相として岸を助けた功績もある。

義理ある関係だったが、総裁選で岸は藤山を見捨てた。

岸の言い分はこうだ。

「安保の問題があります。藤山君には今回は立つな、自重して次の機会を待てと言った。なにしろ安保の外相だし、私が辞めた理由と重なることも話したんだけれどもね」

岸の凄味は自分が藤山を推さないだけではなく、自派から藤山にいったん流れた議員を全部引き揚げさせ、池田に回したことだった。

最後の一瞬に藤山を見切った岸は自分でも「藤山君にも大野君にも恨まれたものだ」（『岸信介の回想』）と述懐している。

岸は藤山、大野とともに盟友川島からも使い捨てられたとの恨みをかうことになる。

理念、情熱、実行力、どれをとっても岸側近としては党人派一番だった川島だが、最後は官僚派の池田、福田を岸は選ぶことになった。

このあたりの岸のドラスティックな政治手法は冷淡にさえ見えた。

その後の藤山は自派「愛正会」を形成（星島二郎、江崎真澄、小泉純也、福家俊一など）して、以後総裁選に三回挑戦するがいずれも敗退。

藤山コンツェルンといわれた巨額の私財も使い果たし、「井戸塀政治家」といわれたのは承知のとおりである。

岸の冷淡さを見る一例を挙げたが、岸に言わせれば政治とはそんな「友情」で済むような甘いセンチメンタルなものではないよ、ということだろう。

池田、石井、藤山三者による総裁選は決戦投票までいったが、池田が石井を圧倒して新総裁の座に就いた。

昭和三十五年七月十四日である。

その直後、まだ選挙の興奮がさめやらぬ午後二時二十分ごろのことだった。

首相官邸では新総裁就任の祝賀レセプションが始まっていた。

その席上で岸にひとりの暴漢が走り寄り、左太腿《ふともも》を後ろから何ヵ所もナイフで刺すという事件が発生し、現場の会場には大量の流血の跡が残ったほどだった。

右翼結社に所属する荒巻退助と名乗る男は、その場で逮捕されたが、動機も不明のままだった。

ここでも日頃から岸が指摘していた警備の甘さが露呈したわけだ。

救急車で赤坂の前田外科病院へ搬送されたが、見舞客にも慌てず騒がず「ナニ、この程度で済んでよかったよ」と笑顔で応えた。

当時まだ六歳くらいだった安倍晋三は、祖父の病室へ見舞いに行ったときのショックを次のように語った。

「病室に入っていったらね、秘書官の中村長芳さんが祖父の履いていた靴をボクに見せるんですよ。靴の底に血がもう固まっていましたが大量にね、溜まっていてすごいショックだったのを覚えています」

この六〇年安保の年は、六月に社会党の河上丈太郎が衆議院の面会所で刺された事件があり、岸刺傷事件に続いて、十月には日比谷公会堂で社会党の浅沼委員長が刺殺されるなど、凶悪なテロ事件が発生し世間を震撼させた。

翌七月十五日、岸内閣は総辞職となり、岸は昭和三十二年二月以来三年五ヵ月にわたる政権担当を終えた。

自民党顧問という閑職だけで、すっかり暇になった岸は「十日会」という自分のグループを作り、隣家の高峰邸借用を返上して西新橋の日本石油本館三階に事務所を構えた。夜の打ち合わせは新橋の料亭「中川」が主だった。

やがて南平台を引き払い、富ヶ谷に転居、岸のいわゆる院政時代が始まる。

政治資金、賠償汚職の疑惑

岸に対するマイナス評価、ないしはネガティブ・キャンペーンはこれまでにも幾度となく派手に行われてきた。

避けては通れない課題なのでここであらためて検証しておきたい。

あらゆる誹謗中傷がマスコミに溢れ、国会での追及、さらには東京地検まで動いたといわれる疑惑事件は起きたが、岸の身辺に迫る証拠は一件も現れず、いつの間にか消滅している。

疑惑、とされた事件の概要を列挙すればおおむね以下のとおりであろう。

まず、昭和三十三（一九五八）年の千葉銀行事件というのがあるが、これなどは千葉銀行の頭取が知り合いの女性社長（レストラン「レインボー」経営）に総額六億円に達する不正融資をしたという事件だったが、水田三喜男、岸信介の名が挙がり背後関係を疑われたものの、一切の関係がないことが東京地裁ですぐに判明している。

さらに巷間大きな騒ぎに発展した事件として、インドネシアに関する賠償問題があった。

昭和三十四年の国会でもめたが、刑事事件としては立証されなかった。

賠償にからんで国会議事録に名前が挙がったのは、岸信介、スカルノ大統領、川島正次郎、永野護運輸大臣（注・永野重雄富士製鉄社長の実兄）、木下商店社長木下茂などである。

日本とインドネシアの賠償協定は昭和三十三（一九五八）年一月に調印され、日本は生産材料や消費財の供与をする予定だった。

岸が首相になって、アメリカにアイゼンハワーを訪問した直後のインドネシア訪問で決まった話である。

ところがインドネシア側が、船舶の供与を強く要求してきたために政府もこれに応じて細目交渉に入った。

ところが、供与する船舶十隻のうち九隻までが、船舶事業に実績もない木下商店と事前に契約されていた、という事実が判明して騒ぎとなった。

確かに木下と岸は戦前からの知り合いであった。岸が商工次官だった時代に鉄鋼統制会の理事を木下が務めており、個人的な交際もあったということが明るみに出た。

昭和三十三年二月、岸首相は赤坂の料亭「長谷川」にスカルノ大統領を招待している。

そこに木下茂も同席し、さらにスカルノが滞在した三週間もの間の費用をすべて木下にもたせたというのである。

この木下商店事件も岸自身は一銭の金も受け取っていない、ということで地検は動けなかった。

このとき、赤坂の高級クラブ「コパカバーナ」へスカルノが遊びに行った際に、ホステス根本七保子《ねもとなおこ》が大統領に紹介された。

彼女は翌三十四年、第三夫人（デヴィ・スカルノ）としてインドネシアへ渡ったとされる。

それは余談だが、こうしたスカルノへの特別なサービスがパッケージとして組まれていた時代背景が、汚職容疑を膨らませる結果につながったことは否めない。

インドネシア同様に、韓国との癒着問題も持ち上がった。

戦後賠償の代わりに復興援助という名のもとに韓国の李承晩大統領と密接な関係を築き、リベートを受け取ったのではないか、という疑惑である。

国内だけではなく、アメリカの学者がメディアに語った内容が日本国内の問題に一層火をつけた感もある。

ハーバード大学のJ・コーエン博士の発言である。

「田中首相ならびに同首相と親密な関係にある一部の実業家、それに佐藤首相、岸元首相らは経済的に韓国の朴政権と結びついており、東京で流布されている噂によるとこれらの政界の指導者は、対韓援助のリベートによって莫大な財をなしたといわれる」

（昭和四十九年九月十二日、ワシントン・プレスクラブにて発言）

この発言は根拠も何も示されたものではないだけに岸もまったく相手にせず、週刊誌などの質問にも「あんまりバカバカしい事実無根の話だから、歯牙にもかけんつもりだった。デタラメを言われて本当にメイワクな話さ」（「週刊文春」昭和四十九年十月二十一日号）とだけ答えている。

アメリカからは一九七〇年から四年間、米国務省韓国部長に就いていたドナルド・レイナードがやはり地下鉄建設のリベート問題を取りあげ、岸の名前も浮上したことがあった。だが、こうした発言には証拠となるものがまったくなく、印象発言に過ぎないものばかりだった。

むしろ、岸と韓国の深い関係を言うのであれば、世界基督教統一神霊協会の教祖文鮮明との親交をもって「深い関係」と言うべきかもしれない。

同教団は昭和四十三（一九六八）年に、日本にも政治組織、国際勝共連合の日本支部を立ち上げ、その普及に乗り出した。

その際、日本支部設立に尽力したのが岸であり、ほかに笹川良一や児玉誉士夫の名前が挙がっている。

そもそも日韓関係正常化は、フィリピンや台湾と同じくアメリカの強い要望によって始まったものだ。

冷戦時代の反共シフトを引く最前線としての戦略からだ。

しかし、李承晩政権は反日政策を強固に掲げ、交渉は進展しなかった。そのとき、幹事長から総理に進んだ岸は「怪物」矢次一夫を個人特使として韓国へ派遣、李承晩とのパイプを初めて作ったのだ。

それから長い年月を経て、岸は総理引退後は矢次、椎名、田中竜夫、財界から植村甲午郎、瀬島龍三らを加えた陣容で「日韓経済協力会」や「日韓協力委員会」といった組織を立ち上げて韓国の経済復興に協力をしてきた。

その結果、韓国産のノリの輸入、製鉄工場建設、ソウルの地下鉄工事などが実現する。

そうすると、先のアメリカ側からのいくつかのリベート発言が飛び出すという繰り返しが続いた。

岸は、「バカバカしい、こちらは公明正大ですよ」と相手にしないで通してきた。

最後に飛び出してきたのがダグラス・グラマン事件である。

三年前のロッキード事件騒動を国民がそろそろ聞き飽きてきた時分に発覚したのが一九七八年二月に明るみに出たこの汚職事件だった。

発端はグラマン社が自社の早期警戒機（E－2C）売り込みのため日本の政府高官のうち岸信介、福田赳夫、中曽根康弘、松野頼三らに日商岩井を通じて不正な資金を渡した、と告発したことによる。

この事件では実はかつての「ニューズウィーク」報道部長で、その後ニューヨークで「フォーリン・リポーツ」の社長になっていたハリー・カーンが大きくクローズ・アップされた。カーンは岸の秘書の川部美智雄をコンサルタントとして雇い、そのつてで日商岩井などへの売り込みに関与したという。

その際、岸や松野とも再三会談したとして岸の名前が挙がったのである。

事件は大平内閣を揺さぶるものとなった。

捜査は日商岩井の海部八郎副社長などへの取り調べを中心に進み、政界では松野頼三が「政治献金」を受け取ったことを認めたが、時効成立で終息した。

当のハリー・カーンは疑惑のすべてを否定して、グラマン社を相手取り総額三千万ドルを請求する訴訟を起こし、自らの潔白を宣言したため、アメリカでは和解調停が成立した。

かつてＡＣＪとしてジャパン・ロビーの先頭に立ち、コンプトン・パケナムとともに岸の将来性を国務長官に知らしめたカーンの名を知る日本人は、このときほとんどいなかった。

戦闘機売り込みのフィクサーとして登場した山高帽の外国人紳士は、日本の新聞、週刊誌などに川部美智雄とともにあわてて追いかけ回されたが、終戦直後にGHQ相手に敢然と論陣を張った事実を知る者はいない。

岸の身辺からは、何ひとつ出るものはなかったので、岸は高笑いしながら次のように語っている。

——いろいろとお訊きしたいこともありますが、やはり政治資金の問題ではいつも岸さんの名前が出てくるわけです。例の飛行機の問題とかインドネシアの賠償問題とかで新聞に名前が出る——（注・聞き手は東大名誉教授伊藤隆氏）

岸　なあんにもないんだ、実際のところ。韓国との関係でいえば矢次氏が一番証明できるだろうと思うけれども、インドネシアの賠償問題で一銭一厘も不正な金、へンな金を受け取っていないし、飛行機の件だっていつの間にか消えた格好になっているが何もないよ。しかし、なにか私の名前を出さんと記事にならないのかもしれん（笑）。ハリー・カーンが手紙よこして、グラマン社に対して、あっちで訴訟起こしたらしい。非常にいい条件で和解が成り立って飛行機会社のほうがあやまって、そのうえでいくらか金を出したんだろう。名誉毀損かなんかでアメリカでやったもので、カーンと日本との間に私が関係したということがないのが明らかになったと知らせてきたのです。

（『岸信介の回想』）

隠然たる力

辛うじて意中の池田内閣を作り上げた岸は、安保改定という大仕事を終えた宴のあとのような寂しさを感じていたかもしれない。

その無聊《ぶりよう》感を補ったのが政界に隠然たる影響力を保持することと、一方では海外旅行を数多くこなすことだった。

そのほかの時間のほとんどはゴルフと書に費やされたといっていい晩年だった。

退陣したとはいえその後も衆議院総選挙には出馬し続け、現役を誇っていた。

昭和五十一（一九七六）年十二月に行われた第三十四回総選挙で当選十回となり、五十四年十月の衆議院解散を機に若手に地盤を譲るまで、現役としての影響力を残した。

公職追放のため戦後の出馬が遅れ、当選回数が少ないまま総理の座に就いたこともあり、十回まではという強い意志があったと思われる。

池田政権（昭和三十五年七月～三十九年十一月）、佐藤政権（昭和三十九年十一月～四十七年七月）、田中政権（昭和四十七年七月～四十九年十二月）、三木政権（昭和四十九年十二月～五十一年十二月）、福田政権（昭和五十一年十二月～五十三年十二月）、大平政権（昭和五十三年十二月～五十五年七月）、鈴木政権（昭和五十五年七月～五十七年十一月）、中曽根

政権（昭和五十七年十一月～六十二年十一月）に至るまで、岸の政治的な影響力に隠然たるものがあったことは事実だ。

その意識の原動力になっていたのは、「自主憲法制定」だった。

いったんは安保後の混乱から身を引いたものの、やり残した大仕事があった。

憲法改正だ。その憲法改正を自分が育てた後継の誰ひとり本気で考えようとしない。それにいらついていたことは確かである。


「私が総理を辞めてから、あまりにもだな、池田および私の弟が『憲法はもはや定着しつつあるから改正はやらん』というようなことをいってたんでね」（『岸信介証言録』）

まだ七十代だったこともあり岸の改憲への意欲はなみなみならぬものがあった。

実際、池田、佐藤、田中、三木、福田、大平、中曽根（ここまでが岸存命時代）を含め、それ以降はさらに改憲から遠のくばかりだった。

岸の晩年を悩ませたのはこの「改憲を忘れた後継たち」だった。

おそらく、唯一期待をかけていたのが女婿・安倍晋太郎だったと思われるが、安倍晋太郎は岸が死去した翌年あたりから体調を崩し、五年後には総理を目前にしながら六十七歳で生涯を閉じてしまう。

この間岸の活動拠点は、富ヶ谷から転居した御殿場の豪邸と、そこから連日のように通っていた西新橋の日石本館ビルの事務所に移る。

昭和四十五年、岸は御殿場の東山別荘地に広壮な土地を求め、豪壮にして華麗な屋敷を造営した。

富士山も庭の一角から望めるこの地は、御殿場の山林に囲まれた人造湖（東山湖）に近く、敷地面積はおよそ千六百坪といわれている。

竣工は昭和四十四年の暮れ、翌年になってすぐに転居し、最後の十七年間を過ごすことになる。

屋敷は建築家吉田五十八《いそや》（一八九四～一九七四年）晩年の作品で、近代的な数寄屋建築と西欧風の要素を加味した見事な出来映えであった。

吉田は皇居新宮殿を造営する際、顧問を務めたほか、岩波書店創業者の岩波茂雄の熱海別荘、ワシントンの日本公使館などの作品がある。

その十七年を通じて岸がもっとも落胆したのは福田赳夫と田中角栄の間でいわゆる「角福戦争」が起こった揚げ句に福田が田中に敗れたときであろう。

昭和四十七（一九七二）年の総裁選で派閥を譲った福田が田中に敗れ、岸の思うようにはならなかった。

池田勇人は激しい総裁選を戦って勝利し、四年に及ぶ内閣を維持したが、昭和三十九年十一月、病に倒れ総辞職、佐藤が後継に指名された。

その佐藤が七年八ヵ月にも及ぶ長期政権を担当し、昭和四十七年七月まで政権の座に就いている間に田中は佐藤派の中で多数派を握り次の総裁選に勝利したのだった。

ショックを受けた当時を振りかえる岸は、「福田君が総理に適任であり、そうすべきだということで、公選に全力を入れたけれど結果として敗れてしまった。しかし、これには弟にも責任があって、弟がしっかりしていればあんなことにはならなかったと思う」（『岸信介の回想』）と言って、無念を隠しきれない。

田中が豊富な資金をもとに、派内を大量に固めるのをなぜ手をこまねいて見ていたのだ、と言わんばかりである。

福田は明治三十八（一九〇五）年生まれで、大蔵省入省後はイギリス勤務、汪兆銘政権顧問などを務めて主計局長にまで昇った官僚の優等生だった。

一方の田中は大正七（一九一八）年生まれ、福田とは極めて対照的な道を歩んで昇り詰めてきたことはあらためて言うまでもない。

官僚優等生と、「今太閤」とまで言われ、草履取りから這い上がった大将同士の戦争が何年間か続くのだが、その間、岸は田中をどう見ていたのか。

　そもそも若き田中を抜擢して、最初に入閣させたのは岸である。

「なぜ田中さんではいけないのか」と洋子はそのとき父に訊ねている。


「総理というのは、ほかの大臣になるのとは違って、だれでもなれるというものではない。田中は優秀だが、人には向き不向きがある。彼が総理になるようじゃ、日本の国は大変なことになるよ。

　田中は、湯気の出るようなカネに手を突っ込む。そういうのが総理になると、危険な状況をつくりかねない」

（『わたしの安倍晋太郎』）


　岸は娘にそう答えるしかなかった。

　岸の政治哲学は「政治は力であり、カネだ」という一点に集約されるほど、力とカネの均衡を保つことで戦前から今日まで生き抜いてきた。

　ただその際、「カネは濾過したものを使え」という濾過器を用意しておくのが岸流の錬金術なのだ。

田中内閣は中国の国連加盟やニクソン米大統領訪中の直後に成立したという事情もあって、まず日中関係改善に目標が置かれた。

田中は総理就任二ヵ月後には訪中を果たし、日中共同声明を発表するという力の入れようだった。

台湾の蔣介石との親交を結んできた岸にとっては、黙って見過ごしていられない事態だった。

御殿場を朝早く専用車のトヨタ・センチュリーで出発した岸は東名高速から目白通りを目指した。

ついでながら、岸の自家用車は幹事長時代から主にクライスラーかリンカーンだったが、リンカーンはガソリンを食うと言ってクライスラーを主に使っていた。御殿場時代からはさらにセンチュリーに代わった。

さて、目白の田中角栄邸の門をくぐった岸はまっすぐ田中総理の待つ応接室に入った。

同行した堀渉秘書は、そのときの岸と田中のやりとりの模様を記憶している。

最初のうちは「それでですよ、キミは闇将軍などと呼ばれて迷惑がっているけど、ボクなんか妖怪だよ、ひどいもんだ」などと軽口を叩いて笑い声も聞こえていたが、間もなく雰囲気は変わった。

「田中さんがあと二、三日で北京に行くという直前のことでした。私は手前の控え室で待機していたのですが、ふたりとも大きな声だったので何となく分かるんですよ、険悪なくらいの怒鳴るような声でしたから。

ウチの大将は『台湾が国連の代表権を奪われ、北京に代わる。今回はどうか総理が行くのを取りやめてはもらえないか。台湾の立場も考えてくれ』というようなことを言ってましたね。田中さんは『もう、今から変えられない、ダメだ』の一点張りで隣室にいても声の響きでやりとりの凄さは伝わってきました」

堀は防衛省に隣接する「ホテルグランドヒル市ヶ谷」の喫茶室で、昭和四十七（一九七二）年九月に岸が最後まで田中に詰め寄った様子を語ってくれた。

「帰りの岸さんは珍しく肩を落として寂しそうでした」

田中が訪中するらしいと聞くや、岸は直前の九月二十日に東京で緊急日華協力委員会常任委員会を開催し、今後の対策を協議、晩年を迎えていた蔣介石に気配りを示すことを忘れなかった。

蔣介石総統は一九七五（昭和五〇）年に八十九歳で死去するが、それまでの何年間か、総統の誕生日がある十月になると、岸は祝辞を述べに訪台することを欠かすことはなかった。

付け加えておけば、岸は目白の田中邸を自らもう一度訪ねている。

昭和五十八年十月二十八日（中曽根内閣時代）、元首相の田中に対して約五十分間、政局の混迷打開のため議員辞職を強く説得したのだが、田中は遂に首を縦に振らなかった。

潑剌たる最晩年

台北では毎年十月三一日には蔣介石総統の誕生祝いが盛大に催されていた。

訪問客は台北桃園空港と市内中心部の中央付近の丘の上にある一流ホテル「円山ホテル」に宿泊する。

そこには繁華街はもちろん、料亭など何もない場所なので豪華ホテルとはいえ、岸には楽しみがない。

毎年のように、行事が済むとホテルを抜け出し、台北市内まで車を飛ばして遊ぶのだという。

その晩は「円山」には帰らず、「アンバサダー・ホテル」泊まりというのがお定まりだった。

その案内役を仰せつかっていた台湾人の元ホテル支配人が、実は、と言って話してくれたのは、間もなく八十歳になろうかという岸のタフな一夜の内容だった。

戦前、日本人街が華やかだった区画にある料亭に上がると、チャイナドレスの美人が数人席に呼ばれ、にぎやかな宴会が始まる。

台北で一番の美人揃いだという「東雲閣」「美人座」または「五月花」あたりがお気に入りで、同行の仲間とにぎやかな一夜をもうける。

かつて孫文のボディガードを務め、北一輝との交友もあった清水行之助（任俠右翼団体「大行社」設立者）の子息や、矢次一夫などがだいたい一緒だ。

親しい人と会うと必ず握手をしたが、何度会っても岸の掌《てのひら》の柔らかさに驚かない者はいないと、元支配人は自分の掌をさすった。

酒は量を飲まないが座持ちがよく、流しを呼んで、昔の灰田勝彦の「山の人気者」から「武田節」まで、サックスとアコーディオンの伴奏で気持よさそうに歌ったという。

芸妓は五人くらい付いて、夜が更けたその先は個人の問題だから「分からない」のだそうだが、それぞれが芸妓を送って帰るのが慣例だった。

元支配人はもうひと言付け加えた。

翌朝、国民党の新聞局（広報部）担当者に会うと、「岸先生は女性がお好きなんですねえ」と言ったというのだ。

彼の説明によれば、「岸さんをご招待するからには、ちゃんと用意万端整えてある、という意味ではないですか」と言うのだが。

また、岸が台北を訪れた際に幾度も接遇に付き合ったことがあるという台湾の古老で歌人でもある蔡焜燦《さいこんさん》（李登輝民主協会理事長）は、岸に対する台湾政府の神経の使い方は並ではなかった、と今回改めて説明してくれた。

蔡焜燦は司馬遼太郎の『街道をゆく――台湾紀行』の中で「老台北《ラオタイペイ》」として登場し、古い知日家として知られた人物だ。

「ほんの一例に過ぎませんが、岸さんが帰国するときには、蔣介石とともに戦ってきた何応欽《かおうきん》、張群《ちょうぐん》といった最高幹部が必ず飛行場まで見送りに出ます。そしてね、機体が飛び立つ瞬間まで別れを惜しむ姿に、われわれさえ驚いたものでした」

と言う。

北京外交が展開される中で、岸は精一杯の個人外交を台湾に対し示したが、夜の外交の方もなかなか活発だったとの評判も高かった。

「ご高齢になられてから、女性とのコトは大丈夫だったんですか」

としばしば訊ねられたようだ。すると、笑いながらこう答えていたという。

「ナニ、あんなモンはね、ちょっと立てかけておけばいいんでね」

御殿場に「隠居」した岸の表向きの役割は党顧問（昭和五十七年より最高顧問）というだけで、一衆議院議員に過ぎなかった（昭和五十四年の衆議院解散まで）が、死ぬまで自民党内での影響力は衰えを見せず、福田派―安倍派の元老格であると同時に、政界全体のフィクサーとしての役割を果たしていた。

それはこれまで述べてきたように、角福戦争に切歯《せっし》扼腕《やくわん》する一方で、台湾への気配りを欠かさないなど、年齢を感じさせない多忙なスケジュールをびっしりこなしていたことが証明している。

岸のスケジュール表を見れば驚くべきタフさで世界を飛びまわっていたことも分かる。

七十五歳以降で九十歳までの海外出張だけに絞ってみても、台湾、韓国、フィリピンは数知れず、そのほかニクソン大統領に招かれ訪米、西ドイツのシェール大統領訪問、南ベトナム政府公式招待により訪問、国際人口問題議員懇談会会長として中南米訪問、ワシントンでカーター米大統領と会談、レーガン氏（のち大統領）訪問、タイ国王訪問、ワルトハイム国連事務総長訪問、アメリカ、ブラジル訪問（人口と開発に関する西半球国会議員会議出席）といった具合である。

この合間に先に述べたが台湾、韓国などを頻繁に行き来し、国内でのさまざまな記念式典への列席、東京では岸事務所への海外からの賓客の応対など、スケジュール表はびっしりだった。

その間に好きなゴルフ大会にも礼を欠くことがありえないのはもちろんだった。

昭和五十年五月には、すこぶる元気だった佐藤栄作が築地の料亭で財界人と懇談している最中に脳溢血で倒れるという事態が起きた。

佐藤はそのまま昏睡状態が続き、六月三日死去。

七十四歳で急逝した佐藤は日本武道館で国民葬が執り行われ、葬儀委員長は前総理の田中角栄だった。現職総理が岸・佐藤と縁の薄い三木武夫だったことからの人選と思われる。

岸の背中

弟を亡くして五年経った昭和五十五（一九八〇）年六月十四日、今度は長い人生を連れ添ってきた妻の良子に心不全で先立たれた。

大正四年、良子が十四歳、信介十八歳の「事実婚」生活がふたりのスタートだった。

七十九年の生涯だったが、そのうちの「六十五年のともに過ごした時間が一挙に空白になるような気がした」と岸は語っている。

良子がいない岸家というのを、岸は果たして想像したことがあっただろうか。

佐藤の家から岸家への養子が決まったのは信介十五歳の折りであり、その後、実際に同居を始めて「数年起居をともにした」ふたりは、かなり若くして結婚生活に入った。

その間、良子の母・チヨを引き取ってともに暮らしながら岸家を再興し、天下を取った。

それも考えてみれば一族繁栄の期待を背負ってのことであった。

養子先の家運を傾けてはならない、佐藤家にひけを取ってはいけない、と負けず嫌いだった彼が思わないはずがない。

人生のこれまでの中で「養子」でなかった時間というのは、記憶も薄い幼児のころだけといってても差し支えないほどなのだ。

親しく家族で付き合っていた福田派（清和会）担当の新聞記者の話がある。

「夕食でもどうだ」と、御殿場へ呼ばれて訪ねたが岸のゴルフ帰りが少し遅れたので、良子とふたりで取り寄せた寿司を先につまんでいた。

そこへ岸が慌てて帰宅したのはいいが、

「ああ、ハラが減った」

と言って、いきなりテーブルに並べられた寿司桶から寿司を手でつまもうとした瞬間、良子のぴしっとした声が飛んだ。

「のぶサン、手を洗うのが先でしょ」

そう言われた岸は子供のようにきまり悪そうな顔をしてすごすごと手を洗いに行ったとい

う。

仲のいい普通の夫婦のやりとり、と思えば気にすることもないが、どこかに良子に対する心理的な遠慮が岸にはやはりあったのではないだろうか。

強権だの巨魁だのと言われた面とは裏腹に、両岸とも八方美人とも言われ、摑みどころのない性格が岸の特質と言われた。

ごく若いときからの養子生活によって育まれた精神の柔構造が、彼の強靱さをひときわ絢爛たるものに仕上げた可能性は否定できない。

洋子が見てきた父親の日常の一端には、いつも旅行に出るという前の晩に、身の回りの細々した物を自分で鞄に詰める姿が目に焼き付いている、と語っている。

実母の茂世が厳しい躾をしたからとも考えられるが、結婚して、総理になっても妻に身の回りのことで世話にならない、あるいは、なりたくない日常、というのはやはり養子ゆえに身についた慣性としか言いようがない。

座敷で畳の上に洗面用具などを広げ、下着を畳んで鞄に入れる岸の背中にこそ真の強さが潜んでいたのだ。

良子が逝って二、三年経った昭和五十七、八年ごろの話である。

通い詰めていた仲だった赤坂の元芸者「お玉さん」こと末広かねが亡くなった。岸が彼女のために置屋「玉村」を赤坂に出させたので、蔭で「お玉さん」と呼ばれるようになった女性である。

巣鴨に下獄する岸をいつまでも待つと心に決め「もう、私には岸さんしかいないんです。どんなことがあってもついていきます」と健気な決意を秘めてきた芸妓の通夜の席に、岸が現れた。

場所は赤坂の華やかな料亭が並ぶ細い通りから少し奥まった屋敷町にある彼女の自宅だった。

通夜式が執り行われる間、八十七、八歳になる岸は、お玉さんの遺影の額を両手で抱えたまま長いことじっと立っていた。

「家の裏側が土手のような崖になっていて、そこからカメラマンが忍び込んで写真を撮られましたが、大将は動じませんでした。弔問客と一緒に静かにお玉さんをお見送りしていました」

堀渉は傍についていて、岸の毅然とした態度に感心したものだと言う。

遺影を抱いて葬儀に参列したことは、安倍晋三も安倍洋子も今は隠さない。

それを含めてすべてが岸信介だということを、皆が承知しているからだろう。

浜田麻記子「隠し子」騒動

「あれは昭和四十五年の夏だったように思うんです。ちょうど七〇年アンポの自動延長が済んだころで、大阪万博真っ最中だったと記憶しているから。今は工事中で閉鎖になっている赤坂プリンス・ホテルの旧館ね、例の李王家のお屋敷跡だったところに当時は『紀尾井会』と名乗っていた福田派が部屋を借りて事務所にしていた。その後『清和会』となるんだが、その部屋にね、植竹春彦サンといって参議院議員の古株がひとりのお嬢さんを連れて来て、『マキコっていうんだが、ワシの姪でね。今度ワシの秘書になるんで、まあよろしく頼む』って紹介したんですが、そのとき居合わせた議員連中の顔が一瞬固まったのをはっきり覚えています」

そう思い出を語るのは、当時テレビ局の政治部記者で福田派を担当していた河田一計（仮名）である。

居並ぶ議員たちがどうして「固まった」かと言えば、その「マキコ」なる植竹議員の姪の顔があまりに岸に似ているナ、と誰もが感じたからだった。

河田元記者は続けて言う。

「顔がどこか似ている、という程度ならそんなに全員が一度に固まりませんよ。まず、叔父である植竹に似ているとも思えない上に、岸さんに全体像が似ていて、さらに岸の娘さんの安倍晋太郎夫人、洋子さんにも似ていると私なんかは思ったんです。だから、世の中には似ている人というのがいるもんだな、と」

やがて河田は、「マキコ」が実は結婚しており、浜田麻記子（仕事などでは「マキ子」を使用）が本名で、植竹春彦の本当の姪にあたることは事実だと分かる。

いよいよその浜田麻記子が植竹の秘書として度々赤坂プリンスに現れるようになると、どうしても彼女の細々した特徴が岸に似ていると、噂を呼ぶようになった。

岸は言うまでもないが、この福田派の事実上のオーナーで、植竹は第二次岸改造内閣で郵政大臣（昭和三十四年）に就いたことのある参議院の古参だった。

清和会の議員たちがなによりも驚いたのは、植竹の新人秘書に過ぎない彼女が赤坂プリンスの清和会事務所に現れると、なんと福田赳夫の対応が違ったのだという。

浜田麻記子に対する、領袖《りょうしゅう》福田の言葉遣いから応接にいたるまでの待遇が並ではなかったのだ。

その一瞬を目の当たりにしたほかの議員たちの驚きようはなかった。

いくら植竹が古参とはいえ、その姪を福田がそのように特別扱いをする必要はまったくない。

「これは岸サンの隠し娘以外に考えられない」、さらに下世話ながら「きっと、新橋あたりの芸者に生ませたに相違《ご》ない」と小さな声で伝わるようになった。

人の口に戸は立てられないというが、それもむべなるかなだった。

なにしろ背丈がすっと高く、色白の美人という点は洋子にそっくり。

毅然とした性格や物腰も似ているが、何といっても目鼻だち、あごのあたりの細さ、横顔とどこをとっても血が通い合っているといわれても不思議はないと誰もが思えた。

時代は第三次佐藤内閣、福田は大蔵大臣の要職にあり、田中角栄が自民党幹事長職にあった。

ちょうど怨念の角福戦争が、水面下で激しい火花を散らし始めていた時期にあたる。

長期安定政権を維持してきた佐藤は、岸が望んで派閥を継承させた福田への総裁禅譲を考慮してはいたが、幹事長や内閣で要職を歴任した田中は自力で総裁を狙えるだけの軍勢を揃えつつあった。

多数派工作などをあまり得意としない福田の性格もあって、福田はこの夏から二年後、田中に苦杯を喫する。

浜田麻記子はその後、一般的には夫の衆議院議員浜田卓二郎の妻として、さらには夫が立候補した選挙区（埼玉一区）に隣接する選挙区（埼玉五区）から無所属で総選挙に出て、夫との政策の違いを舌戦で繰り広げたりしたことで有権者の耳目を集め、名前が広まるようになる。

だが、こうした選挙活動中なぜか「岸の隠し娘」説はほとんど表面化せず、いつの間にか噂は沈静化し、あるいは消え去ったかに思われていた。

ところが、噂は噂として完全に消滅することはなく、近年になって再び浮上した。

ただ、分かりにくいのは、岸の「隠し娘」が、なぜ植竹春彦の姪なのか、という点だった。本人にとってそのような噂は決して望むこととは言えず、はた迷惑な側面が多々あるかもしれない。

だが、彼女の出生には奇妙な幾つかの謎があることは事実で、岸の生涯という視点からも検証を欠かすわけにはいかない面もある。

麻記子は昭和十七年三月十九日に東京都文京区で、「父・藤井政雄、母・操の長女として生まれた」ことになっている。

生まれたときの戸籍名では「槇子」となっていたのだが、すぐに改名され「麻記子」となった。

藤井麻記子が生まれたころ、父親は一種の軍需産業として鉛管などの生産工場を経営していたが、戦後は冷凍冷蔵会社を経営する実業家だった。

ひとり娘として清明学園初等科から森村学園へ進み、高校卒業までなに不自由のない毎日を過ごしていた。

その彼女が出自に異変を感じたのは卒業と同時に日本航空のスチュワーデス試験を受けようとしたときだった。

そのとき初めて日航のスチュワーデスは高卒にも受験させた。受験のために戸籍を取り寄せたところ、「養女」と記されている文字を目にして、強いショックを受けたのだ。

その夜、麻記子は両親の前で、本当のことを話してくれるよう真剣に頼んだ。

よく考えてみれば、両親に似ているとも思われず、両親ともにあまりに年をとりすぎていたのだが、これまでは家庭内の幸福感もあったからだろう、なにも気にならずにここまで生きてきた。

考えてみれば、父の政雄は自分が生まれた昭和十七年には五十二歳になっており、母の操は四十二歳だった。

子供時代には「ほかの友達の親より、ずいぶん年寄りだな」くらいにしか思いはしなかったが、よく考えてみればおかしかった。

「本当のことを教えてください」

問い詰めたとき父は、

「それはナイのだ。そういうことは聞かないことになっているんだ」

の一点張りで、それ以上はなにも返ってはこなかった。母にしても同じである。

「それはナイ」とは何なのか。返答にもなってはいないが、そのときに麻記子は覚悟を決めた。

「この問題をこれ以上生涯にわたって追究するのを止めよう」

そう思って、養女の件はしばらく麻記子の頭の中からも消し去られていた。


藤井麻記子は当時としては花の日航に入社しながら、スチュワーデスの実習期間を十ヵ月だけ体験するとさっと退社してしまう。

理由は東京大学へ入りたくなって、受験勉強をするためだった、という。

いかにも珍しいケースと思われるが、なんでも北海道千歳への実習フライトの帰路、機内で東大の茅誠司学長と知り合うきっかけがあり、「大学の四年間のアソビっていいものだよ」と言われた言葉が彼女を決意させたのだという。

受験までは一、二ヵ月しかなかったが、茅誠司のひと言がよほど効いたのか合格する。

その後の麻記子の人生を細かく追うのは省かざるを得ないが、東大の史学科を卒業後は先に述べたように叔父・植竹春彦の秘書となって各界に知り合いが増えた。

結婚したのは昭和四十年で、東大同窓生で大蔵省に入省したばかりの浜田卓二郎と結婚し、長男をもうけた。

ついでながら付け加えれば、平成二年、ハーバード大学から外交フェローの資格を受けている。特別研究員といった称号だろうか。

さて、問題は叔父の植竹である。

植竹春彦は麻記子の養父・藤井政雄の十三人いる兄弟の一番下の弟で、明治三十一（一八九八）年生まれだった。

十三人の一番上だけが女子で、あと十二人がすべて男子という家系だった。

一番年下だった春彦叔父は藤井家から縁あって植竹家に養子として入った。植竹家は栃木県の実業家で、東野鉄道の創業家である。

岸内閣で入閣したしたことは先に触れたが、岸が会長だった「自主憲法期成議員同盟」の理事長を最晩年まで務め、昭和六十三（一九八八）年、九十歳で死去している。

養子に入った春男には長男・繁雄が生まれており、植竹繁雄は自民党で衆議院議員当選五回、平成二十四（二〇一二）年二月、八十一歳で癌のため死去した。

もうひとり、紹介しなければならない伯父がいる。

男兄弟の総領で藤井實《みのる》といい、明治十三年に生まれ、東京帝大へ進み明治三十九年、第十五回外交官試験に合格した人物である。

同期の外交官試験合格者には、広田弘毅、吉田茂、林久治郎、武者小路公共などの名が並ぶ。

余談ながら、その藤井實の生涯の功績には外交官としての活躍以外に、東大時代に百メートルを10秒24で走り、日本初の世界記録保持者になったほか、棒高跳びで世界記録3メートル90を作るなど、アスリートとしても名が残っている。

藤井實は、当然だが吉田茂と昵懇だった。

終戦後も芝のかつて水交社だったメソニック・クラブの、山本五十六などが出入りして飲んでいた部屋で、しじゅうふたりは会って飲み交わしていたという。

そこで、いよいよ「麻記子の謎」の本題に入る。

「本当にそうなら嬉しい」

謎Ｉ　「芝アカデミー」名誉会長

浜田麻記子が最初に岸に会ったのは、昭和四十八（一九七三）年、三十一歳のときである。

叔父の植竹が岸に引き合わせ、「私の姪ですがよろしく」と紹介された。三年ほど前から岸自身がオーナーの「清和会」内で噂に上っていたというのだから、本当に岸が何も知らずに会ったとは思いにくい。

それまではいいとして、さらに驚いたことには、その日植竹と麻記子は岸に特別の頼み事があったのだ。

植竹が口を開いた。

「実は、麻記子が言うには『これからの女性にはきちんとしたマナー教育が必要だと。戦後教育に一番欠けているものですが、言葉遣いから挨拶の仕方、そのほか教えることはたくさんあります。そういう花嫁学校を設立したい』と申しまして、岸先生のお力添えをお願いに上がりました」

考えてみれば植竹にも養子としての苦労があり、岸にそれとなく相談したり、逆に岸の苦労話の聞き役に徹してここまできたのかもしれない。

機嫌良く話を聞き終わった岸は、この趣旨にふたつ返事で賛同し、マナー学校の名誉会長に就任すると快諾したのである。

かくしてフィニシングスクール、つまり教養学校という精神から「芝アカデミー」と名付けられた麻記子の学校は、昭和四十八年に設立された。

名誉会長岸信介、会長植竹春彦、学長は三十一歳の浜田麻記子で発足したのだが、世間から見れば、岸が何らかの資金援助をしたに違いない、と思われたのもやむを得まい。夫が大蔵官僚エリートとはいえ、資金をつぎ込めるとは思えない。

この学校の教師は知り合いの大使夫人などによるボランティアで、すべて生徒の月謝だけで経営していた、と本人は語るが、にわかには信じがたいところが第一の謎なのだ。

謎Ⅱ　浜田卓二郎の選挙応援

浜田卓二郎が大蔵省主計局でも、若くして将来を嘱望されていた官僚だったことはそのとおりだと言われている。

その浜田が突如、退官して、地縁も何もない埼玉県一区（旧中選挙区）から衆議院総選挙に出馬したのは昭和五十四（一九七九）年十月だった。

浜田夫妻は東京から浦和に転居してはいたが、生まれ育ったのが麻記子は東京、浜田にいたっては鹿児島生まれの神奈川県横須賀育ちという環境である。

それでも自民党公認が取れ、いよいよ選挙戦に突入したが苦戦はまぬがれず、困っていたら、なんとそこへ元総理岸信介が応援演説に駆けつけて来たのである。

元総理はこの総選挙からは地盤を後輩に渡して退役した身で、体が空いたのかもしれないがそれでも八十三歳になっていた。

浦和から蕨市にかけて高齢にもかかわらず麻記子の夫の初陣のために声を嗄《か》らしたのだった。常識的には考えにくい応援演説風景であることは間違いない。

この総選挙で浜田は次点に泣いたが、すぐ翌年の第三十六回衆参同日選挙の際には同じ埼玉一区から初当選を果たしている。

この岸自身が駆けつけた選挙応援は、第二の謎に匹敵する。

謎Ⅲ　麻記子と洋子の仲

麻記子本人はこの「噂話」を否定したことはない。もちろん、自分から積極的に言い回るような言動をすることはありえないが、人に問われて「いいえ、違います」とは言わない。

安倍家や岸家側ではどう対応しているのだろうか、気になるところである。

そこで、噂が真実なら義理とはいえ「叔母・甥」の関係となる安倍晋三にもインタビューしてみた。

回答は次のような内容だった。

問――お爺様にはお玉さんはいらしても、そのほかにお子さんはあとから現れなかったのですね。

安倍　そこは意図的に、遊んでも子供は作らないようにしていた、という話ですよ。

問――浜田麻記子さんが岸さんの娘ではないか、という噂がありますが。

安倍　ありましたね。ただしね、親父（注・安倍晋太郎）なんかは誰かに「お前の義妹《いもうと》じゃないのか」なんて冗談で言われると、凄く怒っていましたけどね。祖父にそういう噂が出たとき、あの夫妻をすごく可愛がっていましたから。麻記子さんと母とはとても仲がいいんですよ。

岸の長女・安倍洋子はどうか。もしこの噂が真実なら、母違いの妹がいたことになる。

問――お父上には外に隠し子がおられた、実は浜田麻記子さんがそうではないか、というお話があるのですが。

洋子　そのことは聞いたことがあります。週刊誌なんかにもずいぶん書かれましたからね。まさかご本人にお聞きしたことはありませんが。

問――洋子様とも仲がよろしくて、お付き合いもあるとうかがいますが。

洋子　あの方は絶対そうじゃないんですけれどね。私も書道なんかでご一緒したりはしておりますよ。

否定するにしても「そうじゃないと思う」という以外に、こういう問題は決定的な証拠があるわけではない。

だから、双方とも曖昧な部分が残りながらも、ある距離を保って「いい関係」で過ごしているように思われた。

現在、浜田麻記子はシアター・テレビジョン社長（平成二十年十月以降）で、そこが活動拠点となっているが、そのスカパー・テレビ局の番組にも安倍晋三はときおり出演している。

浜田麻記子本人に直接この件を質すと、にこやかに、しかしきっぱりと次のように話してくれた。

「岸さんのことは『岸先生』とお呼びしていました。先生は私のことは『マキ子クン』か『お前』でしたね。

もしその噂が本当なら、光栄ですが、残念ながら違うようです。洋子夫人はすばらしい方で私のお手本と仰いでおります。以前、エーゲ海クルーズをご一緒したこともありますし、お宅へお邪魔することもありますが、こんな噂のためにかえって遠慮して控えています。

岸先生に対して直感的に感じたのは、どの方よりもモノの見方や感じ方が私の感性とぴったりで、尊敬する以上に大好きでした」

と、否定はしない。

ただし、次のような言葉を継いで、敢えて自制するような口調で終わらせた。

「養父母から養女だった話を聞かされたときからでしょうか、私はどこかで『我』を棄てようとして生きてきたつもりです。自分の力だけで生きているんじゃないと、なにか別の力によって生かされているのかもしれないと思っています。

もう、このハナシ、いいじゃないですか。私はどこか天からポンと降って生まれたんです。記憶も消し去っておきます」


長い「騒動記」になった。

人の出自に関わる真偽とは、そもそもそれほど明らかに証明できるものではないだろう。

断っておくが、これから先はあくまでも筆者の想像に過ぎない。

昭和十七年三月十九日生まれ、ということは巷間下世話に言われている「新橋の芸妓」にせよ、別の女性であるにせよ、昭和十六年五月末から六月中旬までには妊娠していないと計算が合わない。

そこで、戦前を思い出していただきたい。

岸は十六年一月に近衛内閣にあって小林一三との喧嘩がもとで商工省次官を辞任し、しばらく閑居の末、四月から気ままな中国・満州旅行を七月初めまで愉しんでいる（第三章参照）。

肝心の期間、岸は日本に不在だったが、もう一度前出の「断想録」を注意深く見直してみよう。

「独り旅の日程に縛られぬ、又、特別の目的もなき遊山旅行で、すこぶる愉快であつた」

と、手放しの喜びようだった。

仕事から解放され、家族から、いや妻の目からも自由になれたひとときは、岸の生涯の中でも極めて異例な時間だったのではないだろうか。

岸の旅は奥地の北支から満州、ウイグル地区にまで及ぶのだが、入り口は大連である。

「昭和十四年秋、大連埠頭に別れてから一年半振りの再遊である」と「断想録」にあるが、岸は勝手知ったる大連に単身遊んだのだろうか。

四月末日本を発った岸は、何日かあとの船で「馴染みの女性」を呼んでいた可能性はないだろうか。

むしろ、そう考えた方が「特別の目的もなき遊山旅行で、すこぶる愉快だった」理由が判然としてくるように思える。

女性とは大連で旬日ほど遊び、誰か知り合いの帰国に彼女をそれとなく託して別れ、岸は大連から奉天、新京へと向かった――。

それならば、生まれ月がぴったり符合する。

証拠のない想像が膨らむが、歴史とはしばしば想像力から生まれるものだ。

十七年三月に生まれた女の子はいったん藤井實の籍に入れられ、「槇子」と名付けられたのだろう。

やがて、弟・政雄が結婚した際に、改めて養女として政雄夫婦の戸籍に入籍されたのだ。戸籍の原簿に生んだ母親の氏名が記載されていない、と本人は語った。

だとすれば、いったん伯父の籍に入れて生母を特定できなくしてから動かしたとしても不自然ではない。

戦後になって、伯父・藤井實は吉田茂に相談したかもしれない。そこで吉田が知恵を絞ったのは、岸に近い植竹春彦によって、しかるべきときがきたら娘を会わせる手立てだったのではあるまいか。

とにかく、麻記子は藤井實によって政雄と操の養女となり、植竹春彦叔父の手に委ねられて、岸と再会を果たす。再会とはいわず、初対面だったかもしれない。

そうでなくて、いきなりあのような別格の支援を岸が買って出るのは不可解だと、多くの人が思うのも故なしとしない。

それでも以上は筆者の勝手な想像であり、最終的な真相はなお藪の中である。

ただ、浜田麻記子本人が「もし、岸先生の娘だったら、そんなに嬉しいことはない」と心底思っていることだけは事実である。

家郷の土に

国家神道を推進すべく明治初年に設立された皇學館が創立百年を迎えた折り、同大学総長を引き受けていた岸は伊勢神宮で行われた記念式典に出席した。

昭和五十七年四月だった。岸は八十五歳。

その日、高松宮同妃両殿下もご臨席となったので、帰京するや岸はさっそく宮邸に御礼のご挨拶に参上した。

高松宮はご機嫌うるわしく、岸に会うなりこう挨拶された。

「岸さんは、日頃から義理を欠け、義理を欠けと言われていると聞いていますが、なかなか義理は欠けないもんですねえ」

岸は苦笑いして、「殿下、今日は義理で参上したのではございません」と述べるのがやっとで、汗をかいていたと付き添った堀秘書が言う。

「義理を欠け」と日ごろから言うわりには、最晩年まで岸は義理堅かった。とりわけ病気見舞いや葬儀を欠かしたことはない。

八十九歳になる年の三月、岸は田中六助代議士の党葬に出席し、そのまま田中角栄を東京逓信病院に見舞っている。

五月には三木武吉の墓参りに高松まで出掛けた。

翌年、九十歳になる年は昭和六十一（一九八六）年だが、七月の暑い日に入院している三木武夫を見舞った。

かつて、自分が入院したときには、「三木の見舞いだけは追い返せ」と威勢がよかった岸も、すっかり枯れたのか、政敵三木武夫を病床で励ました。

表だって岸が出掛けたのはその直後の九月に行われた「蔣介石先生の遺徳を偲ぶ夕べ」への出席が最後だった。

御殿場では杖を使ってよく散歩をする姿が見られたというが、出掛けるときは車椅子を使うことが多くなっていた。

御殿場の屋敷では、必ず傍に岡嶋慶子が付き添って足下に気を配っていた。

岡嶋慶子は岸と同じ山口生まれで、高校を出るとすぐにそのまま岸家のお手伝いに入ったという。

いまは安倍洋子の傍で働いているが、双子の姉妹の妹だという岡嶋慶子がいないと、岸、安倍の両家にまつわる長い戦後の細部は分からない。

その岡嶋慶子から急ぎの連絡が入った。

岸が風邪をこじらせ、自宅では危ないからと緊急入院の手続きが取られたのは昭和六十一(一九八六)年十月二十七日だった。

東京女子医大へいったん入院したが、年明けの一月十四日、東京医科大学病院へ転院した。岸が病床にあった昭和六十二年の五月から六月にかけて、安倍家では長男・寛信と次男・晋三の結婚式があいついでにぎにぎしく執り行われた。

寛和の新婦はウシオ電機会長牛尾次朗の長女・幸子、晋三の新婦は森永製菓社長松崎昭雄の長女・昭恵である。

「閨閥ではない」とはいっても世間一般からみれば閨閥の繁栄には違いない。

花婿の母親・洋子は当時のあわただしさを次のように記しつつも、閨閥という言葉には強い不快の念を表している。

「じつはその以前に、どちらかの式を先に延ばそうかという案もあったのですが、わたくしの父の容体があまりよくない時期でございましたから、結婚式の後にお葬式はできるけど、いくらなんでもお葬式の翌日に孫の結婚式はできないという判断で、あわただしかったのですがバタバタと話を決めたのです。——息子二人の結婚については、マスコミによって閨閥づくり、政略結婚という報道がなされました。この報道については、いつものことながら勝手な想像を働かせた無責任なものだと、怒りを感じるよりも、あきれてしまうのです」

（『わたしの安倍晋太郎』）

確かにふた組ともに何年かの交際期間を通じての恋愛結婚であり、権力志向そのものをあからさまにした閨閥化ではないだろう。それは礼を欠く、というのも理解できる。

だが、佐藤家、岸家、安倍家の家系図と同じような系図を、由緒あるヨーロッパの家庭などでは「ファミリー・ツリー」といい、図を描いて繁栄を誇りにするのは常識でもある。日本にもそうしたツリーの枝が大きく茂るような一族があるのだと考えれば、逆に誇ってもいいのではないだろうか。

閨閥に加わってくれた安倍晋太郎の行く末を、その岳父は終生気に掛けていた。

特に晩年は、人に会えば「安倍をよろしく頼むよ」というのが口癖になっていたほどである。

それほどに安倍晋太郎への期待感が高かったのは、憲法改正をやり遂げられるのは、もう彼しかいないと信じていたからだろう。

その安倍も岳父の遺志を継ぐことなく、四年後の平成三（一九九一）年五月、膵臓癌のため享年六十七で死去する。


岸の闘病生活は約九ヵ月あまりで、苦しむようなこともあまりなく、むしろ平静な最期だった。

夜になると、不思議なことに昔の細かなことがしきりに思い出される。

幼いころに祖母から聞かされた狐にばかされる怖い話や、お坊さんのぼてぼてとふうふうの餅焼きの話などが、きりもなく頭の中を駆け巡るのだった。

世話になった松介叔父が、元気で岡山の医学校で働いていて、よちよち歩きの寛子や兄弟姉妹が岸のベッドの回りにいるように浮かんでは消えた。

朝になって、びっしょり汗をかいて起きると、本物の佐藤寛子がベッドの脇に立っていた。

「義兄《にい》さん、弱気を出しちゃダメよ。頑張るのよ！」

大阪駅で握り飯を渡してくれた、あの力強い声だった。

幼くて、まだ岸の背中におぶさっていた寛子が横にいて、岸の手をしっかり握っていた。

その佐藤寛子は昭和六十二年四月、岸より四ヵ月早く、くも膜下出血で急逝してしまう。寛子の急死などとても話すわけにはいかず、家族は病室のテレビを消していたという。

昭和六十二年八月五日、岸は肺炎を併発し、七日朝になって容体が急変する。岸信和夫妻、安倍晋太郎夫妻ら親族が駆けつけて見守る中、十五時四十一分心不全のため静かにみまかった。

「アンポ、反対！」の怒号の中で悠然と膝に乗せて遊び相手をした孫たちの祝宴には出席できなかったが、その代わり日取りの迷惑もかけなかった。

九十歳と九ヵ月の天寿といえる生涯だった。

通夜式は八月十日夕刻から、翌日、岸家の葬儀が、喪主岸信和、葬儀委員長福田赳夫の名で芝・増上寺で執り行われた。

これとは別に九月十七日午後、「故岸信介　内閣・自由民主党合同葬儀」が中曽根首相を葬儀委員長として東京・北の丸公園の武道館で営まれた。

同年九月二十三日には、郷里の山口県田布施町主催による法要が行われ、読経の声が山河に流れた。

ちょうど秋の彼岸を迎えており、岸の生国は幼いころに走り回ったのと同じ風景の中で稲刈りなど農作業が始まっていた。

遺骨は岸家の墓所に埋葬（富士霊園分骨）され、家郷の土となって永眠したのである。

四歳半若かった昭和天皇が崩御したのは、岸の死から二年半ほど経った正月七日であった。

先の戦争を挟んで、ふたりは歴史の中で幾度か交差し、共通する生涯を歩んだ。

昭和天皇の祖父・明治天皇を江戸に迎え、討幕運動と維新の新体制を築いた勢力は岸の祖父たち長州人だった。

岸もまたその足跡を追いながら、昭和天皇の時代を生き、ここに終焉を迎えた。

誰も真似することのできない「悪運」に恵まれたひとつの星が、西の夕空に燦然《さんぜん》と輝いて見える。

あとがき　「絶対の器」

わたしは掌《てのひら》の中でその器を両手で包み込んでみたり、ぐるりと回してはためつすがめつ感触を確かめてみた。

長州の名工が焼いたといわれるこの器は、見る角度によって彩色も形も変わるので、人によって長いこと評価にはブレがあった。

岸信介というこの器は、不思議なことに焼き上がりに艶はあるが、手触りには粗めで野趣なおもむきが残る。

どうも床の間などに飾って眺めるものではなく、普段使いの日常雑器として食器棚の一番手前に置いておくのがわたしには似合った。

回りくどい言い方をしたかもしれないが、岸信介という器と向き合ってきたこの間は、実生活に欠かせない必需品のような利便性と美学が共存した器だと実感して過ごしてきた。

実用性とは、国家の独立や尊厳や国民の生命と安全を守る意志である。

美学とは、この国の伝統的な美しい慣習や長い文化の歴史を伝え教える意識であろうか。

その両方を兼ね備えた政治家としての器量が、彼の生涯を追えば追うほど浮かび上がってきたのは望外の幸せでもあった。

岸は長州に生まれ、政治環境としては極めて恵まれた家郷に育ち、複雑でありながら淘汰され純化された血統を引き継いで昭和を奔り抜けた。

その点から見ればサラブレッドの名馬がダービーをはじめ、あらゆる重賞レースに優勝するさまにもたとえられようが、わたしには最初に申し上げたような荒々しくも優雅な器の方が岸の姿を映していると感じられる。

あたかも登り窯の中で、釉薬《ゆうやく》の変化、すなわち窯変《ようへん》を経たかのように火変わりした岸の生涯は、ほかに類を見ないほど破格の完成度に達した。

登り窯とは、山麓の傾斜の土中に築かれた火焔のトンネルだが、それは国家が出くわす幾多の国難の道だともいえる。


東条内閣の閣僚でA級戦犯容疑者となった岸は、戦後は一転、敵国アメリカと深い親交を結び、新安保条約を締結した。

そこに共産主義への強い警戒心があったのは周知の事実だ。岸の難しいところは、それでは単純に親米で米国追従派かというとそうでもないところだ。

むしろ片務性の強い安保条約を改正させる、対米是々非々論者だった。

元来、岸の根っこには国粋主義や愛国主義があったし、天皇を中心とした伝統的な日本主義が揺るぎない軸をなしていた。

岸という器鑑定に難儀をしたのは、柔と剛、繊細さと剛胆さ、右と左、という具合に相反する要素を併せ持っていたためだろう。

つまり、まれに見る複雑な地肌、形状の大器だった。

わたしの勝手な推測によれば、思春期にして婿養子入りし、同世代の朋輩のように男女の恋愛経験を持たなかったことも関係するように思える。

一高から東大、そして少壮官僚のころには、仲間とともに遊里や花街へ出入りをするようになったにせよ、養子である「身分」は常に衣紋掛けのように肩にひっ掛かっていた。

それでも岸自身は柔軟でしたたかな頭脳で、家庭を大事にする役割も十分に演じきった。

そこが政治で言えば、両岸だの、八方美人だのと言われるゆえんでもあり、裏返せば権謀術数にもつながった。

だが、国民が欲しているのは小綺麗なだけの小市民的な「いい人」ぶりではなく、国民国家の生命と安全の保障である。

ＧＨＱに一方的に従うだけの終戦直後の政治手法を一変し、強行採決という豪腕な手段をもって国家の分岐点を決した六〇年安保はその好例だった。

「やることはやる」とは、そういうことを指すのだという、見本ではないか。

そんな総理がいたからこそ、いまの日本の安寧が守られている事実だけは忘れてはならないだろう。

まれに見る器、別格の器をわたしは自分なりに「絶対の器」と名付けてみた。

「絶対の器」でなければこの国のリーダーになってはいけないのだと、筆を進めながら強く思った。そういう器になるには「悪運」という運もついていなければ駄目だということも。

そんな器に出会え、その九十年をたどれたことは実に幸せな時間だった。

岸信介が繁茂させた後継政治家たちの、そのまた枝の先から、新しい芽が吹き出すことを心から祈ってつたない筆を擱《お》きたい。

その時間を与えて下さったのは、幻冬舎社長見城徹氏と編集局の大島加奈子さんである。

あらためてそのご尽力に御礼を申しあげたい。

平成二十四年八月

工藤美代子

参考文献（順不同）

岸信介、矢次一夫、伊藤隆『岸信介の回想』文藝春秋、一九八一年
岸信介『岸信介回顧録――保守合同と安保改定』廣済堂出版、一九八三年
岸信介『我が青春――生い立ちの記　思い出の記』廣済堂出版、一九八三年
日本経済新聞社編『私の履歴書』（第8集）日本経済新聞社、一九五九年
原彬久編『岸信介証言録』毎日新聞社、二〇〇三年
原彬久『岸信介――権勢の政治家――』岩波新書、一九九五年
河野一郎『今だから話そう』春陽堂書店、一九五八年
安倍洋子『わたしの安倍晋太郎』ネスコ、一九九二年
佐藤榮作『佐藤榮作日記』（第一巻）朝日新聞社、一九九八年
佐藤寛子『佐藤寛子の「宰相夫人秘録」』朝日新聞社、一九七四年
佐藤早苗『佐藤寛子　泣いて笑って』山手書房、一九八四年
岩見隆夫『昭和の妖怪　岸信介』朝日ソノラマ、一九九四年
岩川隆『巨魁　岸信介研究』ダイヤモンド社、一九七七年

吉本重義『岸信介伝』東洋書館、一九五七年
岸信介伝記編纂委員会『人間　岸信介』一九八九年
矢次一夫『昭和動乱私史』（上、中、下）経済往来社、一九七一～七三年
矢次一夫『政変昭和秘史』（上、下）サンケイ出版、一九七九年
矢次一夫『東條英機とその時代』三天書房、一九八〇年
矢次一夫『天皇・嵐の中の五十年』原書房、一九八一年
伊藤隆、廣橋眞光、片島紀男編『東條内閣総理大臣機密記録』東京大学出版会、一九九〇年
木戸幸一『木戸幸一日記』（下）東京大学出版会、一九六六年
細川護貞『細川日記』（下）中公文庫、二〇〇二年
山田風太郎『戦中派虫けら日記』ちくま文庫、一九九八年
武藤富男『私と満州国』文藝春秋、一九八八年
古海忠之『忘れ得ぬ満洲国』経済往来社、一九七八年
星野直樹『見果てぬ夢』ダイヤモンド社、一九六三年
片倉衷、古海忠之『挫折した理想国――満洲国興亡の真相――』現代ブック社、一九六七年
吉野信次『おもかじとりかじ』通商産業研究社、一九六二年
小林一三『小林一三全集』（第七巻）ダイヤモンド社、一九六二年
東條英機刊行会、上法快男編『東條英機』芙蓉書房出版、一九七四年

佐藤隆也編『東條内閣総理大臣機密記録』東京大学出版会、二〇〇五年
服部卓四郎『大東亜戦争全史』原書房、一九六五年
武藤章『比島から巣鴨へ』中公文庫、二〇〇八年
秦郁彦『昭和史の謎を追う』（上）文春文庫、一九九九年
山際澄夫『安倍晋三物語』恒文社21、二〇〇三年
櫻洋一郎著、笹川良一述『巣鴨の表情』非売品、一九九五年
児玉誉士夫『悪政・銃声・乱世』廣済堂出版、一九七四年
粟屋憲太郎『東京裁判への道』（上、下）講談社、二〇〇六年
粟屋憲太郎、吉田裕編『国際検察局（IPS）尋問調書』日本図書センター、一九九三年
皇室皇族聖鑑刊行会編『皇室皇族聖鑑』（大正篇）皇室皇族聖鑑刊行会、一九三三年
寺崎英成、マリコ・テラサキ・ミラー編著『昭和天皇独白録　寺崎英成御用掛日記』文藝春秋、一九九一
上之郷利昭『教祖誕生』新潮社、一九八七年
赤城宗徳、鈴木孝信編『記者席からみた国会十年の側面史』サンケイ新聞社出版局、一九六九年
池田純久『日本の曲り角』千城出版、一九六八年
大蔵省財政史室編『渡辺武日記』東洋経済新報社、一九八三年

大佛次郎『大佛次郎敗戦日記』草思社、一九九五年
青木冨貴子『昭和天皇とワシントンを結んだ男』新潮社、二〇一一年
ジョセフ・C・グルー著、石川欣一訳『滞日十年――日記・公文書・私文書に基く記録』毎日新聞社、一九四八年
ドワイト・D・アイゼンハワー著、仲晃、佐々木謙一、渡辺靖訳『アイゼンハワー回顧録』(第2)みすず書房、一九六八年
ティム・ワイナー著、藤田博司、山田侑平、佐藤信行訳『CIA秘録』(上)文藝春秋、二〇〇八年
春名幹男『秘密のファイル』(上、下)共同通信社、二〇〇〇年
古森義久『核は持ち込まれたか』文藝春秋、一九八二年
ジョン・G・ロバーツ、グレン・デイビス著、森山尚美訳『軍隊なき占領』講談社+α文庫、二〇〇三年
ウィリアム・ジョセフ・シーボルト著、野末賢三訳『日本占領外交の回想』朝日新聞社、一九六六年
島田裕巳『日本の10大新宗教』幻冬舎新書、二〇〇七年
石原慎太郎『わが人生の時の人々』文春文庫、二〇〇五年
豊下楢彦『昭和天皇・マッカーサー会見』岩波現代文庫、二〇〇八年

豊下楢彦『安保条約の成立』岩波新書、一九九六年
藤山愛一郎『政治わが道』朝日新聞社、一九七六年
国策研究会編『新国策』一九三九年
「別冊知性」河出書房、一九五六年
「中央公論」中央公論社、一九四一年五月号
「特集　文藝春秋」文藝春秋、一九五七年十月号
「正論」産経新聞社、二〇〇四年一月号
「週刊男性」一九五八年四月十六日号
「週刊文春」一九五四年二月一日号
「週刊文春」一九七四年十月二十一日号
「週刊文春」一九七九年二月一日、八日号
「週刊文春」一九八三年九月八日号
「週刊朝日」一九五四年十月三日号
「週刊朝日」一九五七年六月三十日号
「週刊新潮」一九五九年三月三十日号
「朝日ジャーナル」一九七九年二月二日号
「朝日ジャーナル」一九七九年四月六日号

「週刊ポスト」一九七八年一月一日号～二十七日号
「ニューズウィーク」一九四七年六月二十三日、三十日号
「ニューズウィーク」一九五七年六月二十四日号
「パシフィック・ニューズウィーク」一九四七年六月二十三日号
「パシフィック・ニューズウィーク」一九四七年十二月一日号
「フォーリン・アフェアーズ」一九五二年一月号
アメリカ・ナショナル・アーカイブス所蔵資料
国立国会図書館憲政資料室所蔵のプリンストン大学「ダレス文書」
田布施町史編纂委員会『田布施町史』一九九〇年

解説

伊藤惇夫

今や「死語」と化してしまった政界用語の一つに「風圧を感じる政治家」というのがある。「風圧」とは、簡単にいうと、そばに近づくだけで、威圧感あるいは緊張感を感じさせる〝何か〟である。今日の政界を見渡すと、そうした政治家を見出《みいだ》すことは極めて難しい。風圧を感じるどころか、大手町界隈《かいわい》を歩くサラリーマンと見間違うような国会議員ばかりが目に付くようになってしまった。

だが、自身の経験も含めていうと、かつてはそうした政治家が時おり現れた。田中角栄、福田赳夫《たけお》、後藤田正晴……。彼らに共通しているのは、人間として、また政治家として文字通り「修羅場」をくぐりぬけてきた経験を持っていること、政治家として、命がけで何かを成し遂げようとしたことではないだろうか。

絶頂期の田中角栄と、国会の廊下ですれ違った時は、思わず壁際に体を張り付けてやり過ごしてしまった。後藤田とは20年近い付き合いだったが、最後まで、彼の前に出る時は緊張感が消えなかった。弱冠《じゃっかん》47歳で自民党幹事長の座に就《つ》いた当時の小沢一郎にも、そんな感じを抱いた記憶がある。日の出の勢いだった小沢は、先輩議員といえども、うかつに半径1メートル以内に踏み込めない雰囲気を醸し出していた。そんな「風圧政治家」の中でも、たった一度、それも1時間ほどしか対面していないにもかかわらず、強烈な印象とともに、圧倒的な「風圧」を感じたのが、岸信介だった。

すでに岸が現役を退いてからかなり経《た》った頃のこと。当時、西新橋の日本石油本館3階にある個人事務所で岸にインタビューする機会に恵まれた。なにしろ、実物に会うのは初めて、おまけに岸についての事前のイメージは「昭和の妖怪」あるいは「巨魁《きょかい》」程度しかない。だが、恐る恐る訪ねると、そこにいたのはなんとも優しそうな老人。インタビュー中も笑顔を絶やさず、しかも丁寧に答えてくれ、おまけに帰り際には「暇な時にはまた遊びにおいで」との声までかけてもらった。表面的な印象でいえば、「好々爺《こうこうや》」そのものである。だが、対面していた間、常に岸から発せられる何とも表現しがたい「オーラ」のようなものを感じていたこともまた、間違いない。退室し、ドアを出て数メートル歩いた時のこと。なぜか凄《すさ》まじいほどの疲労を覚えていただけでなく、ふと左手が握りしめられたままだったことに自分で気付き、半ば無理やりこじ開けてみると、掌《てのひら》にはじっとりと汗がこびりついていた。あの時の記憶は今も鮮明だ。

以来何十年間、あの「風圧」は一体、どこから来るのだろうという疑問を心の片隅に抱き続けてきたが、ある時、「そうだったのか」と呟《つぶや》きながら、おぼろげながらもその答えの一端を見出した気がする場面に遭遇することができた。その時、手にしていたのが本書（単行本）である。それが今回、文庫化されるという。改めて読み返してみたことはいうまでもない。

著者は講談社ノンフィクション賞を受賞した『工藤写真館の昭和』を始め、多数のノンフィクション作品を世に送り出しているが、特に『悪名の棺　笹川良一伝』をはじめとする人物論、評伝に高い評価を得ていることは多言を要するまでもないだろう。

評伝、つまり一人の人間の生涯、あるいは歩みを書くという作業は、テーマが絞り込まれているだけに、一見取りつき易そうに見えて、実は意外なほど難しい。最大の難関は、その人物との距離感だろう。対象と近づき過ぎると礼讃に流れ、対象者と同化することで客観性が失われる。逆に遠すぎると批判に傾きがちとなり、対象者の内面にまで辿《たど》りつけず、その結果、人物像がぼやけてしまう。その点、著者の評伝に共通するのは、対象者との絶妙な距離感だ。対象者にほれ込み過ぎず、冷たくし過ぎず向き合う、その「加減」がちょうどいい。

本書の場合もそれがピタリと当てはまる。今回、改めて「なぜ、岸を選んだのか？」を聞いてみると、著者はこう答えた。

「岸は国益のためには保身を図らない政治家であり、在任中の悪評や不人気も意に介さないところが見事だと思ったから。今の政治家に対する不満や物足りなさが、この本を書かせたともいえるかもしれない」

もちろん、敢《あ》えて特定の人物を執筆対象に選ぶからには、その人物に強い関心と一定程度のシンパシーを感じている、あるいは肯定的な評価をしていてこそのことだろう。一方で戦後日本を本当の意味での独立国に復活させたと称賛され、他方、権謀術数を駆使した「妖怪政治家」と非難されるといった具合で、岸の評価はまだ定まっていない。当然、本書は基本的に前者の立場、つまり岸を肯定的にとらえた作品であることは間違いない。

その中心にあるのは、片務的だった日米安保条約を、双務的なものとするため、政治生命を賭して取り組み、実現した「信念の人」とする視点だろう。それが、「岸は党内の喧噪《けんそう》も、国会の大混乱も、国内の巨大な反対運動のうねりも、一切を引き受けて安保を改定させたのだ」という本文中の表現にも、はっきりと表れている。

だが、それだけではないところが本書の魅力だ。一方で岸を評価しつつも、目的のためには手段を選ばない政治手法や、人事における冷徹さなど、岸の「負」部分についての冷静な視点も忘れていない。戦後、巣鴨拘置所から解放されて、わずか8年余で総理の座に駆け上がった背景に、ハリー・カーンやコンプトン・パケナムといった、戦後の日本の裏面史で暗躍した人物たちの存在があったことを詳細に追跡している点などは、その典型例だろう。本書においても筆者は対象者＝岸信介との間に微妙、絶妙の距離感を保っている。

さて、本書（編集部注・単行本『絢爛たる悪運　岸信介伝』）は題名にもなっているとおり、岸の生涯について回った「悪運」を軸に、その足跡を辿るというアプローチ手法をとっている。戦時中、原爆投下直前の広島行きをすんでのところでまぬかれたり、戦後、A級戦犯として巣鴨に収監されるも、なぜか不起訴となったり、あるいは自民党総裁選に敗れるも、わずか2カ月後の石橋湛山《たんざん》の辞任によって、総裁・総理の座を手に入れたり……。

興味深いのは、そうした岸の「悪運」を辿ることで、結果的に日本の戦前、戦中、戦後史の再検証という側面が鮮やかに浮かびあがってくるという点である。岸が「悪運」に巡り合う時は、必ずといっていいほど、日本の進路にとっての大きな節目と重なり合ってくる。だが、岸の悪運だけに目を向けていたら、大きな歴史の流れまで視野にいれた記述にはならなかっただろう。

人物論の中には、その「人物」に視点を集中するあまり、〝周囲〟がボヤける、あるいは見えなくなるケースが少なくない。だが、本書は岸を語ると同時に、そのそれぞれの時代状況や複雑な人間関係、国家としての日本の進路が、どのような過程と環境の中で選択されていったのか、といった、ある意味での「俯瞰図《ふかんず》」を常に風景の中に入れ込んで描いている。

著者にはお叱りを受けるかもしれないが、僕はそれが本書を単なる「岸信介物語」に止《とど》まらない、貴重な近現代の歴史書としているように思えた。いや、むしろ岸という人間を〝主役〟に据えたからこそ、きわめて興味深い「歴史書」になったのかもしれない。

再読、改めて感じたのは著者の凄まじいまでの「エネルギー」だ。人間を外見で判断すべきでないことは重々承知の上で、敢えて失礼を顧みずに言わせてもらえば、僕が知っている「あのソフトで上品な工藤美代子さん」と本書が、どうしても結びつかない。

巻末にある参考文献の量を見るまでもなく、本書の執筆には膨大な資料の収集と読み込み、関係者からの精力的な取材など、驚嘆するほどの時間とエネルギーが注ぎ込まれていることは間違いない。おそらくその内面には、外見からは全く窺《うかが》い知れないほど強烈なパワーの塊が存在しているのだろう。

確かに岸信介は物理的にいえば「過去の人」であり、すでに「歴史上の人物」である。だが、実は岸信介は今も確実に「生きて」いるし、今現在の日本の政治に様々な形で影響を与え続けている。いうまでもなく、現総理・安倍晋三の祖父が岸信介。憲法改正をはじめ戦後レジームからの脱却や日米同盟関係の再構築など、その安倍総理の政治姿勢、理念、目標とする国家像の背景に岸信介の影が色濃く投影されていることは改めて指摘するまでもない。

逆にいうと、安倍政治の「なぜ？」は、岸信介の足跡をトレースすれば、かなりの部分が解明できるということにもなる。そのことを改めて認識させてくれた本書は、日本政治の「今」を知るための書だといってもいいだろう。

「妖怪」を現代によみがえらせた工藤美代子、恐るべし。

——政治アナリスト

この作品は二〇一二年九月小社より刊行された
『絢爛たる悪運　岸信介伝』を改題したものです。
ＪＡＳＲＡＣ　出１４０８８５０－４０１

絢爛《けんらん》たる醜聞《しゅうぶん》 岸信介伝《きしのぶすけでん》

工藤美代子《くどうみよこ》

平成26年8月5日 初版発行

発行人――石原正康
編集人――永島賞二
発行所――株式会社幻冬舎
〒151-0051東京都渋谷区千駄ヶ谷4-9-7
電話 03(5411)6222(営業)
03(5411)6211(編集)
振替00120-8-767643
印刷・製本―中央精版印刷株式会社
装丁者――高橋雅之

幻冬舎文庫

ISBN978-4-344-42233-9 C0195 く-15-4

幻冬舎ホームページアドレス http://www.gentosha.co.jp/
この本に関するご意見・ご感想をメールでお寄せいただく場合は、
comment@gentosha.co.jpまで。